외국인을 위한

한국어 문장 쓰기의 모든 것 초급 2

All about Writing Korean Sentences

초급 2

외국인을 위한

한국어 문장 쓰기의 모든 것

박미경 지음

(주)박이정

머리말

시간이 지날수록 한국어 학습자를 위한 교재들이 많이 나오고 있습니다. 외국인 학습자들이나 한국어 선생님들로서는 반가운 일이 아닐 수 없습니다. 아직도 한국어 학습 목적과 수준에 맞는 다양한 교재들이 더 필요하다고 느끼기 때문입니다. 그렇지만 각각의 요구에 맞는 교재를 다 만들 수 없기에 기본에 충실한 책이 있으면 좋겠다고 생각했습니다. 특히 쓰기 분야에서 초급 학습자들을 위한 한국어 문장의 기본을 익히는 교재가 필요하다고 생각해서 이 책을 기획하게 되었습니다.

이 책은 초급 학습자들이 말하기뿐만 아니라 쓰기에서도 기본적인 의사 표현 능력을 키울 수 있도록 구성하였습니다. 쓰기 매체가 다양해지고 사회관계망서비스(SNS)로 의사소통을 하는 경우가 많아지는 요즈음, 쓰기 능력까지 갖춘다면 한국어로 교류할 수 있는 영역도 확장될 것입니다. 또한 말하기가 강조되는 초급 단계와 달리, 중급 단계에서는 쓰기가 중요해지는데 이때 문장에 대한 기본적인 이해가 없다면 어려움을 겪을 수 있습니다. 특히 TOPIK 시험을 준비하는 학습자들은 중급에 걸맞는 글을 쓰기가 쉽지 않고 어떤 경우에는 문장의 기본마저 지키지 못한 오류 문장을 쓰기도 합니다. 따라서 이 책은 초급 쓰기의 기초를 다지고 나아가 중급 쓰기의 디딤돌 역할을 할 수 있도록 구성했기에 초급 학습자들에게 꼭 필요한 책이라고 할 수 있습니다.

초급 학습자들의 경우, 한글을 시작하는 단계에서부터 비교적 간단한 쓰기 과제를 수행하는 단계까지 수준 차이가 큰 편입니다. 이 책은 '초급1'과 '초급 2'로 나눠져 있으므로 현재 자신의 한국어 수준에 맞는 단계를 선택하면 됩니다. 또한 초급 과정을 마친 후라도 부족한 부분이 있으면 그 부분을 찾아서 연습할 수 있습니다. 이런 목적의 학습자에게는 목차에 따라 공부하기보다 오류가 많이 생기는 부분을 집중적으로 연습할 것을 권장합니다. 이 책에서는 한국어의 특수성과 문장 쓰기의 원리를 이해할 수 있도록 각 항목별로 풍부하고 다양한 연습 문제를 제시하고 있습니다. 학습자들은 연습 문제를 풀면서 자연스럽게 오류를 줄이고 문장 쓰기 수준도 높일 수 있을 것이라고 생각합니다.

　이 책에 앞서 중급 쓰기 교재로 낸 《외국인을 위한 한국어 문장 쓰기의 모든 것》을 선택해 주신 외국인 학습자들과 한국어 선생님들께 깊이 감사드립니다. 부족한 부분도 많았겠지만 보내 주신 성원과 격려 덕분에 초급 쓰기 책을 집필할 수 있게 되었습니다. 앞으로 이 책을 통해 생산적 아이디어를 나눌 수 있는 장을 만들고, 또 다른 쓰기 교재 집필을 위한 힘을 얻을 수 있기를 바랍니다. 기꺼이 출판을 허락해 주신 '박이정' 출판사와 편집부터 표지 디자인까지 꼼꼼하게 작업해 주신 많은 분들께 감사드립니다. 쓰기 연습의 결과물은 그간의 힘든 과정을 잊을 만큼 짜릿하고 뿌듯한 것입니다. 부디, 이 책을 선택하는 학습자들이 그런 뿌듯함을 누릴 수 있기를 진심으로 바라며 쓰기 공부를 통해 한국어를 더 사랑하게 되기를 빌겠습니다.

지은이　박 미 경 씀

일러두기

■ 이 책은 초급 학습자들이 한국어 문장을 정확하게 쓸 수 있도록 돕는 데 목적이 있습니다. 따라서 한국어 초급 학습자들이 쓰기에 필요한 기초적인 형태와 내용들을 확인하고 연습 문제를 통해 한국어 문장 쓰기 능력을 키울 수 있도록 하였습니다. 이를 위해 한국어 문장 쓰기의 특수성을 이해하고 나아가 더 풍부한 문장을 쓸 수 있는 기초를 다지도록 연습 문제를 다양하게 제시한 것이 특징이라고 할 수 있습니다.

■ 이 책은 '초급 1'과 '초급 2' 각 두 권으로 분리되어 있습니다. '초급 1'은 초급 1단계 학습자를, '초급 2'는 초급 2단계 학습자를 위한 쓰기 책입니다. 그렇지만 단계에 상관없이 각자 자신에게 필요한 부분을 찾아서 연습할 수 있고, 초급 과정을 마친 학습자들도 부족한 부분을 보충할 수 있도록 구성하였습니다.

■ 이 책의 전체적인 구성은 크게 네 부분으로 이루어져 있습니다. 먼저 1부는 문장 쓰기의 기초, 2부는 문장 종결 표현하기, 3부는 문장 연결 표현하기, 4부는 문장 유형별 쓰기 편으로 구성되어 있습니다. 각 부분별 내용은 다음과 같습니다.

Ⅰ 문장 쓰기의 기초

문장 쓰기의 기초에서는 한국어 문장에 대한 규칙을 이해하고 쓰기에 필요한 기본 기능을 익힐 수 있습니다. 문어체 쓰기를 비롯해서 시간 표현하기, 조사 쓰기, 관형어 쓰기, 명사절 쓰기, 불규칙 서술어 쓰기, 부사어 쓰기, 인용절 쓰기의 방법들을 확인하고 연습하게 됩니다.

Ⅱ 문장 종결 표현하기

문장 종결 표현하기에서는 한국어 문장 쓰기에서 중요한 부분을 차지하고 있는 다양한 종결 표현을 익힐 수 있습니다. 제시된 종결 표현의 형태와 의미를 이해하고 연습을 통해 자신이 표현하고자 하는 종결 형태를 쓸 수 있도록 하였습니다.

Ⅲ 문장 연결 표현하기

문장 연결 표현하기에서는 주어, 서술어만 있는 기본 문장을 확장하기 위해 필요한 연결 표현들을 익힐 수 있습니다. 초급 학습자들의 경우, 먼저 문장을 어떻게 확장하고 연결하는지에 대한 이해가 필수적입니다. 따라서 문장을 확장하는 데 필요한 형태와 의미를 정확하게 이해하고 이를 바탕으로 다양한 연결 방법도 익힐 수 있도록 하였습니다.

Ⅳ 문장 유형별 쓰기

문장 유형별 쓰기에서는 한국어 문장 유형을 이해하고 이 유형에 따라 문장 쓰기 연습을 할 수 있도록 하였습니다. 기본 유형을 제시하고 있으나 다양한 예시와 연습 문제를 통해 문장 유형을 확장하는 데까지 나아갈 수 있도록 구성하였습니다.

■ 이 책의 세부 구성은 확인, 예시, 주의, 연습으로 이루어져 있습니다. 각 부분의 특성에 따라 조금씩 차이가 있기는 하지만 아래와 같이 구성되어 있습니다.

확인
기본 형태와 의미를 정리하여 이해하기 쉽도록 제시하고 있습니다.

예시
기본 구조를 바탕으로 문장이 어떻게 확장되고 연결되는지 다양한 예시들을 보여줍니다.

주의
학습자들이 오류를 일으키기 쉬운 내용들을 간단하게 정리해서 보여줍니다.

연습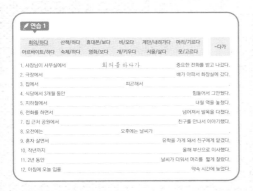
제시된 조건에 따라 쓰는 연습 문제와 자유롭게 쓸 수 있는 연습 문제를 다양한 형태로 제시하고 있습니다.

부호 안내   ○ -맞는 문장   × -틀린 문장   ?? -자연스럽지 않은 문장

차례 〔초급 2〕

Ⅲ. 문장 연결 표현하기

Ⅳ. 문장 유형별 쓰기

Ⅴ. 부록

차례 〔초급 1〕

Ⅰ 문장 쓰기의 기초

문어체 쓰기

-아/어요, -ㅂ/습니다 → -다

확인

01

구어체	말하기 편지글 발표문 ...	-ㅂ/습니다, -아/어요 -았/었습니다, -(으)ㄹ 거예요 N이에요/예요, 아니에요 -(으)세요, -(으)ㅂ시다	읽습니다, 읽어요 읽었습니다, 읽을 거예요 책이에요, 책이 아니에요 읽으세요, 읽읍시다
문어체	일기, 소설 신문 기사 설명문 ...	-다, -ㄴ/는다 -았/었다, -(으)ㄹ 것이다 N이다, 아니다	필요하다, 읽는다 읽었다, 읽을 것이다 책이다, 책이 아니다

02

		현재		과거		미래 / 추측	
V	먹다 가다	-는다 -ㄴ다	먹는다 간다	-았/었다	먹었다 갔다	-(으)ㄹ 것이다	먹을 것이다 갈 것이다
A	좋다 나쁘다	-다	좋다 나쁘다	-았/었다	좋았다 나빴다	-(으)ㄹ 것이다	좋을 것이다 나쁠 것이다

03

		현재		과거		미래 / 추측	
있다	있다 없다	-다	있다 없다	-었다	있었다 없었다	-을 것이다	있을 것이다 없을 것이다
이다	책이다 친구이다	-다	책이다 친구이다	이었다 였다	책이었다 친구였다	일 것이다	책일 것이다 친구일 것이다
아니다	약이 아니다	-다	약이 아니다	아니었다	약이 아니었다	아닐 것이다	약이 아닐 것이다

주의

- 주말에 약속이 있는다. × → ~ 있다. ○
- 그 사람은 한국 대학교 학생인다. × → ~ 학생이다. ○
- 그 사람은 우리 반 친구가 아닌다. × → ~ 아니다. ○
- 비행기를 타려면 여권이 필요한다. × → ~ 필요하다. (A)

   ※ 중요하다, 익숙하다, 보고 싶다, 힘들다 ...

※ 좋지 않아요 → 좋지 않다. / 좋아하지 않아요 → 좋아하지 않는다
    A   V

		-다, -ㄴ/는다				-다, -ㄴ/는다
1	가르쳐요 V	가르친다		21	달라요 A	
2	들어요 V			22	끝났어요 V	
3	도와요 V			23	필요해요 A	
4	쉬지 않아요 V			24	빌릴 거예요 V	
5	슬퍼요 A			25	즐거웠어요 A	
6	걷지 않아요 V			26	재미있어요 A	
7	친구예요			27	오지 않아요 V	
8	빨개요 A			28	어려요 A	
9	외로워요 A			29	힘들어요 A	
10	바꿔요 V			30	고쳐요 V	
11	빨라요 A			31	끓여요 V	
12	쓸 거예요 V			32	안 돼요 V	
13	있어요			33	닮았어요 V	
14	외웠어요 V			34	길지 않아요 A	
15	중요해요 A			35	보고 싶어요 A	
16	껐어요 V			36	기쁘지 않아요 A	
17	익숙해요 A			37	부르지 않아요 V	
18	아니에요			38	잘라요 V	
19	가까워요 A			39	생겼어요 V	
20	커요 A			40	학생이에요	

	-다	-ㄴ/는다	N이다

내 친구 / 김민수예요   내 친구는 김민수이다.

지금 / 서울 / 살아요

고향 / 부산이에요

한국대학교 / 다녀요

좋은 친구들 / 많아요

[영화 / 보다] / 좋아해요

주말 / 책 / 읽어요

취미 / 여행이에요

[여행 작가 / 되다] / 꿈이에요

	N이다	-(으)ㄹ 것이다

내 생일 / 1월 7일이에요

우리 집 / 생일 파티 / 할 거예요

친한 친구들 / 초대할 거예요

내일 / 초대장 / 보낼 거예요

주말에 / 집 / 청소할 거예요

불고기와 잡채 / 준비할 거예요

거실 / 한국 음악 / 들을 거예요

나 / 친구들 / 게임 / 할 거예요

파티 / 아주 재미있을 거예요

✒ 연습 4

	-다 -ㄴ/는다 있다
우리 고향 / <u>소개하려고 해요</u>	
우리 고향 / 한국의 남쪽 / <u>있어요</u>	
우리 고향 / 서울 / <u>멀어요</u>	
바다 / <u>아름다워요</u>	
사람들 / <u>친절해요</u>	
맛있는 음식 / <u>많아요</u>	
해산물 요리 / <u>유명해요</u>	
가을 / 축제 / <u>있어요</u>	
관광객들 / <u>많이 와요</u>	

✒ 연습 5

	-았/었다
방학 / 제주도 / <u>여행했어요</u>	
공항 / 사람들 / <u>많았어요</u>	
우리 / 예약한 호텔 / <u>갔어요</u>	
호텔 / <u>깨끗하고 조용했어요</u>	
다음날 / 박물관 / <u>구경했어요</u>	
그날 / 바람 / <u>많이 불었어요</u>	
저녁 / 맛있는 생선 / <u>먹었어요</u>	
예쁜 카페 / 커피 / <u>마셨어요</u>	
제주도 / 좋은 추억 / <u>만들었어요</u>	

2 시간 표현하기

2-1 현재 시제

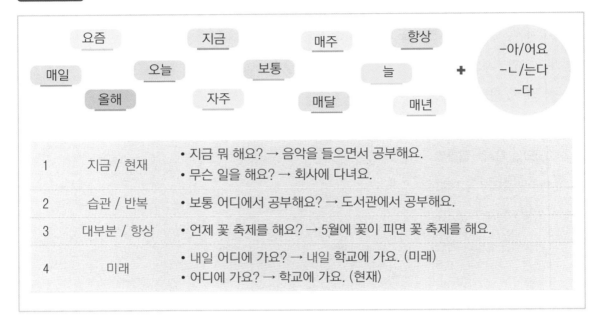

1	지금 / 현재	• 지금 뭐 해요? → 음악을 들으면서 공부해요. • 무슨 일을 해요? → 회사에 다녀요.
2	습관 / 반복	• 보통 어디에서 공부해요? → 도서관에서 공부해요.
3	대부분 / 항상	• 언제 꽃 축제를 해요? → 5월에 꽃이 피면 꽃 축제를 해요.
4	미래	• 내일 어디에 가요? → 내일 학교에 가요. (미래) • 어디에 가요? → 학교에 가요. (현재)

예시

- 나는 지금 카페에서 친구와 차를 마시면서 이야기한다.
- 그 사람은 아침에 일어나면 먼저 물을 한 잔 마신다.
- 나는 방학 때마다 친구들과 가까운 곳으로 여행을 간다.
- 사람들은 대부분 스트레스를 받으면 쉽게 화를 내고 잘 웃지 않는다.
- 나는 내일 제주도로 여행을 떠나고 동생은 친구를 만나러 대전에 간다.

☑ 주 의	• 나는 보통 운동을 하면 스트레스가 풀렸다. ✕ → 보통 ~ 풀린다. ○ • 그 사람은 요즘 저녁마다 책을 읽었다. ✕ → 요즘 ~ 읽는다. ○ • 우리 고향에서는 매년 음식축제를 했다. ✕ → 매년 ~ 한다. ○ 　　　　　　　　　　　　　　　　　　　　 ※ 매일, 매주, 매월, 매년 • 다음 주에 방학을 한다. ○ / 다음 주에 방학을 할 것이다. ○

✒ 연습 1

1	내가 자주 가는 곳	나는 우리 집 근처 공원에 자주 간다.
2	내가 매일 하는 일	
3	내가 자주 만나는 사람	
4	내가 지금 사는 곳	
5	내가 자주 마시는 것	
6	내가 요즘 배우는 것	
7	내가 요즘 보는 TV 프로그램	
8	내가 휴대폰으로 하는 것	
9	사람들이 생일 때마다 하는 것	
10	사람들이 대부분 싫어하는 것	

✒ 연습 2

이렇다 / 이렇게 한다.

1	한국 사람들은 설날에 떡국을 먹고 세배를 한다.
2	우리나라에서는 명절 때마다
3	돈이 많은 사람들은
4	학생들은 시험이 끝난 후에
5	아이들은 방학이 되면
6	요즘 내 친구들은
7	사람들은 감기에 걸리면
8	스트레스를 풀고 싶은 사람들은
9	외국에 사는 사람들은 보통
10	요즘 사람들은 바빠서

2-2 과거 시제/완료

어제 작년 벌써 옛날 얼마 전 조금 전 아직 어젯밤 어릴 때 그 전날 지난주	+	-았/었어요 -았/었다

1	완료	과거	• 어제 친구를 만나서 영화를 보고 커피를 <u>마셨어요.</u> • 지난주에 우리 집에서 친구들과 파티를 <u>했어요.</u>
		현재	• 그 친구가 지금 서울에 <u>도착했어요.</u> • 어제 친구와 한 약속이 지금 <u>생각났어요.</u>
2	완료 + 상태		• 그 사람은 청바지를 입고 안경을 <u>썼어요.</u> (지금 쓰고 있다) • 학생들은 모두 의자에 <u>앉았어요.</u> (지금 앉아 있다) • <u>30분 전부터</u> 그 사람을 <u>기다렸어요.</u> (지금 기다리고 있다) • 내 친구는 고향에 가려고 버스를 <u>탔어요.</u> (지금 타고 있다)
3	상태	과거	• 어제는 산에 <u>갔는데</u> 날씨가 아주 <u>좋았어요.</u> • 지난주에는 회사에 일이 많아서 아주 <u>힘들었어요.</u>
		현재	• 머리가 <u>짧았는데</u> 지금은 많이 <u>길었어요.</u> (지금 머리가 길다) • 그 아이는 키가 많이 <u>컸어요.</u> (지금 키가 크다)

※ 잘 생겼어요 (현재 상태) / 어머니를 닮았어요 (현재 상태)

- 어제 평소보다 운동을 많이 해서 너무 <u>피곤했다.</u>

- 지금은 야채를 좋아하는데 어릴 때는 <u>안 좋아했다.</u>

- 내 친구는 TOPIK 3급을 받았는데 나는 <u>아직 받지 못했다.</u>

- 그 학생은 지금 대학교 4학년인데 벌써 <u>취직했다.</u>

☑ 주 의	• 나는 어제 한국어 책이 필요하다. ✕ → 어제 ~ 필요했다. ○ • 옛날에 우리 집 마당에 큰 나무가 있다. ✕ → ~ 있었다. ○ • 우리 형은 아직 졸업을 하지 않는다. ✕ → ~ 졸업을 하지 않았다. ○

✒ 연습 1

1	내가 어제 간 곳	나는 어제 집 근처 편의점에 갔다.
2	내가 어제 먹은 음식	
3	내가 어제 입은 옷	
4	내가 옛날에 좋아한 사람	
5	내가 최근에 산 것	
6	내가 지난 생일에 한 것	
7	내가 지난주에 만난 사람	
8	지난 주말의 날씨	
9	작년에 유행한 것	
10	어릴 때 내 외모	

✒ 연습 2

나의 일기 ____월 ____일 ____요일

나는 오늘 7시에 일어났다.

2-3 미래 시제

내일		지금부터		내년	
	나중에		앞으로		**+** -(으)ㄹ 거예요 -(으)ㄹ 것이다
이따가		1년 후	잠시 후	다음 주	

1	계획	내일 뭐 할 거예요? → 내일 친구를 만날 거예요.
2	나의 의지	누가 그 일을 하겠어요? → 제가 그 일을 하겠습니다. ※ 친구가 그 일을 하겠습니다. ✕
3	추측	그 학생은 내일도 지각할 것이다. 그 영화배우의 아이는 예쁠 것이다. 그 사람은 이 학교에 다니는 학생일 것이다. 그 사람이 한 말은 거짓말이 아닐 것이다. ※ 그때는 사람들이 다 행복했을 것이다. (과거의 사실 추측)

예시

- 나는 내일 친구에게 이메일을 보낼 것이다.

- 그 친구는 이번 방학에 가족들과 제주도로 여행을 갈 것이다.

- 그 친구는 한국어를 열심히 공부하기 때문에 한국어를 잘할 것이다.

- 인스턴트 음식을 많이 먹으면 건강이 나빠질 것이다.

☑ 주 의	■ 나는 이제부터 지각을 하지 않았다. ✕ → 이제부터 ~ 않을 것이다. ○ ■ 나는 앞으로 운동을 열심히 한다. ✕ → 앞으로 ~ 할 것이다. ○ ■ 내일 고향 음식을 만들을 것이다. ✕ → ~ 만들 것이다. ○ ※ 살다, 팔다, 놀다 ... ■ 그 사람은 어제 한국어 수업을 들을 것이다. ✕ → ~ 들었을 것이다. (어제 일 추측) ○ ※ 나는 내일 부산에 갈 것이다. (계획) / 그 사람은 내일 부산에 갈 것이다. (추측)

1	내가 주말에 할 파티	나는 주말에 생일 파티를 할 것이다.
2	내가 저녁에 먹을 음식	
3	내가 주말에 할 일	
4	내일 전화할 사람	
5	내일 인터넷으로 할 일	
6	내일 아침 일어날 시간	
7	비가 오면 취소할 것	
8	1년 후 그 친구와 나	
9	내가 건강을 위해 할 일	
10	내일 날씨	

연습 2

		–(으)ㄹ 것이다 / –았/었을 것이다
1	내 친구는 아마 다음 주에	고향에 갈 것이다.
2	나는 내일	
3	나는 이제부터	
4	그 친구는 졸업한 후에	
5	내년에 그 영화배우는	
6	앞으로 그 사람은	
7	그 아이는 10년 후에	
8	그 사람은 어릴 때 아마	
9	작년에 그 사람은 아마	
10	옛날에는 지금보다	

3 조사 쓰기

3-1 N은/는

확인

1 주제 (topic)

에 대해서 소개하거나 설명할 때

- 나는 학생이다.   내가 학생이다. ??
- 오늘은 월요일이다.   오늘이 월요일이다. ??
- 그 사람은 한국어를 전공했다.   그 사람이 한국어를 전공했다. ??
- 우리 학교는 장학금을 많이 준다.   우리 학교가 장학금을 많이 준다. ??

2 비교 대상

을 대조할 때

- 나는 키가 작은데 동생은 키가 크다.   내가 키가 작은데 동생이 키가 크다. ??
- 오늘은 수업이 있고 내일은 없다.   오늘이 수업이 있고 내일이 없다. ??
- 이 책은 재미있지만 그 책은 재미없다.   이 책이 재미있지만 그 책이 재미없다. ??
- 나는 농구는 잘하는데 축구는 못 한다.   나는 농구를 잘하는데 축구를 못 한다. ??

3 강조 대상

을 강조할 때

- 이번 방학에 여행을 갈 것이다. (강조) →   이번 방학에는 여행을 갈 것이다.
- 여기에서 담배를 피우면 안 된다. (강조) →   여기에서는 담배를 피우면 안 된다.
- 학생들만 이 자리에 앉을 수 있다. (강조) →   이 자리에는 학생들만 앉을 수 있다.
- 한국어 수업이 오전에 있다. (강조) →   오전에는 한국어 수업이 있다.

☑ 주의
- 우리 가족이는 다섯 명이다. ?? → 우리 가족은 다섯 명이다. ○
- 내 친구는 아버지는 의사이다. ?? → 내 친구의 아버지는 의사이다. ○
- 제는 취미는 독서이다. ?? → 제 취미는 독서이다. ○

1	어디일까?	여기는 휴일에 산책하는 곳이다. 여기는 사람들이 와서 운동할 수 있는 곳이다.	공원
2	무슨 날일까?	이 날은	
3	무엇일까?	이것은	
4	누구일까?	이 사람은	
5	무슨 과일일까?	이 과일은	
6	어느 도시일까?	이 도시는	
7	어느 나라일까?	이 나라는	
8	무슨 음식일까?	이 음식은	

연습 2

		N은/는　　　-(으)ㄴ/는데, -지만
1	나 / 친구	나는 키가 작은데 친구는 키가 크다.
2	여름옷 / 겨울옷	
3	고기 / 채소	
4	게임 / 공부	
5	평일 / 주말	
6	어머니 / 아버지	
7	구두 / 운동화	
8	요리 / 설거지	
9	도시 / 시골	
10	한국인 / 외국인	

연습 3

		N은/는　　　-(으)ㄴ/는데
1	많다 / 적다	사람들은 많은데 앉을 수 있는 의자는 적다.
2	길다 / 짧다	
3	빠르다 / 느리다	
4	두껍다 / 얇다	
5	편하다 / 불편하다	
6	알다 / 모르다	
7	맛있다 / 맛없다	
8	좁다 / 넓다	
9	무겁다 / 가볍다	
10	조용하다 / 시끄럽다	

		강조
1	식당 / 1층 / 있다	1층에는 식당이 있다.
2	추석 / 송편 / 먹다	
3	오전 / 한국어 수업 / 듣다	
4	여름 / 삼계탕 / 먹다	
5	겨울 / 스키장 / 가다	
6	약국 / 마스크 / 사다	
7	시장 / 전통 음식 / 팔다	
8	저녁 / 머리 / 감다	
9	신청서 / 연필 / 쓸 수 없다	
10	여기 / 사진 / 찍으면 안 된다	
11	여기 / 쓰레기 / 버리면 안 된다	
12	12월 / 세일 / 하다	
13	설날 / 윷놀이 / 하다	
14	축제 / 10월 / 한다	
15	그 책 / 외국인 / 읽기 어렵다	
16	5월 / 그 꽃 / 피다	
17	방학 / 아르바이트 / 하다	
18	긴장할 때 / 껌 / 씹다	
19	휴일 / 청소 / 하다	
20	학교까지 / 버스 / 30분 걸리다	

확인

주어 강조(그렇게 한 사람이 누구?)

1. 누구 ?	무엇 ?	V	무엇 ?	V
동생이	밥을	먹는다	버스가	간다
민수 씨가	영화를	본다	비가	온다

2. 누구 ?	어떻다 A	무엇 / 어디 ?	어떻다 A
그 사람이	친절하다	딸기가	비싸다
선생님이	바쁘다	도서관이	복잡하다

3. 누구 ?	있다 / 없다	무엇 ?	있다 / 없다
친구가	있다	컴퓨터가	있다
사귀는 사람이	없다	돈이	없다

4. 누구 ?	아니다	무엇 / 때 ?	아니다
학생이	아니다	내 책이	아니다
한국 사람이	아니다	세일 기간이	아니다

5. 어떤 사람 ?	되다	무엇 / 때 ?	되다
부자가	되었다	방학이	되었다
가수가	되었다	밤이	되었다

6.

N이/가	-(으)ㄴ/는 N → 예 내가 읽는 책은 역사책이다. ※ 나는 읽는 책은 ~ ×
	-(으)ㄴ/는 것 → 예 내가 먹는 것을 형도 먹었다. ※ 나는 먹는 것을 ~ ×
N이/가	-아/어서 → 예 형이 아파서 같이 병원에 갔다. ※ 형은 아파서 ~ ??
	-(으)면 → 예 친구가 생기면 좋겠다. ※ 친구는 생기면 ~ ??

☑ 주의
- 나가 처음 그 일을 시작했다. × → 내가
- 요즘 과일 값이가 비싸다. × → 값이
- 선생님이 사무실에 계신다. → 선생님께서 사무실에 계신다. (높임말)
- 회사가 월급을 준다. → 회사에서 월급을 준다. (주어가 사람이 아닐 때)
- 나는 선생님께서 걱정된다. × → 나는 선생님이 ~ (주어가 아니면 높임말을 안 써도 된다)
- 축구, 농구, 야구 중에서 축구는 제일 좋다. × → 축구가 ~ ○
- 나는 그 친구는 왜 화가 났는지 모른다. × → ~ 그 친구가 ~ ○

1	수업이 끝나고 집에 갔다	○
2	내가 회사원이다.	×
3	내일 시험이 있다.	
4	나는 고양이가 좋아한다.	
5	나는 한국 음식이 맛있다	
6	냉장고에 과일이 많다.	
7	어제 고향 음식이 만들었다.	
8	차 소리가 못 들었다.	
9	졸업 사진이 찍었다.	
10	그 아주머니가 친절하다	
11	길이 몰라서 물어봤다.	
12	방학하기 전에 파티가 했다.	
13	사장님이 돈이 줄 것이다.	
14	거기에 버스가 많이 다닌다.	
15	예쁜 옷이 많이 사고 싶다.	
16	추운 것이 싫어한다.	
17	하얀색 티셔츠가 시원하다.	
18	회사에서 일이 많이 한다.	
19	스트레스가 없어서 좋다.	
20	여행이 가면 재미있다.	
21	친구가 사귀었으면 좋겠다.	
22	시험이 보기 전에 공부했다.	
23	비옷과 우산이 준비했다.	
24	요즘 시간이 많이 있다.	
25	할머니가 만든 음식이 좋다.	

26	옷 사이즈가 안 맞다.
27	저는 그 친구가 안다.
28	한국어 공부가 재미있다.
29	지금은 방학이 아니다.
30	요즘 스트레스가 받는다.
31	길에 쓰레기가 버렸다.
32	나쁜 습관이 바꿀 것이다.
33	비행기가 공항에서 출발했다.
34	나는 이번 방학이 기다린다.
35	좋은 점수가 받고 싶다.
36	한국에서 김치가 매일 먹는다.
37	지금 부모님이 정말 그립다.
38	한국에 온 지 한 달이 지났다.
39	제니는 한국 음식이 잘 먹는다.
40	가방에 책이 두 권 넣었다.
41	그 학생은 나이가 어리다.
42	한국에서 겨울이 보낸 적이 없다.
43	친구의 말이 빠르고 어렵다.
44	행복한 기억이 잊을 수 없다.
45	뭐가 맞는지 잘 모르겠다.
46	올해 대학생이 되었다.
47	어제 전화번호가 바뀌었다.
48	돈이 모으면 집을 살 것이다.
49	노래가 잘하고 춤도 잘 춘다.
50	우리 교실이 3층에 있다.

		N이/가				N이/가
1	도시락, 없다, 국	국이	21	교실, 학생, 들어오다	
2	커피, 마시다, 친구		22	봄, 피다, 꽃	
3	고향, 가족, 있다		23	지하철, 버스보다, 편하다	
4	아주, 복잡하다, 길		24	병원 옆, 있다, 약국	
5	듣다, 형, 음악		25	역, 기차, 도착하다	
6	코, 흐르다, 땀		26	전화, 아침, 오다	
7	눈사람, 만들다, 아이		27	택배, 어머니, 보내다	
8	살다, 기숙사, 학생들		28	지나가다, 빨리, 시간	
9	없다, 돈, 지갑		29	유행하다, 그 노래, 요즘	
10	요즘, 춥다, 날씨		30	그 도시, 들다, 정	
11	길, 아주머니, 넘어지다		31	관심, 없다, 역사	
12	빨간 색, 나, 어울리다		32	스트레스, 매일, 쌓이다	
13	오다, 버스 정류장, 버스		33	그 집, 많다, 방	
14	나뭇잎, 나무, 떨어지다		34	경기, 이기다, 우리 팀	
15	걸리다, 학교, 1시간		35	자주, 변하다, 머리 색깔	
16	복도, 아이들, 뛰다		36	버스, 아저씨, 떠들다	
17	구름, 하늘, 있다		37	가을, 많다, 공연	
18	병, 죽다, 강아지		38	이 회사, 빠르다, 퇴근 시간	
19	있다, 아직, 기회		39	장마, 끝나다, 7월,	
20	즐겁다, 나, 수업 시간		40	시끄럽다, 주말, 거리	

[N이/가 -(으)ㄴ/는 N]은 N이다

1	나는 겨울을 좋아한다.	→ 내가 좋아하는 계절은 겨울이다.
2	나는 어제 영화배우를 만났다.	→ 내가 어제 만난 사람은 영화배우이다.
3	그 사람은 수영을 잘한다.	→
4	우리는 내일 만나기로 약속했다.	→
5	동생이 제주도에 갔다.	→
6	친구는 한국어 수업을 듣는다.	→
7	학생들은 휴게실에서 쉰다.	→
8	우리는 주말에 쇼핑을 했다.	→
9	그 사람은 아이스커피를 마셨다.	→
10	어머니는 선물로 시계를 받았다.	→
11	친구는 지금 서울에 산다.	→
12	그 가수는 아리랑을 불렀다.	→
13	나는 지금 태권도를 배운다.	→
14	우리는 설날에 한복을 입는다.	→
15	우리는 어제 김밥을 만들었다.	→
16	우리는 부채춤을 출 것이다.	→
17	나는 어제 돼지꿈을 꾸었다.	→
18	나는 생일에 미역국을 먹었다.	→
19	나는 자주 피자를 시켜 먹는다.	→
20	누나는 지갑을 잃어버렸다.	→

		N은/는, N이/가 + (-아/어서, -(으)면)
1	나 / 한국어 공부 / 좋다	나는 한국어 공부가 좋다.
2	오늘 / 쉬는 날 / 아니다	
3	〈아이/울다〉 + 〈과자/주다〉	
4	〈음식/맵다〉 + 조금/먹다	
5	그 사람 / 의사 / 아니다	
6	〈길/멀다〉 + 〈시간/많이 걸리다〉	
7	나 / 화가 / 되고 싶다	
8	〈성격/좋다〉 + 〈친구/많다〉	
9	〈비/안 오다〉 + 〈날씨/건조하다〉	
10	〈책/재미있다〉 + 〈두 번/보다〉	
11	우리 집 / 개 / 있다	
12	〈날씨/덥다〉 + 〈수영장/가다〉	
13	〈집/가깝다〉 + 걸어 다니다	
14	〈사고/나다〉 + 〈길/막히다〉	
15	〈약속/없다〉 + 〈집/쉬다〉	
16	〈습관/바뀌다〉 + 〈인생/바뀌다〉	
17	〈아기/자다〉 + 〈엄마/일하다〉	
18	내 친구 / 졸업 후 / 회사원 / 되다	
19	〈구두/필요하다〉 + 〈구두/사다〉	
20	〈친구/없다〉 + 심심하다	

1 〈나/잘하다〉　　　　　　내가 잘하는 것　　　　　은 요리이다.

2 〈나/잘 못하다〉　　　　　　　　　　　은　　　　　　　　이다.

3 〈교실/즐겁게/수업했다〉　　　　　　　　　　이 기억에 남는다.

4 나는 〈가족들/같이/밥/먹다〉　　　　　　　　　　좋다.

5 나는 〈　　　?　　　〉　　　　　　　　　　좋다.

6 그 시장에 가면 〈싸고 맛있다〉　　　　　　　　많다.

7 축제에 가면 〈　　　?　　　〉　　　　　　　많다.

8 나는 〈친구와 싸우다〉　　　　　　　　　　싫다.

9 나는 〈　　　?　　　〉　　　　　　　　　싫다.

10 〈아이들/공부할 수 있다〉　　　　　　　학교를 짓고 있다.

11 밖에서 〈두 사람/이야기하다〉　　　　　　소리가 난다.

12 〈아이들/친구들과 놀 수 있다〉　　　　　시간이 필요하다.

13 〈　　　?　　　〉　　　　　　　　시간이 필요하다.

14 〈부모님/걱정하다〉　　　　　　　은 나의 건강이다.

15 〈나/걱정하다〉　　　　　　　은　　　　　　　이다.

16 〈할머니/쓰레기/줍다〉　　　　　　　　　　봤다.

17 〈　　　?　　　〉　　　　　　　　　봤다.

18 〈친구/보냈다〉　　　　　　　문자 메시지를 받았다.

19 〈나/일하다/회사〉　　　　　　　는 좋은 회사이다.

20 〈우리/지켜야 하다〉　　　　　　은　　　　　　　이다.

확인

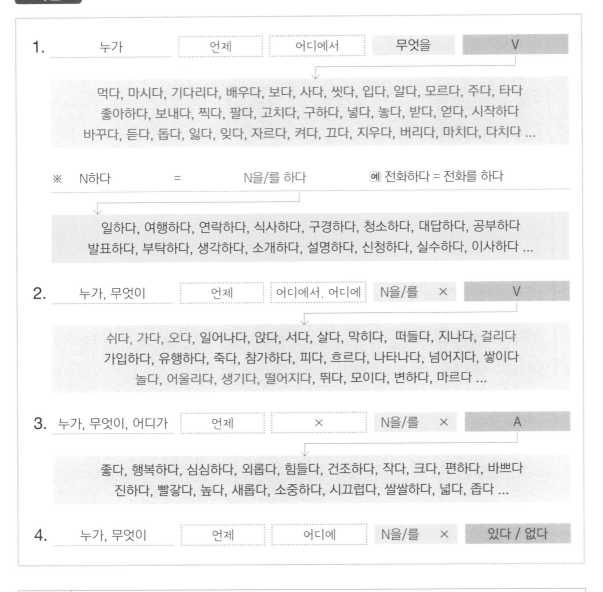

1.   누가   언제   어디에서   **무엇을**   **V**

먹다, 마시다, 기다리다, 배우다, 보다, 사다, 씻다, 입다, 알다, 모르다, 주다, 타다
좋아하다, 보내다, 찍다, 팔다, 고치다, 구하다, 넣다, 놓다, 받다, 얻다, 시작하다
바꾸다, 듣다, 돕다, 잃다, 잊다, 자르다, 켜다, 끄다, 지우다, 버리다, 마치다, 다치다 …

※   N하다   =   N을/를 하다   예 전화하다 = 전화를 하다

일하다, 여행하다, 연락하다, 식사하다, 구경하다, 청소하다, 대답하다, 공부하다
발표하다, 부탁하다, 생각하다, 소개하다, 설명하다, 신청하다, 실수하다, 이사하다 …

2.   누가, 무엇이   언제   어디에서, 어디에   N을/를   ×   **V**

쉬다, 가다, 오다, 일어나다, 앉다, 서다, 살다, 막히다, 떠들다, 지나다, 걸리다
가입하다, 유행하다, 죽다, 참가하다, 피다, 흐르다, 나타나다, 넘어지다, 쌓이다
놀다, 어울리다, 생기다, 떨어지다, 뛰다, 모이다, 변하다, 마르다 …

3.   누가, 무엇이, 어디가   언제   ×   N을/를   ×   **A**

좋다, 행복하다, 심심하다, 외롭다, 힘들다, 건조하다, 작다, 크다, 편하다, 바쁘다
진하다, 빨갛다, 높다, 새롭다, 소중하다, 시끄럽다, 쌀쌀하다, 넓다, 좁다 …

4.   누가, 무엇이   언제   어디에   N을/를   ×   **있다 / 없다**

☑ 주의

- 밥을 먹고 커피를도 마셨다. × → 커피도 ※ N을/를도, N을/를만, N을/를는 → ×
- 학생들은 선생님께서를[께를] 만날 것이다. × → 선생님을 ○
- 작년에 서울에 여행했다. × → 작년에 서울을 여행했다. ○ ※ 서울에 (여행)갔다 ○
- 나는 어제 집에서 숙제를 썼다. × → 숙제를 했다. ○
  ※ 쓰다 – 우산을 쓰다, 이름을 쓰다, 컴퓨터를 쓰다, 약이 쓰다

연습 1

N을/를	죽다 버리다 앉다 바꾸다 보내다 타다 걸리다 하다 놀다 맡기다 쉬다 놓다 눕다 오다 피다 기다리다 (사다) 넣다 다니다 만들다 모으다 살다 붙이다 출발하다 세우다 짓다 만나다 막히다 도착하다 모이다 떨어지다

연습 2

1	비빔밥이	맛있다 .	8	쓰레기가 .
	비빔밥을	먹었다 .		쓰레기를 .
2	시간이	.	9	전화가 .
	시간을	.		전화를 .
3	영화가	.	10	돈이 .
	영화를	.		돈을 .
4	꽃이	.	11	스트레스가 .
	꽃을	.		스트레스를 .
5	집이	.	12	일이 .
	집을	.		일을 .
6	버스가	.	13	계획이 .
	버스를	.		계획을 .
7	여행이	.	14	수업이 .
	여행을	.		수업을 .

연습 3

	N을/를 or N이/가			N을/를 or N이/가
1	카페에서 커피를 마셨다.	11	도서관에서	빌렸다.
2	12시에 끝났다.	12	시장에서	샀다.
3	화장실에서 씻었다.	13	그 친구에게	어울린다.
4	감기 때문에 났다.	14	밖에	많이 분다.
5	버스정류장에서 기다렸다.	15	기차역에서	탈 것이다.
6	식당에서 먹었다.	16	매일 스포츠센터에서	한다.
7	편의점에 있다.	17	지하철에서	떠들었다.
8	서울까지 많이 걸렸다.	18	기숙사 방에	없다.
9	교실에서 불렀다.	19	아침마다	막힌다.
10	청소를 하고 버렸다.	20	오늘부터	시작한다.

연습 4

1. 나는 고기보다 채소를 좋아하는데 특히 고추를 좋아한다.

2. 강의실 옆에 있는데 이 휴게실은 쉬는 곳이다.

3. 어제 고장 나서 서비스센터에 맡겼다.

4. 그 아이가 다쳐서 우리 반 학생들이 도와주었다.

5. 민수 씨가 없어서 민수 씨에게 빌려주었다.

6. 공원 근처에 없어서 가지고 와서 먹었다.

7. 시험을 잘 보려고 열심히 했는데 좋지 않아서 실망했다.

8. 요즘 일 때문에 많아서 풀고 싶다.

9. 비가 오는데 없어서 맞았다. 그래서 옷이 젖었다.

10. 너무 아름다워서 다음에 또 여행하고 싶다.

	N을/를 or N이/가	
1	나 / 저녁 / 라면 / 끓이다	나는 저녁에 라면을 끓였다.
2	주말 / 집 / 그림 / 그리다	
3	지난주 / 아르바이트 / 그만두다	
4	내일 / 은행 / 돈 / 바꾸다	
5	책상 위 / 꽃병 / 놓다	
6	어제 / 미용실 / 머리 / 자르다	
7	이번 휴가 / 부산 / 여행 / 가다	
8	일요일 / 집 / 배달 음식 / 먹다	
9	학교 앞 / 교통사고 / 나다	
10	휴일 / 집 / 전화 / ? / 시키다	
11	수첩 / 볼펜 / ? / 쓰다	
12	전화 / ? / 예약하다	
13	냉장고 / ? / 없다	
14	가방 / ? / 넣다	
15	우리 집 근처 / ? / 생기다	
16	학교 / ? / 사귀다	
17	명절 / 어머니 / ? / 만들다	
18	바닥 / ? / 떨어지다	
19	인터넷 / ? / 예매하다	
20	길 / ? / 만나다	

3-4 N에 (시간)

확인

01	시간 N에	N이/가	있다, 없다, 많다, 적다, 시끄럽다, 따뜻하다, 시원하다, 건조하다 …
		N이/가	일어나다, 자다, 가다, 오다, 도착하다, 쉬다, 놀다, 모이다, 막히다 …
		N을/를	먹다, 만나다, 마시다, 읽다, 보다, 타다, 기다리다, 시작하다, 보내다 …

02	시간 N~~에~~	오늘, 어제, 내일, 모레, 그저께, 지금, 매일, 그날, 올해, 그때 …	시간 N에	아침, 주말, 3시, 일요일, 생일, 다음 작년, 내년, 방학, N 전, N 후, 옛날 …

- N에는　　예 아침에는 밥을 안 먹지만 저녁에는 꼭 먹는다.
- N에도　　예 작년에도 겨울에 눈이 많이 오고 추웠다.
- N에만　　예 다른 날은 다 바쁘고 일요일에만 시간이 있다.
- N에까지　예 주말에까지 집에서 회사 일을 하는 사람들이 있다.

※ 오늘은 월요일이다. → 오늘 (명사 N)　　　오늘 친구를 만났다. → 오늘 (부사 Ad)
　나는 아침을 좋아한다. → 아침 (명사 N)　나는 아침에 일찍 일어난다. → 아침 (부사 Ad)

예시

- 지난 주말에 시간이 나서 가족들과 같이 밥을 먹었다.
- 요즘 약속이 많아서 집에 늦게 간다. 그래서 조금 피곤하다.
- 나는 보통 밤 11시에 자고 아침 7시에 일어난다.
- 서울에서 10시에 출발하는 비행기를 타려면 일찍 일어나서 공항에 가야 한다.
- 그 친구는 작년에 고향을 떠나서 외국으로 유학을 갔다. 그 친구가 보고 싶다.
- 마리 씨는 매일 도서관에 가서 책을 읽고 글을 쓴다.

☑ 주의	- 저녁에 여덟 시에 친구를 만났다. × → 저녁 여덟 시에 친구를 만났다. ○ - 아침에부터 저녁까지 집에서 공부했다. × → 아침부터 저녁까지 집에서 공부했다. ○ - 아침에 산책을 좋겠다. × → 아침에 산책을 하면 좋겠다. ※ 아침에 (Ad) + V - 김치를 처음에 먹었다. × → 처음 (최초) ※ 처음에는 힘들었는데 나중에는 괜찮았다. ○ - 처음 혼자 노래하고 마지막에 같이 노래한다. × → 처음에 (순서) - 우리집에서 공항까지 1시간에 걸렸다. × → ~ 1시간 걸렸다. ※ 1시간 동안 걸렸다. ×

| 시간 ~~NN~~ | 최근   그날   밤   방학   내일   요즘
생일   작년   (매일)   마지막   다음   크리스마스   모레
지금   휴가   지난 달   이번 주   시험 기간   올해
작년   내년   어제   오후   오늘   매주 |

1 N   아침은 하루 중에서 가장 바쁜 시간이다   .
   Ad 아침에 늦게 일어나서 아침을 못 먹었다   .

2 N   오늘은   .
   Ad 오늘   .

3 N   토요일은   .
   Ad 토요일에   .

4 N   축제 기간은   .
   Ad 축제 기간에   .

5 N   내 생일은   .
   Ad 내 생일에   .

6 N   겨울은   .
   Ad 겨울에   .

7 N   그날은   .
   Ad 그날   .

1	오후에 집에서 쉬려고 한다.	○
2	아침 공원에서 운동한다.	×
3	금요일에 외식을 한다.	
4	토요일에 내 생일이었다.	
5	올해에 결혼할 것이다.	
6	매일에는 우유를 마신다.	
7	그날 약속이 있었다.	
8	2020년에 학교를 졸업했다.	
9	겨울에 눈이 많이 온다.	
10	초등학교에 키가 작았다.	
11	매주에 그 친구를 만난다.	
12	그 학생은 내년 20살이다.	
13	7시에 저녁에 먹었다.	
14	밤에 늦게 잔다.	
15	지금에 요리를 배우고 있다.	
16	거기까지 차로 3시간에 걸린다.	
17	오후에 수업을 듣는다.	
18	다음 주에 방학이다.	
19	지난주에 제주도에 갔다.	
20	고향의 여름에 시원하다.	

21	이번 휴가에 너무 짧다.
22	약속 시간에 늦으면 안 된다.
23	나는 처음에 한국에 왔다.
24	다음 주에 쇼핑을 할 것이다.
25	나는 아침에 일찍 일어난다.
26	우리는 1시간에 등산했다.
27	열네 살 때 혼자 외국에 갔다.
28	생일에 특별한 계획이 있다.
29	나는 조용한 밤에 좋아한다.
30	보통 하루에 8시간에 잔다.
31	그 가수는 마지막에 나왔다.
32	주말에 박물관을 구경했다.
33	오늘에 영화를 봤다.
34	아침에 8시에 샤워한다.
35	한 달에 한 번 여행을 간다.
36	3시에 학생들이 쉬는 시간이다.
37	시험 기간에 도서관에 간다.
38	내일 할머니 댁에 갈 것이다.
39	작년에 잊을 수 없는 해였다.
40	동생이 내년에 입학할 것이다.

	N(시간)에	N에/에서	
1	12시에	학생 식당에	가서 밥을 먹는다.
2	매일		
3		공항에	
4	오전에		
5	주말에		갈 것이다.
6		우리나라에	
7	쉬는 시간에		
8		편의점에	
9	지난 방학에		
10		한국에	
11	다음 달에		
12			가서 등산을 하고 싶다.
13			게임을 했다.
14			사람들이 많다.
15		집에서	
16	내년에		
17	개교기념일에		
18	생일에		
19	시험기간에		
20	옛날에		

확인

1.

장소 N에	N이/가	있다, 없다, 많다, 적다
		가다, 오다, 다니다, 앉다, 서다, 눕다, 살다, 도착하다, 빠지다, 떨어지다, 입원하다
	N을/를	넣다, 놓다, 걸다, 쓰다, 버리다, 바르다, 붙이다, 올리다, 부치다, 보내다 …

2.

대상 N에	관심이 많다, 좋다, 나쁘다, 어울리다, 익숙하다, 걸리다 …
	늦다, 지각하다, 취직하다, 가입하다, 대답하다, 빠지다, 참가하다, 참석하다 …
	대해 이야기하다. 설명하다, 소개하다 …

- N에는　　예 커피숍에는 자주 가지만 찻집에는 자주 가지 않는다.
- N에도　　예 책에도 이름을 쓰고 공책에도 이름을 써야 한다.
- N에만　　예 그 사람은 게임에만 관심이 있고 공부에는 관심이 없다.
- N에까지　예 사람들이 박물관 안에까지 쓰레기를 버렸다.

예시

- 한국어를 배우고 싶어하는 외국 학생들이 한국에 많이 왔다.
- 기숙사에 살다가 고향 음식을 만들어 먹고 싶어서 밖으로 이사를 했다.
- 야외 콘서트장에 의자가 없어서 바닥에 앉아서 콘서트를 봤다.
- 운동을 하다가 다쳐서 얼굴에 연고도 바르고 팔에 파스도 붙였다.
- 늦은 밤에 야식을 먹는 것은 건강에 좋지 않다.
- 그 사람은 회의에 자주 지각해서 다른 사람들이 좋아하지 않는다.
- 우리는 수업 시간에 자기 나라의 문화와 한국 문화에 대해 이야기했다.

☑ 주의	- 제주도로 여행에 갔다. ?? → 제주도로 여행을 갔다 ○
	- 박물관에 구경했다. ?? → 박물관을 구경했다. ○
	- 집 근처에 시장에 간다. × → 집 근처에 있는 시장에 간다. / 집 근처 시장에 간다. ○

1 한국에 여행을 간다. ○

2 봄에 소풍에 간다.

3 여기에 친척들이 많이 산다.

4 우리는 공원에 걷는다.

5 시장에 야채를 판다.

6 방학에 부산에 갔다.

7 사무실에 전화했다.

8 고향에 유명한 음식이 있다.

9 컴퓨터에 공부한다.

10 여기에 택시를 타는 곳이다.

11 바다에 수영을 할 것이다.

12 빨리 집에 돌아가고 싶다.

13 방에 깨끗하고 넓다.

14 기숙사에 외국학생들이 많다.

15 밖에 아주 시끄럽다.

16 한국에 여행하는 것이 좋다.

17 우체국에서 소포를 부쳤다.

18 서울에서 회사에 다닌다.

19 대학에 경영학을 전공했다.

20 한국에 생활하고 있다.

21 교실 앞에 친구를 기다렸다.

22 백화점에 손님이 별로 없다.

23 시내에 구경했다.

24 친구에게 제주도에 소개했다.

25 우리 가족에 5명이다.

26 나는 친구 집에 자주 간다.

27 늦게 일어나서 회의에 늦었다.

28 주말에 산에 등산하기로 했다.

29 10년 동안 그 회사에 일했다.

30 나는 한국 문화에 관심이 있다.

31 제주도에 아주 아름다웠다.

32 우리 고향에 한국보다 덥다.

33 학교 근처에 식당에 간다.

34 산에 가까워서 공기가 좋다.

35 2급 반에 열심히 공부하고 싶다.

36 서울에 아름다운 곳이 많다.

37 강에 낚시하는 것을 좋아한다.

38 라면에 계란을 넣었다.

39 봄인데 아직도 산에 눈이 있다.

40 2층에 뛰면 1층이 시끄럽다.

연습 2

나쁘다	붙이다	버리다	떨어지다	앉다	입학하다	놓다	바르다
가입하다	빠지다	참석하다	취직하다	지각하다	도착하다	쓰다	소개하다

1	담배는 건강에	나쁘다.	9	한국문화에 대해	
2	말하기 대회에		10	학생들이 의자에	
3	올해 대학교에		11	편지에 주소를	
4	길이 막혀서 수업에		12	휴대폰이 땅에	
5	기차가 역에		13	식탁 위에 그릇을	
6	엽서에 우표를		14	얼굴에 화장품을	
7	쓴 휴지를 변기에		15	졸업 후 IT 회사에	
8	처음부터 사랑에		16	여행 동호회에	

연습 3

까만색	유치원	침대	병원	도서관	사랑	질문	경기	공항	동아리
신청서	벽	큰 회사	아파트	책상 위	지갑	휴지통	약속	문화	시험지

1	아파트에	살고 있다.	11		그림을 걸었다.
2		눕고 싶다.	12		흰색이 어울린다.
3		책이 많다.	13		대답하지 않았다.
4		종이를 버렸다.	14		취직했다.
5		돈을 넣었다.	15		나갔다.
6		늦었다.	16		빠졌다.
7		관심이 많다.	17		가입하고 싶다.
8		다닌다.	18		입원해야 한다.
9		책을 놓았다.	19		이름을 썼다.
10		사진을 붙였다.	20		비행기가 있다.

	N이/가/은/는	N에/ 에 대해	N을/를	
1	그 사람은	요즘 요가 학원에	✕	다닌다.
2				설명하셨다.
3	동생이			버렸다.
4				늦었다.
5	우리는			이야기했다.
6	나는			썼다.
7	비행기가			도착했다.
8	친구가	라면에		
9				놓았다.
10	아침에 먹는 사과는			좋다.
11		소파에		
12	학생들이			대답했다.
13				누웠다.
14		다친 곳에	연고를	
15			짐을	올렸다.
16	술과 담배는	건강에		
17	그 친구는			자주 간다.
18				맡겼다.
19		인스타그램(Instagram)에		올린다.
20	사람들은			관심이 많다.

확인

1.

장소 N에서

자다, 쉬다, 살다, 놀다, 뛰다, 달리다, 공부하다, 운동하다 …

N을/를　먹다, 마시다, 사다, 팔다, 만나다, 읽다, 기다리다, 찍다, 꺼내다 …

휴지통에
휴지를 버렸다.

주어가 행동하는 장소

N에서

학교에서
휴지통에
휴지를 버렸다.

2.

N에서

오다, 나오다, 나가다, 출발하다, 떠나다, 퇴원하다, (소리가) 나다

N까지　(시간이) 걸리다, 걷다, (버스를) 타다

※ N에서 가깝다, 멀다

- N에서는　　예 식당 안에서는 담배를 피울 수 없다.
- N에서도　　예 우리나라에서도 한국처럼 밥 먹을 때 숟가락과 젓가락을 사용한다.
- N에서만　　예 박물관 밖에서만 사진을 찍을 수 있다.
- N에서밖에　예 이 기념품을 여기에서밖에 팔지 않는다.
- N에서보다　예 요즘은 집에서보다 밖에서 밥을 더 자주 먹는다.

예시

- 나는 쉬는 시간에 휴게실에서 휴대폰을 보거나 카페에서 커피를 마신다.

- 그 친구는 밖에서 노는 것보다 집에서 영화를 보면서 쉬는 것을 더 좋아한다.

- 서울에서 9시에 출발하는 기차는 12시에 우리 고향에 도착한다.

- 우리 집에서 학교까지 걸어서 20분쯤 걸린다.

☑ 주의	▪ 우리 생활 중에서 필요한 것이 있다. × → 우리 생활에서 ~　※ 우리 사회 중에서 ×
	▪ 서울에서 산다. ○ ＝ 서울에 산다. ○
	▪ 우리집 근처에서 편의점이 많다. × → 우리 집 근처에 편의점이 많다. ○
	▪ 선생님은 사무실에서 계신다. × → 선생님은 사무실에 계신다. ○
	▪ 사람들이 의자에서 앉았다. × → 사람들이 의자에 앉았다. ○

연습 1

N에서

일하다　모이다　앉다　뛰다　쉬다　달리다　가다
기다리다　놀다　넣다　놓다　눕다　오다
많다　(사다)　다니다　만들다　살다
만나다　있다　붙이다　출발하다　이야기하다　떠나다
아르바이트하다　도착하다

연습 2

1. 그 집이   **깨끗하다** .
   그 집에   **피아노가 있다** .
   그 집에서   **피아노를 쳤다** .

2. PC 방이 _____ .
   PC 방에 _____ .
   PC 방에서 _____ .

3. 비행기가 _____ .
   비행기에 _____ .
   비행기에서 _____ .

4. 그 회사가 _____ .
   그 회사에 _____ .
   그 회사에서 _____ .

5. 길이 _____ .
   길에 _____ .
   길에서 _____ .

6. 밖이 _____ .
   밖에 _____ .
   밖에서 _____ .

7. 그 식당이 _____ .
   그 식당에 _____ .
   그 식당에서 _____ .

8. 바다가 _____ .
   바다에 _____ .
   바다에서 _____ .

9. 은행이 _____ .
   은행에 _____ .
   은행에서 _____ .

10. 소파가 _____ .
    소파에 _____ .
    소파에서 _____ .

연습 3

1	우리는 공원에서 산책한다. ○	26	버스가 정류장에 도착했다.
2	아기가 침대에 잔다.	27	회사에서 다닐 때 남편을 만났다.
3	5월에 한라산에 갈 것이다.	28	분식집에서 김밥을 먹었다.
4	학교에 한국어를 배운다.	29	이 시장에서 옷이 싸다.
5	밖에서 그림을 그렸다.	30	친구들이 다 고향에 떠났다.
6	학교 근처에 이사하려고 한다.	31	지갑에 돈이 없어서 돈을 찾았다.
7	우리 반에 3반이다.	32	버스에 타고 학교에 간다.
8	집에 운동을 하지 않는다.	33	제주도에 아름다운 바다를 봤다.
9	학교 근처에 카페가 많다.	34	쓰레기통에 휴지를 버렸다.
10	교실이 5층에서 있다.	35	우리집에서 TV가 없다.
11	나는 축제 때 무대에서 섰다.	36	집에 학교까지 1시간 걸린다.
12	그 친구는 미국에서 왔다.	37	주말에 박물관에서 구경했다.
13	식당에 아르바이트를 한다.	38	식당 앞에서 사진을 찍었다.
14	올해 학교에서 졸업했다.	39	학생들은 의자에서 앉았다.
15	작년에 기숙사에서 살았다.	40	강남역에서 지하철을 탄다.
16	커피숍에 커피를 마셨다.	41	놀이공원에서 재미있게 놀았다.
17	고향에서 비가 많이 온다.	42	한국에서 남자 친구가 있다.
18	그 사무실에 일한다.	43	주말에 백화점에 가서 쇼핑했다.
19	부엌에서 어머니를 도왔다.	44	3박 4일 동안 그곳에 여행했다.
20	친구는 도서관에서 없다.	45	노래방에서 노래를 불렀다.
21	TV로 공연에 봤다.	46	집 근처에서 편의점이 있다.
22	서울에 운전하기가 힘들다.	47	기숙사에 좁지만 깨끗하다.
23	가게에서 운동화를 샀다.	48	우리집은 학교에 가깝다.
24	더워서 밖에 나가기가 싫다.	49	학교에 갈 때 음악을 듣는다.
25	나는 한국대학교에 학생이다.	50	서울에서 오기 전에 부산에 살았다.

	N에서, N에			
1	배가 고파서	학생 식당에	갔다.	학생 식당에서	불고기를 먹었다.
2	심심해서		갔다.		친구와 놀았다.
3	큰 시장이		멀어서 가까운		과일과 야채를 산다.
4			있는 외국인들은 대부분		한국어를 배운다.
5	어제		파티를 했다.		맛있는 음식이 많았다.
6	방학 동안		갔다 왔다.		친구들을 많이 만났다.
7			김치 냉장고가 없다. 그래서		김치 냉장고를 샀다.
8			카페가 있는데 나는		자주 간다.
9			어머니가 안 계셔서 아이들은		밥을 사 먹었다.
10	그 외국인 친구는		왔는데 지금		같이 살고 있다.
11			쓰레기를 버리면 안 된다.		버려야 한다.
12			큰 가방을 샀다. 그		무거운 것도 넣을 수 있다.
13			담배를 피우면 안 된다.		나가서 피워야 한다.
14			밥을 먹으러 갔는데 사람이 많아서		기다렸다.
15	전에는		가서 일했는데 요즘은 출근하지 않고		일한다.
16			출발한 비행기가 조금 전에		도착했다.
17	집에 있을 때 나는		앉거나		누워서 TV를 본다.
18	피곤해서		잠깐 쉬었다. 그리고		갔다.
19	다리를 다쳐서		입원했는데 빨리 나아서		가고 싶다.
20	아내는		있고 남편은		일해서 주말에만 만날 수 있다.

		무엇을 했어요?
1	버스 정류장에서	음악을 들으면서 버스를 기다렸다.
2	편의점에서	
3	휴게실에서	
4	시장에서	
5	도서관에서	
6	집에서	
7	카페에서	
8	식당에서	
9	공원에서	
10	기차에서	
11	거리에서	
12	운동장에서	
13	사무실에서	
14	강에서	
15	놀이공원에서	
16	지하철역에서	
17	약국에서	
18	부엌(주방)에서	
19	은행에서	
20	우체국에서	

학교에 무엇이 있어요? 거기에서 무엇을 해요?

학교에 큰 운동장이 있다. 학생들은 거기에서

공항에 무엇이 있어요? 거기에서 무엇을 해요?

확인

✓ <u>N에게</u> V → 누가 누구에게 무엇을 하다
  └→ 행동할 때 필요한 대상

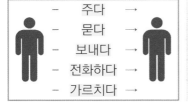

– 주다 →	나 → 친구	나는 친구에게 선물을 주었다
– 묻다 →	친구 → 나	친구가 나에게 이름을 물었다
– 보내다 →	형 → 동생	형이 동생에게 이메일 보냈다
– 전화하다 →	엄마 → 딸	엄마가 딸에게 전화했다
– 가르치다 →	선생님 → 학생	선생님이 학생에게 한국어를 가르친다

A → B	연락하다	(N을/를) V-아/어 주다
	N을/를 쓰다	(N을/를) 빌려주다
	(N을/를) 말하다	(N을/를) 보여 주다
N은/는/이/가 N에게	(N을/를) 맡기다	(N을/를) 알려 주다
	(N을/를) 선물하다	(N을/를) 돌려주다
	(N을/를) 소개하다	(N을/를) 양보하다
	(N을/를) 설명하다	인사하다
	(N을/를) 부탁하다	감사하다/미안하다

- N에게는   예 다른 친구에게는 말을 못하지만 그 친구에게는 말할 수 있다.
- N에게도   예 오늘 참석하지 못한 사람에게도 기념품을 주었다.
- N에게만   예 어머니는 나에게만 마음 속 이야기를 하신다.

예시

- <u>우리에게</u> 한국어를 가르치는 선생님은 아주 재미있고 친절하다.
- 친구가 지갑을 가지고 오지 않아서 <u>친구에게</u> 돈을 빌려 주었다.
- 오늘 버스에서 <u>할머니에게</u> 자리를 양보했다.
- 어제 약속을 지키지 못해서 <u>친구에게</u> 너무 미안했다.
- 갑자기 어머니가 아프셔서 <u>가족들에게</u> 전화로 연락했다.

| ☑ 주의 | - 나는 그 사람에게 도와줬다. × → 나는 그 사람을 도와줬다. ○ |
| | - 나는 동생에게 불고기를 만들었다. × → 나는 동생에게 불고기를 만들어 줬다. ○ |

		N에게	N을/를	V
1	그 남자는	여자 친구에게	선물을	주었다.
2	친구가			보냈다.
3	여행 가이드가	관광객들에게	유명한 장소를	
4	동생이		여자 친구 사진을	
5	사장님이			맡겼다.
6	아버지가			선물했다.
7	그 친구가		빌린 책을	
8	학생이		편지를	
9	나는			물어보고 싶다.
10	할머니가			읽어 주고 있다.
11	학교에서		시험 기간을	
12	그 식당에서		새 메뉴를	

연습 2

1. 내가 친구에게 하는 일	· 나는 친구에게 자주 문자 메시지를 보낸다.

2. 선생님이 학생들에게 하는 일	

3. 부모님이 나에게 하는 일	

확인

✓ <u>N에게서</u> V → 누구에게서 무엇이 오다, 무엇을 받다 [얻다, 듣다, 배우다...]

└→ 무엇을 받는 대상

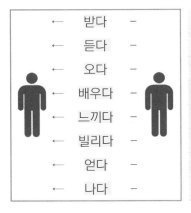

나 ← 친구	나는 친구에게서	선물을 받았다.
나 ← 선생님	나는 선생님에게서	소식을 들었다.
← 사장님	사장님에게서	연락이 왔다.
어른 ← 아이	어른이 아이에게서	배운다.
나 ← 한국 사람	나는 한국 사람에게서	정을 느꼈다.
나 ← 반 친구	나는 반 친구에게서	우산을 빌렸다.
나 ← 그 사람	나는 그 사람에게서	용기를 얻었다.
← 그 사람	그 사람에게서	꽃향기가 난다.

- N에게서는   예 오래 기다렸지만 그 친구에게서는 전화가 오지 않았다.
- N에게서도   예 그 사람은 자신을 싫어하는 사람에게서도 배우려고 한다.
- N에게서만   예 이번 생일에 그 친구에게서만 선물을 받지 못했다.

예시

- <u>부모님에게서</u> 칭찬을 많이 받은 아이들은 자신감을 가지게 된다.

- 내가 이메일을 보낸 <u>그 사람에게서</u> 오늘 답장이 왔다.

- <u>선생님에게서</u> 한국 음식과 한국 문화에 대한 이야기를 많이 들었다.

- 공부가 힘들고 몸이 아플 때 <u>가족에게서</u> 힘을 얻는다.

- 말은 별로 없었지만 <u>그 사람에게서</u> 따뜻한 마음을 느꼈다.

주의	■ 친구에게서 책을 빌렸다. = 친구에게 책을 빌렸다. ○
	■ 나는 선생님께서 칭찬을 받았다. × → 나는 선생님께 칭찬을 받았다. ○
	나는 선생님에게서 칭찬을 받았다. ○
	■ 회사에게서 연락이 왔다. × → 회사에서 연락이 왔다. ○

✒ 연습 1

		N에게서	N을/를	V
1	그 여자는	남자 친구에게서	반지를 선물로	받았다.
2	나는		연락을	
3	학생들은		역사를	
4	아내는		따뜻한 사랑을	
5	동생이			빌렸다.
6	그 친구는			들었다.
7	그 사람은		용기를	
8	그 아이는		칭찬을	
9	×		전화가	
10	×		이상한 냄새가	

✒ 연습 2

	N에게 ~		N에게서 / 께~
1	친구가 나에게 용기를 줬다.	→	나는 친구에게서 용기를 얻었다.
2	선생님께서 그 학생을 칭찬하셨다.	→	
3	친구가 나에게 자전거를 빌려줬다.	→	
4	의사 선생님이 환자에게 약을 줬다.	→	
5	손님이 가게 주인에게 돈을 냈다.	→	
6	동생이 형에게 그 일에 대해 말했다.	→	
7	그 친구가 나에게 연락했다.	→	
8	그 사람이 나에게 전화를 했다.	→	
9	어머니가 딸에게 편지를 보냈다.	→	
10	할아버지가 나에게 예절을 가르쳤다.	→	

확인

✓ <u>N과/와</u>　A/V　→　누가 누구와 무엇을 하다, 무엇과 무엇이 어떻다
┗→ 그 행동과 직접 관계가 있는 대상, 비교나 교환의 대상

		무엇을 하다 / 무엇이 어떻다	
관계	N과/와	싸우다, 헤어지다, 사귀다, 이야기하다 살다, 놀다, 약속하다, 결혼하다, 친하다	※ 친구를 사귀다 ○
		(N이/가) 닮다　※ N을/를 닮다	• 나는 아버지와 (눈이) 닮았다. • 나는 아버지를 닮았다.
비교 교환	N과/와	(N이/가) 같다, 다르다, 비슷하다	• 나는 친구와 취미가 같다.
		(N이/가) 어울리다, 잘 맞다	• 이 셔츠와 까만 바지가 어울린다.
		(N을/를) 비교하다, 바꾸다, 교환하다	• 한국어와 영어를 비교해 보았다.

※ N과/와 N	그리고	예 편의점에서 과자와 음료수를 샀다.
※ N과/와 (같이)	같이	예 나는 주말에 친구와 (같이) 도서관에 갔다.

예시

- 사랑하는 <u>사람과</u> 결혼했지만 성격이 맞지 않아서 자주 싸운다.

- 나는 <u>아버지와</u> 외모가 닮았고 동생은 <u>어머니와</u> 성격이 닮았다.

- 열심히 공부하기로 <u>부모님과</u> 약속했지만 약속을 지키지 못 했다.

- 나는 <u>언니와</u> 성격이 달라서 일을 할 때 천천히 하지 못한다.

- 파란색은 <u>그 색깔과</u> 어울리지 않으니까 다른 색깔을 고르는 게 좋을것 같다.

☑ 주 의	• 나는 친구와 같이 밥을 먹었다. = 나는 친구와 밥을 먹었다. (같이 하는 사람) • 나는 친구와 같이 싸웠다.　×　→ 나는 친구와 싸웠다. (행동의 대상) • 나는 친구 같이 부산에 갔다.　×　→ 친구와 같이 ~, 친구와 ~ ○ • 노래와 춤을 추는 것이 다르다.　×　→ 노래 부르는 것과 춤을 추는 것이 다르다. ※청바지와 이 셔츠가 어울린다.　○　청바지에 이 셔츠가 어울린다. ○ 　그 사람과 이 셔츠가 어울린다.　×　→ 그 사람에게 이 셔츠가 어울린다. ○

1	나 / 여자 친구	헤어지다	→ 나는 여자 친구와 헤어졌다.
2	나 / 친구	같이 살다	→
3	나 / ?	닮다	→
4	? / ?	다르다	→
5	남편 / 아내	약속하다	→
6	아이 / 고양이	놀다	→
7	? / ?	비슷하다	→
8	? / ?	비교하다	→
9	? / ?	친하다	→
10	주인 / 손님	싸우다	→
11	? / ?	어울리다	→

1. 내년에 친구와 같이 하고 싶은 일	· 내년에 나는 친구와 제주도를 여행하고 싶다. · ·
2. 부모님과 나의 닮은 점	· 나는 우리 어머니와 눈이 닮았다. · ·
3. 나와 그 친구의 다른 점	· 나는 그 친구와 좋아하는 음식이 다르다. · ·

3-10 N(으)로

✓ N(으)로 V = 무엇으로, 어떻게 그것을 할까?
  └→ 수단. 도구. 방식

	어떻게?		
서울에 갈 수 있다	기차를 타면 된다	→	기차로 ~
	버스를 타면 된다	→	버스로 ~
	비행기를 타면 된다	→	비행기로 ~
음악을 들을 수 있다	휴대폰이 있으면 된다	→	휴대폰으로 ~
	컴퓨터가 있으면 된다.	→	컴퓨터로 ~
	오디오가 있으면 된다	→	오디오로 ~
스트레스를 풀 수 있다	게임을 하면 된다	→	게임으로 ~
	운동을 하면 된다.	→	운동으로 ~
	여행을 하면 된다.	→	여행으로 ~

※ N(으)로   가는 방향   예 한국으로 유학을 갔다. 2층으로 올라갔다. 왼쪽으로 돌아갔다.
※ N(으)로   재료   예 나무로 종이를 만든다. 딸기로 잼을 만든다. 쌀로 술을 만든다.

예시

- 요즘은 전화나 이메일보다 SNS로 연락하는 사람들이 많다.
- 어릴 때부터 젓가락을 사용하지 않으면 젓가락으로 먹기가 쉽지 않다.
- 물건을 살 때 현금이나 신용 카드보다 모바일로 계산하는 사람들이 많아졌다.
- 길이 막히는 출퇴근 시간에는 버스보다 지하철로 가는 것이 빠르다.
- 심심할 때 유튜브(Youtube)로 음악을 듣거나 재미있는 영상을 본다.

☑ 주의	▪ 지하철으로 학교에 간다. × → 'ㄹ' 받침 + 로 예 지하철로, 칼로, 연필로, 한국말로
	▪ 심심할 때 게임으로 재미있다. × → N으로 A (재미있다) ×
	▪ 학교에 갈 때 버스로 탄다. × → 버스로 간다 / 버스를 타고 간다. ○
	▪ 학교에 갈 때 항상 지하철로 이용한다. × → ~ 지하철을 이용한다. ○
	▪ 휴대폰에 드라마를 봤다. × → 휴대폰으로 드라마를 봤다. ○

1.	젓가락, 포크 ?	? / 먹다	→ 젓가락으로 김치를 먹었다.
2.	버스, 지하철 ?	? / 가다	→
3.	현금, 카드, 모바일 ?	물건 값 / ?	→
4.	가위, 칼 ?	? / 자르다	→
5.	계단, 엘리베이터 ?	10층 / 가다	→
6.	한국말, 영어 ?	? / 인사하다	→
7.	연필, 볼펜 ?	? / 쓰다	→
8.	운동, 음식 ?	건강 / 지키다	→
9.	전화, 문자 메시지 ?	? / 연락하다	→

연습 2

1.
돈으로
할 수 있는 [없는] 것

· 돈으로 사랑과 행복을 살 수 없다.
·
·

2.
휴대폰으로
할 수 있는 것

·
·
·

3.
유튜브(Youtube)로
할 수 있는 것

·
·
·

확인

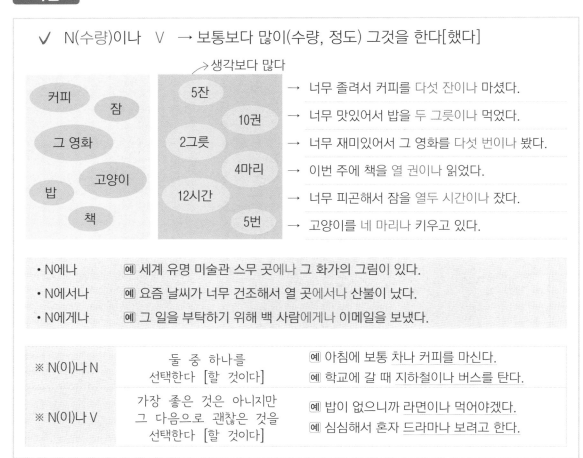

✓ N(수량)이나 V → 보통보다 많이(수량, 정도) 그것을 한다[했다]

→생각보다 많다

커피	잠	5잔		→	너무 졸려서 커피를 다섯 잔이나 마셨다.
			10권	→	너무 맛있어서 밥을 두 그릇이나 먹었다.
그 영화		2그릇		→	너무 재미있어서 그 영화를 다섯 번이나 봤다.
			4마리	→	이번 주에 책을 열 권이나 읽었다.
밥	고양이	12시간		→	너무 피곤해서 잠을 열두 시간이나 잤다.
	책		5번	→	고양이를 네 마리나 키우고 있다.

- N에나 　예 세계 유명 미술관 스무 곳에나 그 화가의 그림이 있다.
- N에서나 　예 요즘 날씨가 너무 건조해서 열 곳에서나 산불이 났다.
- N에게나 　예 그 일을 부탁하기 위해 백 사람에게나 이메일을 보냈다.

| ※ N(이)나 N | 둘 중 하나를 선택한다 [할 것이다] | 예 아침에 보통 차나 커피를 마신다. 예 학교에 갈 때 지하철이나 버스를 탄다. |
| ※ N(이)나 V | 가장 좋은 것은 아니지만 그 다음으로 괜찮은 것을 선택한다 [할 것이다] | 예 밥이 없으니까 라면이나 먹어야겠다. 예 심심해서 혼자 드라마나 보려고 한다. |

예시

- 운동 후에 너무 목이 말라서 물을 두 잔이나 마셨다.
- 점심에 그 식당에서 밥을 두 그릇이나 먹어서 너무 배가 부르다.
- 약속 장소에서 그 친구를 한 시간이나 기다렸는데 오지 않아서 화가 났다.
- 그 노래가 너무 좋아서 백 번이나 들었다. 그래도 또 듣고 싶다.

| ☑ 주의 | - 나는 밥을 두 그릇이나 먹을 것이다. × → 밥을 두 그릇이나 먹는다/먹었다 ○
- 커피나 마셨다. × (수량이 없음) → 커피를 다섯 잔이나 마셨다. ○ |

연습 1

1.	한국에 왔다	5년	→	한국에 온 지 5년이나 되었다.
2.	게임	10시간	→	
3.	고기	5인분	→	
4.	전화	6번	→	
5.	그 영화	?	→	
6.	일	?	→	
7.	집에서 학교까지	?	→	
8.	맥주	?	→	
9.	친구	?	→	

연습 2

1	많이 들은 노래	나는 그 노래를 백 번이나 들었다.
2	많이 마신 것	
3	많이 먹은 것	
4	많이 산 것	
5	나에게 많이 있는 것	
6	오래 기다린 시간	
7	많이 본 영화	
8	많이 읽은 책	
9	오래 잔 시간	

확인

✓ N밖에 안 V [없다, 모르다...] → N만 하고 다른 것은 전혀 안 한다
　　　　　　　　　　　　　　　　　N만 있고 그 이상은 없다

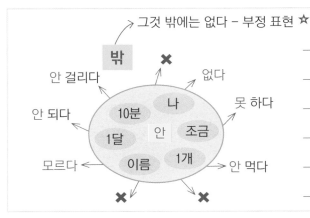

→ 그것 밖에는 없다 – 부정 표현 ☆

→ 학교까지 걸어서 십 분밖에 안 걸린다.

→ 한국어를 배운 지 한 달밖에 안 됐다.

→ 나는 그 사람 이름밖에 모른다.

→ 제니는 한국 친구가 나밖에 없다.

→ 시간이 없어서 연습을 조금밖에 못 했다.

→ 오늘 하루 종일 빵 한 개밖에 안 먹었다.

• N까지밖에	예 공연 표는 이번 주 토요일까지밖에 살 수 없다.
• N에밖에	예 몸이 불편해서 집 근처에밖에 갈 수 없다.
• N에서밖에	예 그 가방은 백화점에서밖에 팔지 않는다.
• N에게밖에	예 그 일은 가족에게밖에 말할 수 없다.

※ N만	한정	예 집에서 TV만 본다.
※ N밖에 안	한정 강조 + 감정	예 집에서 TV밖에 안 본다. (실망, 놀람, 감탄...)

예시

- 그 친구가 지난주에 한 일은 <u>나밖에</u> 모른다.

- 내가 편하게 쉴 수 있는 곳은 <u>우리 집밖에</u> 없다.

- 시험공부를 <u>조금밖에</u> 안 했는데 생각보다 많이 틀리지 않았다.

☑ 주의	• 밥을 조금밖에 먹었다. × → 밥을 조금밖에 안 먹었다. [먹지 않았다] ○
	• 밥을 조금만 먹었다. (사실) / 밥을 조금밖에 안 먹었다. (조금 먹은 것을 강조 + 걱정, 실망...)

1.	내 지갑	돈 / 천 원 / <u>있다</u>	→	내 지갑에 돈이 천 원밖에 없다.
2.	게임	30분 / 하다	→	
3.	태어났다	1달 / 되다	→	
4.	내 친구	그 카페 / 가다	→	
5.	가는 시간	10분 / 걸리다	→	
6.	헤어졌다	1주일 / 되다	→	
7.	가구	침대 / 있다	→	
8.	한국어	"안녕?" / 알다	→	
9.	비	조금 / 오다	→	
10.	아침	우유 / 먹다	→	

1	아르바이트로 번 돈	아르바이트로 50만 원밖에 못 벌었다.
2	어제 먹은 것	
3	어제 만난 사람	
4	한국 노래 아는 것	
5	할 수 있는 외국어	
6	어제 잠을 잔 시간	
7	냉장고 안에 있는 것	
8	가 본 곳	

확인

✓ <u>N보다</u>　A/V = 무엇이 무엇보다 A / 무엇을 무엇보다 V

　└→ 비교하는 대상

딸기 〈 수박	이/가 →	딸기보다 수박이 크다.　　※수박이 딸기보다 크다. ○
	을/를 →	딸기보다 수박을 좋아한다.
뜨거운 커피 〈 차가운 커피	이/가 →	뜨거운 커피보다 차가운 커피가 좋다.
	을/를 →	뜨거운 커피보다 차가운 커피를 자주 마신다.
노래하다 〈 춤추다	이/가 →	노래하는 것보다 춤추는 것이 즐겁다.
	을/를 →	노래하는 것보다 춤추는 것을 즐긴다.
책을 읽다 〈 영상을 보다	이/가 →	책을 읽는 것보다 영상을 보는 것이 더 재미있다.
	을/를 →	책을 읽는 것보다 영상(을) 보는 것을 추천한다.
(생각) 책 〈 (실제) 책	이/가 →	생각보다 그 책이 재미있다.
	을/를 →	생각보다 그 책을 빨리 읽었다.
(처음) 방 〈 (나중) 방	이/가 →	처음보다 그 방이 깨끗해졌다.
	을/를 →	처음보다 그 방을 더 자주 청소한다.

※ N에서보다　　예 나는 집에서보다 도서관에서 공부하는 것을 좋아한다.

예시

- 여름에는 <u>긴 바지보다</u> 짧은 바지가 더 편하다.

- 그 음식에 후추를 <u>안 넣은 것보다</u> 넣은 것이 더 맛있다.

- <u>작년보다</u> 올해 여행을 더 많이 하고 싶었지만 바빠서 못 했다.

- 시골에서 <u>사는 것보다</u> 도시에서 사는 것을 더 좋아한다.

- 혼자 <u>여행하는 것보다</u> 친구하고 같이 여행하는 것이 더 재미있다.

☑ 주의	- 불고기보다 비빔밥이 더 맛있다. = 비빔밥이 불고기보다 더 맛있다.
	- 돈이보다 건강이 더 중요하다.　× → 돈보다 건강이 더 중요하다.　○
	- 요리하는 보다 청소하는 것이 좋다. × → 요리하는 것보다 청소하는 것이 좋다.　○
	- 책보다 음악 듣는 것을 좋아한다. × → 책을 읽는 것보다 음악 듣는 것을 좋아한다.　○

✏ 연습 1

1.	바다	<	산	좋아하다	→ 나는 바다보다 산을 좋아한다.
2.	개		고양이	좋다	→
3.	평일		주말	복잡하다	→
4.	길다		짧다	편하다	→
5.	비싸다		싸다	많이 사다	→
6.				빠르다	→
7.				중요하다	→
8.	따뜻하다		차갑다		→
9.	말하다		쓰다		→
10.	걷다		뛰다		→

✏ 연습 2

		N보다 / -는 것보다
1	더 바쁜 요일	나는 월요일보다 화요일이 더 바쁘다.
2	더 싫은 일	
3	더 좋아하는 색깔	
4	더 자주 먹는 음식	
5	더 좋아하는 날씨	
6	더 싼 여행 방법	
7	더 잘하는 운동	
8	건강에 더 좋은 것	
9	생각보다 재미있는 일	
10	처음보다 더 어려운 일	

확인

✔ N마다 → 그때는 항상 / 사람[그것] 각각 / 거기 모두

1	월	화	수	목	금	토	일
	수업	수업	그림	수영	약속	영화	청소
그때 항상	↓	↓	↓	↓	↓	↓	↓

월요일과 화요일마다 수업을 한다.

수요일마다 그림을 그린다.

목요일마다 수영을 한다.

금요일마다 약속이 있다.

토요일 저녁마다 영화를 본다.

2		수진	지연	제니	토니	지민
대상 각각	취미	독서	요리	등산	낚시	캠핑
	좋아하는 음식	냉면	만두	파스타	피자	김밥
	좋아하는 운동	축구	농구	탁구	골프	배구
	공부하는 시간	1시간	2시간	3시간	4시간	5시간

사람마다 취미가 다르다.

사람마다 좋아하는 음식이 다르다.

사람마다 좋아하는 운동이 다르다.

학생들마다 공부하는 시간이 다르다.

3	학교 A	학교 B	학교 C	학교 D
거기 모두	도서관	도서관	도서관	도서관
	축제	축제	축제	축제

학교마다 도서관이 있다.

학교마다 축제를 한다.

※ 날마다 = 매일 / 주마다 = 매주 / 달마다 = 매달, 매월 / 해마다 = 매년

예시

- 우리 부모님은 <u>생일 때마다</u> 나에게 선물을 주신다.

- 나는 힘들고 <u>피곤할 때마다</u> 그 가수의 음악을 듣는다.

- 같은 재료로 음식을 만들어도 <u>요리사마다</u> 음식 맛이 다르다.

- <u>나라마다</u> 문화가 달라서 여행 가기 전에 그 나라의 문화를 잘 알아 놓아야 한다.

- 유럽 여행을 할 때 내가 <u>가는 곳마다</u> 한국 사람들이 있었다.

☑ 주 의	▪ <u>매일마다</u> 차를 마시면서 TV를 본다. ?? → 매일 / 날마다　※ 매주마다, 매달마다 ✕
	▪ 운동을 하기 <u>전마다</u> 준비 운동을 한다.　✕　→　운동하기 전에는 항상 ~ ○
	▪ <u>교실마다</u> 컴퓨터가 있다. ○　/　<u>사람마다</u> 컴퓨터가 있다. ??

✎ 연습 1

	N마다		
1	라면/끓이다	계란/넣다	→ 라면을 끓일 때마다 계란을 넣는다.
2	쉬는 시간	물/마시다	→
3	주말	?	→
4	심심하다	?	→
5	감기/걸리다	그 차/마시다	→
6	여행/가다	기념품/사다	→
7	외롭다	?	→
8	수업하다	휴대폰/끄다	→
9	스트레스/받다	운동하다	→

✎ 연습 2

1 N마다 하는 것
- 나는 저녁마다 스포츠센터에 가서 운동을 한다.
-
-

2 N마다 있는 것
-
-
-

3 N마다 다른 것
-
-

확인

✓ N처럼 + A/V → N과 비슷하게 / 같이

- 존은 한국말을 잘해요. 한국사람 같아요. → 존은 한국 사람처럼[같이] 한국말을 잘해요.
- 그 사람은 잘 가르쳐요. 선생님 같아요. → 그 사람은 선생님처럼[같이] 잘 가르쳐요.
- 그 사람은 노래를 잘해요. 가수 같아요. → 그 사람은 가수처럼[같이] 노래를 잘해요.
- 그 사람은 편해요. 가족 같아요. → 그 사람은 가족처럼[같이] 편해요.
- 그 책은 깨끗해요. 새 책 같아요. → 그 책은 새 책처럼[같이] 깨끗해요.
- 땀이 나요. 비가 오는 것 같아요. → 비가 오는 것처럼[같이] 땀이 나요.

※ N처럼 보이다 → 그 친구는 화가 난 사람처럼 보인다.

예시

- 지금은 5월인데 벌써 여름처럼 날씨가 덥다.
- 그 사람은 외국 사람인데 한국 사람처럼 정이 많다.
- 나는 내 친구 영수처럼 노래를 잘 부르고 싶다.
- 그 아이는 초등학생인데 고등학생처럼 10시까지 공부한다.
- 내가 자주 가는 식당의 아주머니가 나를 엄마처럼 잘 챙겨 준다.
- 그 선생님은 천사처럼 착할 때도 있지만 호랑이처럼 무서울 때도 있다.
- 하늘에서 눈이 오는 것처럼 하얀 꽃잎이 떨어졌다.
- 청소를 하지 않았지만 조금 전에 청소한 것처럼 깨끗하다.
- 오늘 그 사람을 처음 만났는데 오래 만난 사람처럼 편안하다.
- 면접시험을 10번이나 봤지만 처음 볼 때처럼 긴장된다.

☑ 주의	▪ 친구 집이 우리 집처럼 편하다. = 친구 집이 우리 집같이 편하다. ▪ 그 사람은 한국 사람처럼이다. × → 그 사람은 한국 사람처럼 한국말을 잘한다. ○ ▪ 그 사람은 한국 사람처럼 같다. × → 그 사람은 한국사람 같다. ○

연습 1

아이	바다	부자	화가 났다	화가	처럼	A / V
요리사	새 옷	우리 집	화장했다	우리 고향		

1.   그 사람은 슬픈 소식을 듣고 _____ 아이처럼 _____ 울었다 _____ .
2.   그 사람은 음식 만드는 것을 배우지 않았는데 _____ .
3.   그 호수는 _____ (-아/어서) 큰 배가 다닌다.
4.   여행 가서 친구 집에서 잤는데 _____ .
5.   그 사람은 돈이 별로 없다. 그런데 _____ .
6.   지금 내가 살고 있는 여기도 _____ .
7.   그 여자는 세수도 안 하고 사진을 찍었는데 _____ .
8.   그 사람은 말을 많이 한다. 그런데 오늘은 _____ .
9.   그 아이는 매일 그림을 그린다. 그래서 _____ .
10. 그 옷은 10년 전에 산 옷인데 _____ .

연습 2

바보	약속했다	직원	태풍이 오다	싸웠다	처럼	A / V
라면	그 친구	옛날 집	안 입었다	운동선수		

1.   아주 쉬운 문제였다. 그런데 _____ 바보처럼 _____ 실수했다 _____ .
2.   이번에 이사한 집도 _____ .
3.   그 옷은 _____ (-아/어서) 여름에 자주 입는다.
4.   요리 방법이 아주 간단해서 _____ 누구나 쉽게 _____ .
5.   그 사람은 어릴 때부터 운동을 해서 _____ .
6.   우리 반에 춤을 잘 추는 친구가 있다. 나도 _____ .
7.   헤어진 그 남자와 그 여자는 _____ 거기에서 다시 _____ .
8.   그 사람은 사장님이지만 _____ .
9.   오전에는 맑았는데 오후에 갑자기 _____ .
10. 두 사람은 이야기를 많이 하는데 오늘은 _____ .

N 같다	N처럼[같이] A / V
1 그 친구는 가수 같다.	그 친구는 가수처럼 노래를 잘한다.
2 그 사람은 영화배우 같다.	
3 우리 누나는 요리사 같다.	
4 내 동생은 거북이 같다.	
5 후엔 씨는 한국 사람 같다.	
6 음식 배달이 번개 같다.	
7 그 여자는 인형 같다.	
8 우리 아버지는 호랑이 같다.	
9 그 아이는 천사 같다.	
10 그 여자가 꽃 같다.	
11 그 교수님은 시계 같다.	
12 오늘 날씨는 겨울 같다.	
13 그 구두는 운동화 같다.	
14 그 사과는 꿀 같다.	
15 그 사람의 마음은 바다 같다.	
16 여기는 도서관 같다.	
17 그것은 엄마가 만든 음식 같다.	
18 내 친구는 선생님 같다.	
19 그 남자는 농구 선수 같다.	
20 그 옷은 아이 옷 같다.	

1.	아	버	지	와		나	

나는 아버지를 닮았다. 그래서 나는 아버지처럼

2.	그		친	구	와		나	

그 친구와 나는 다른 것이 많다. 먼저 나는 그 친구처럼 키가 크지 않다.

3.	서	로		다	른		문	화	

한국과 우리나라는 여러 가지가 다르다. 먼저 우리나라는 한국처럼

4.	닮	고		싶	은		사	람	

나는 그 분을 존경한다. 그래서 그 분처럼

4 관형어 쓰기

형용사	A	A + N		A	A + N
	크다	큰 + 집		즐겁다	즐거운 + 파티
	예쁘다	예쁜 + 옷		작다	작은 + 방
	빠르다	빠른 + 인터넷		힘들다	힘든 + 일
	필요하다	필요한 + 물건		어떻다	어떤 + 사람
	특별하다	특별한 + 날		빨갛다	빨간 + 사과

동사	V	V + N
	공부하다 / 공부했다 / 공부할 것이다	공부하는 / 공부한 / 공부할 + 학생
	읽다 / 읽었다 / 읽을 것이다	읽는 / 읽은 / 읽을 + 책
	듣다 / 들었다 / 들을 것이다	듣는 / 들은 / 들을 + 음악
	만들다 / 만들었다 / 만들 것이다	만드는 / 만든 / 만들 + 음식
	부르다 / 불렀다 / 부를 것이다	부르는 / 부른 / 부를 + 노래

N이다	N이다	N이다 + N
	적극적이다 / 적극적이었다	적극적인 / 적극적이었던 + 학생
	남성적이다 / 남성적이었다	남성적인 / 남성적이었던 + 성격
	내성적이다 / 내성적이었다	내성적인 / 내성적이었던 + 아이

관형절	주어 + 동사	〈주어 + 동사〉 + N
	전에 만난 적이 있다	전에 만난 적이 있는 사람
	내가 매일 산책하다	내가 매일 산책하는 공원
	잃어버린 아이를 찾다	잃어버린 아이를 찾는 광고

	○	×
☑ 주의	1. 전에 식당에서 만난 사람이 인사를 했다.	전에 식당에서 만난 Ø 인사를 했다.
	2. 자기 전에 내가 좋아하는 노래를 들었다.	자기 전에 내가 좋아하는 Ø 들었다.
	3. 뜨거운 음식을 먹었다.	음식을 뜨거운 먹었다.

V + N	지금, 매일, 요즘 ...	어제, 지난주, 작년...	내일, 다음 주, 내년 ...
1 가다 / 곳	가는 곳	간 곳	갈 곳
2 팔다 / 물건			
3 살다 / 집			
4 열다 / 식당			
5 걷다 / 길			
6 듣다 / 수업			
7 읽다 / 책			
8 부르다 / 노래			
9 찾다 / 돈			
10 보내다 / 메일			
11 사귀다 / 친구			
12 생기다 / 일			
13 시키다 / 음식			
14 보다 / 시험			
15 유행하다 / 옷			

A + N		A + N	
16 외롭다/사람	외로운 사람	24 어리다/아이	
17 기쁘다/일		25 다르다/옷	
18 정확하다/발음		26 빠르다/배달	
19 얇다/책		27 길다/시간	
20 슬프다/이야기		28 어둡다/밤	
21 멀다/나라		29 흐리다/날씨	
22 필요하다/물건		30 높다/구두	
23 좁다/방		31 즐겁다/수업	

1	어제 〈먹었다 + 사과〉 맛있다	어제 먹은 사과가 맛있다.
2	어제 〈만들었다 + 빵〉 팔다	
3	지금 〈듣다 + 노래〉 좋다	
4	어제 〈했다 + 약속〉 잊어버리다	
5	지난 생일 〈받았다 + 선물〉 ?	
6	지난주 〈샀다 + 옷〉 ?	
7	어제 〈봤다 + 영화〉 ?	
8	〈고장 났다 + TV〉 고치다	
9	요즘 〈좋아하다 + 노래〉 ?	
10	아침마다 〈마시다 + 것〉 ?	
11	내일 〈할 것이다 + 일〉 메모하다	
12	〈쌓였다 + 스트레스〉 풀다	
13	항상 〈웃다 + 사람〉 ?	
14	어제 〈빌렸다 + 책〉 ?	
15	〈알다 + 사람〉 ?	
16	그저께 〈예약했다 + 식당〉 ?	
17	그때 〈찍었다 + 사진〉 보내다	
18	작년 〈지었다 + 집〉 ?	
19	수업시간 〈졸다 + 학생〉 ?	
20	〈모르다 + 사람〉 인사하다	

		V –는 / (으)ㄴ / (으)ㄹ + N ~ –다, –았/었다, –고 싶다 ...
1	? + 드라마 / 보다	→ <u>요즘 인기가 있는</u> 드라마를 보고 싶다.
2	? + 버스 / 타다	→
3	? + 사람 / 없다	→
4	? + 파티 / 하다	→
5	? + 기억 / 있다	→
6	? + 옷 / 입다	→
7	? + 친구 / 도와주다	→
8	? + 숙제 / 있다	→
9	? + 소리 / 듣다	→
10	? + 아이 / 보다	→
11	? + 사진 / 찍다	→
12	? + 날 / 좋아하다	→
13	? + 음식 / 먹다	→
14	? + 선물 / 준비하다	→
15	? + 과일 / 사다	→
16	? + 화장품 / 쓰다	→
17	? + 친구 / 소개하다	→
18	? + 가게 / 생기다	→
19	? + 계획 / 세우다	→
20	? + 쓰레기 / 줍다	→

1 주어+ V-는 N	【내 동생이 좋아하는】 음식은 불고기이다. 쉬는 시간에 교실에서 【친구가 부르는】 노래를 들었다.
2 주어+ V-(으)ㄴ N	
3 주어+ V-(으)ㄹ N	
4 주어+ 있는 N 없는	
5 주어+ A-(으)ㄴ N	【날씨가 좋은】 가을에 여행을 가고 싶다.
6 주어+ 재미있는 N 맛있는 멋있는	【공부가 재미있는】 아이들은 책 읽는 것을 좋아한다.

✍ 연습 5

1	나는	이런 (A / V / 주어+동사)	사람을	좋아한다.
STEP 1	나는	착한	사람을	좋아한다.
STEP 2	나는	이야기를 잘하는	사람을	좋아한다.

2	나는	이런 (A / V / 주어+동사)	사람이	싫다
STEP 1				
STEP 2				

3		이런 (A / V / 주어+동사)	사람이	성공한다
STEP 1				
STEP 2				

4	그곳은	이런 (A / V / 주어+동사)		곳이다
STEP 1				
STEP 2				

5	그 사람은	이런 (A / V / 주어+동사)	옷을	샀다
STEP 1				
STEP 2				

6	그 사람은	이런 (A / V / 주어+동사)	집에	산다
STEP 1				
STEP 2				

7	나는	이런 (A / V / 주어+동사)	사람이	되고 싶다
STEP 1				
STEP 2				

5 명사절 쓰기

5-1 A/V -(으)ㄴ/는 것

확인 1

A	→	N
작다	→	작은 것
크다	→	큰 것
맵다	→	매운 것
힘들다	→	힘든 것
빠르다	→	빠른 것
맛있다	→	맛있는 것

V	→	N
먹다 / 먹었다	→	먹는 것 / 먹은 것
좋아하다 / 좋아했다	→	좋아하는 것 / 좋아한 것
듣다 / 들었다	→	듣는 것 / 들은 것
팔다 / 팔았다	→	파는 것 / 판 것
부르다 / 불렀다	→	부르는 것 / 부른 것
쓰다 / 썼다	→	쓰는 것 / 쓴 것

절 (주어 + 동사)	→	N
친구와 이야기하다	→	친구와 이야기하는 것
한국어를 배우다	→	한국어를 배우는 것
약속을 잊어버렸다.	→	약속을 잊어버린 것

확인 2

- 주어   -(으)ㄴ/는 것   은/이   예 아침에 일어나는 것이 힘들다.
- 목적어   -(으)ㄴ/는 것   을   예 주말에 운동하는 것을 좋아한다.
- 서술어   -(으)ㄴ/는 것   이다   예 내 취미는 사진을 찍는 것이다.

☑ 주의	○	×
	1. 요즘 취직하는 것이 너무 힘들다.	요즘 취직하는/취직하 너무 힘들다.
	2. 나는 사진 찍는 것을 좋아한다.	나는 사진 찍는/찍어 좋아한다.
	3. 내가 좋아하는 것은 축구이다.	내가 좋아하는/좋아해 축구이다.
	4. 내 취미는 과자를 만드는 것이다.	내 취미는 과자를 만드는/만들어이다.
	※ 나는 사진을 찍는 것을 좋아한다. ?? → 나는 사진 찍는 것을 좋아한다.	

무엇이 ?		무엇이 ?	
-는 것이 -(으)ㄴ 것이	좋다, 쉽다 재미있다, 즐겁다 편하다, 기쁘다 익숙하다, 중요하다	-는 것이 -(으)ㄴ 것이	싫다, 어렵다 힘들다, 재미없다 불편하다, 슬프다 창피하다, 아쉽다

1.   한국어를 배우는 것이 좋다.

2.

3.

4.

5.

6.

7.

8.

9.

10.

11.

12.

13.

14.

15.

16.

✎ **연습** 2

무엇을		무엇을	
-는 것을 -(으)ㄴ 것을	좋아하다, 보다 기억하다, 알다 추천하다, 축하하다 칭찬하다, 고치다	-는 것을 -(으)ㄴ 것을	싫어하다, 참다 잊어버리다, 모르다 걱정하다, 버리다 후회하다, 지우다

1.   이야기하는 것을 좋아한다.

2.

3.

4.

5.

6.

7.

8.

9.

10.

11.

12.

13.

14.

15.

16.

음식	취미	운동	주말 생활	내 꿈	?	
맵다	사진/찍다	농구하다	쉬다	작가/되다		**-는 것**
달다	춤/추다	축구하다	친구/만나다	가수/되다	?	**-(으)ㄴ 것**
쓰다	영화/보다	탁구 치다	쇼핑하다	부자/되다		
…	…	…	…	…		

1. 나는 _____단 것을_____ 잘 먹고 내 친구는 _____매운 것을_____ 잘 먹는다.

2. 내 취미는 _____이다.

3. 나는 _____ 좋아하지만 친구는 _____ 좋아한다.

4. 나는 주말에 _____ 좋아한다.

5. 어릴 때 내 꿈은 _____이었다.

6. 그 사람은 _____ 배웠지만 지금은 거의 만들지 않는다.

7. 그 사람은 _____ 좋아했지만 팔을 다쳐서 화가가 되지 못했다.

8. 월요일부터 금요일까지 한국어를 _____ 힘들지만 재미있다.

9. 내가 처음으로 _____ 잊을 수 없다.

10. 주말에 _____ 좋을까? 아니면 _____ 좋을까?

11. 운동 경기는 TV로 _____ 보다 직접 _____ 더 재미있다.

12. 내가 좋아하는 집안일은 _____ 아니고 _____이다.

13. 밖에서 사 먹는 것보다 집에서 직접 _____ 건강에 좋다.

14. 외국어를 배울 때는 _____ 중요하다.

15. 나는 스트레스를 받았을 때 _____ 먹어야 기분이 좋아진다.

16. 아이들은 많이 자고 친구들과 많이 _____ 필요하다.

17. 그 사람은 _____ 싫어해서 같이 찍은 사진이 별로 없다.

18. 그 사람은 친구가 _____ 부러워한다.

19. 나는 _____ 싫다.

20. 요즘 너무 바빠서 그 친구를 자주 _____ 속상하다.

확인 1

A	→	N
좋다	→	좋기
건강하다	→	건강하기
외롭지 않다	→	외롭지 않기

V	→	N
오다	→	오기
지내다	→	지내기
다치지 않다	→	다치지 않기

절 (주어 + 동사)	→	N
부모님이 한국에 오다	→	부모님이 한국에 오기
그 친구가 노래하다	→	그 친구가 노래하기

확인 2

▪ 주어	V −기 가	A : 좋다, 싫다, 쉽다, 어렵다, 힘들다, 편하다, 불편하다, 아쉽다, 아깝다 ○ ※ × −바쁘다, 예쁘다, 필요하다, 피곤하다, 귀엽다, 덥다, 심심하다 …	
▪ 목적어	A/V −기 를	바라다, 기대하다, 원하다 ○ ※ × −생각하다, 실수하다, 노력하다, 기뻐하다, 걱정하다, 신청하다	
	V −기 를	기다리다, 추천하다, 좋아하다, 싫어하다, 멈추다	
▪ 서술어	N은/는, V −는 것은 ～ V −기 이다	※ 건강하기이다 A × 예쁘기이다 A ×	

	○	×
☑️ 주의	1. 외국에서 혼자 생활하기가 힘들다.	외국에서 혼자 생활해기/한/하는 힘들다.
	2. 부모님이 건강하기를 바란다.	부모님이 건강해/건강한 바란다.
	3. 내가 잘하는 것은 자전거 타기이다.	내가 잘하는 것은 자전거 타/탄이다
	• 외국에서 혼자 생활하기가 외롭다. × → 외국에서 혼자 생활하기가 힘들다. ○ • 부모님이 건강하기를 좋아한다. × → 부모님이 건강하기를 바란다. ○ • 내가 잘하는 것은 자전거를 탔다. × → 내가 잘하는 것은 자전거 타기이다. ○ • 나는 공부하기가 좋다. ?? 나는 공부하기를 좋아한다. ○ 나는 공부하는 것이 좋다. ○ ※ 여기는 조용해서 공부하기가 좋다. ○ 이 책은 설명이 쉬워서 공부하기가 좋다. ○	

연습 1

	A						
1	(좋다)	싫다	아쉽다		쉽다	바쁘다	
		어렵다		예쁘다			귀엽다
−기가	덥다		익숙하다		조용하다		
		피곤하다		기쁘다		힘들다	
	편하다				아깝다		
			자세하다			심심하다	
	불편하다	재미없다			친절하다		

	V				
2	좋아하다	걱정하다	바라다	생각하다	싫어하다
		멈추다		추천하다	
−기를	실수하다		기다리다		참가하다
		원하다		신청하다	
	노력하다		기뻐하다		기대하다

연습 2

1	한국 사람들은 등산하기를 좋아한다.	○
2	아들이 아버지를 닮기가 비슷하다.	×
3	선생님은 글을 잘 쓰기를 가르쳐 주셨다.	
4	부모님께서는 내가 졸업한 후에 빨리 취직하기를 바란다.	
5	물건을 살 때 더 싸고 좋은 것을 찾기가 쉽지 않다.	
6	그 가수는 인기가 많아서 콘서트 표를 사기가 어렵다.	
7	아이가 어려서 혼자 살기 힘드니까 도와주기가 필요하다.	
8	나는 우리 가족들이 행복하기를 생각한다.	
9	이 노트북은 가벼워서 가지고 다니기가 편하다.	
10	나는 공부할 때 조용하기를 좋아해서 도서관에 간다.	
11	이 책에는 어려운 단어가 많아서 공부하기가 힘들었다.	
12	편하기는 하지만 혼자 살기가 좀 심심하다.	
13	학생 때는 책을 많이 읽었지만 지금은 책을 읽기가 적다.	
14	요즘은 날씨가 변하기가 아주 빠르다.	
15	시간이 없어서 여자 친구 사귀기가 어렵다.	

1. 장학금을 받다 / 힘들다	→ 장학금을 받기가 힘들다
2. 그 노래를 부르다 / 어렵다	→
3. 친구와 헤어지다 / 아쉽다	→
4. ___?___ / 불편하다	→
5. 수업이 끝나다 / 기다리다	→
6. ___?___ / 기대하다	→
7. 쇼핑하다 / 편리하다	→
8. ___?___ / 어렵다	→
9. ___?___ / 싫어하다	→
10. ___?___ / 바라다	→
11. ___?___ / 힘들다	→
12. ___?___ / 원하다	→
13. ___?___ / 편하다	→
14. 아이가 울다 / 멈추다	→
15. ___?___ / 좋다	→
16. ___?___ / 기다리다	→
17. ___?___ / 아깝다	→
18. ___?___ / 싫다	→
19. ___?___ / 추천하다	→
20. ___?___ / 귀찮다	→

종합연습 1 틀린 것을 고치세요.

1. 친구와 축구가 재미있다   → 축구하는 것이

2. 노인들은 인터넷을 어려운 사용한다. →

3. 친구와 성격이 달라서 같이 살아 힘들다. →

4. 나는 노래방에서 노래가 좋다. →

5. 배우는 높임말이 어렵다. →

6. 나는 요리하는 좋아한다. →

7. 공부하면서 아르바이트가 힘들다. →

8. 내 친구는 책을 읽고 음악을 좋아한다. →

9. 농구를 하거나 게임이 재미있다. →

10. 열심히 운동하고 건강한 음식이 필요하다. →

11. 나는 시내에서는 천천히 운전이 좋다. →

12. 품질이 좋고 예쁜 디자인을 사고 싶다. →

13. 나는 아침에 운동이 싫다. →

14. 연습문제가 많아서 혼자 공부가 편하다. →

15. 바빠서 자주 부모님께 전화가 어렵다. →

16. 휴일에 외출을 싫어한다. →

17. 마음에 안 들어도 어려운 바꾼다. →

18. 요즘 사람들이 인터넷으로 쇼핑을 좋아한다. →

19. 나는 고기를 먹을 때 마늘도 같이 먹는다. 그렇게 추천한다. →

20. 이 젓가락은 사용이 불편하다. →

종합연습 2 틀린 것을 고치세요.

1. 나는 여행과 음악을 듣는 것이 좋다. → 여행하는 것과

2. 그 사람의 취미는 우표를 모을 것이다. →

3. 돈을 벌어 어렵지만 돈을 써 쉽다. →

4. 주말에도 쉬지 않고 매일 일이 피곤하다. →

5. 선생님은 학생들이 거리에서 담배 피우기가 봤다. →

6. 아플 때는 잘 쉬고 좋은 음식이 중요하다. →

7. 사랑하는 가족들과 같이 살고 좋다. →

8. 직접 가서 신청이 어려우면 전화나 인터넷으로 하면 된다. →

9. 가장 아름다운 것은 가족들이 항상 사랑이다. →

10. 일찍 일어나고 싶지만 일찍 쉽지 않다. →

11. 내가 사랑은 우리 고향의 산과 바다이다. →

12. 주말에 친구와 산책하면서 이야기가 행복하다. →

13. 그 카페는 조용해서 공부가 좋다. →

14. 그 할아버지의 희망은 헤어진 가족을 다시 만난다. →

15. 쇼핑한 물건을 보면 좋아하기가 알 수 있다.

16. 재미있는 일을 하면 시간이 빨리 가는 처럼 느낀다. →

17. 약속 장소까지 가장 빨리 가는 방법은 지하철을 탄다. →

18. 가장 행복하기는 자기가 좋아하는 일을 하는 것이다. →

19. 그 그림 속 아이의 얼굴은 우는 것이 아니고 웃는다. →

20. 식사할 때 너무 빨리 먹지 않기가 중요하다.

6 불규칙 서술어 쓰기

6-1 '르' 불규칙

확인 1

기본형	+ -아/어요 / -았/었어요		
빠르/다 A	빠르 + 아요	→	빨라요
흐르/다 V	흐르 + 어요	→	흘러요

기본형	+ -(으)면, -고, -ㅂ니다, -지만, -게, -ㄴ, -는, -기 …		
빠르/다 A	빠르 + (으)면	→	빠르면
흐르/다 V	흐르 + 고	→	흐르고

확인 2

		-았/었다	-아/어서	-(으)ㄴ/는+N	-(으)면	-고	-지만
A	다르다	달랐다	달라서	다른	다르면	다르고	다르지만
V	모르다	몰랐다	몰라서	모르는	모르면	모르고	모르지만
V	고르다	골랐다	골라서	고르는	고르면	고르고	고르지만
V	자르다	잘랐다	잘라서	자르는	자르면	자르고	자르지만
V	오르다	올랐다	올라서	오르는	오르면	오르고	오르지만
V	바르다	발랐다	발라서	바르는	바르면	바르고	바르지만
V	마르다	말랐다	말라서	마르는	마르면	마르고	마르지만
V	흐르다	흘렀다	흘러서	흐르는	흐르면	흐르고	흐르지만
V	부르다	불렀다	불러서	부르는	부르면	부르고	부르지만
V	서두르다	서둘렀다	서둘러서	서두르는	서두르면	서두르고	서두르지만

보기	오르다	마르다	서두르다	빠르다	흐르다
	고르다	다르다	자르다	모르다	부르다

	−았/었다
1. 작년보다 물건 값이	올랐다 .
2. 파티에서 노래를	.
3. 슬퍼서 눈물이	.
4. 시간이 없어서	.
5. 가장 마음에 드는 것을	.

	−ㅂ/습니다
6. 단어 뜻을	.
7. 친구와 나는 취미가	.
8. 배보다 비행기가	.
9. 물을 못 마셔서 목이	.
10. 가위로 종이를	.

✏ 연습 2

보기	✚	−고	−아/어서	−(으)니까	−(으)면	−지만

1	〈요리 방법/다르다〉 + 〈맛/다르다〉	요리방법이 다르면 맛도 다르다.
2	〈콧물/흐르다〉 + 〈감기약/드세요〉	
3	〈이름/부르다〉 + 〈대답/안 했다〉	
4	〈서두르다〉 + 〈기차/탈 수 있다〉	
5	〈빨래/마르다〉 + 〈옷장/넣었다〉	
6	〈선크림/바르다〉 + 〈얼굴/안 타다〉	
7	〈수박/자르다〉 + 〈같이/먹었다〉	
8	〈뜻/모르다〉 + 〈가르쳐 주세요〉	
9	〈이름/모르다〉 + 〈나이/모르다〉	
10	〈주소/모르다〉 + 〈편지/못 보냈다〉	
11	〈성격/다르다〉 + 〈취미/같다〉	

6-2 'ㅅ' 불규칙

확인 1

기본형	+ -아/어요 / -았/었어요		
낫/다 ㅏ, ㅗ	낫 + 아요	→	나아요
짓/다 ㅏ, ㅜ, ㅡ, ㅣ	짓 + 어요	→	지어요

기본형	+ -으면, -으니까, -으려면, -으려고		
낫/다	낫 + 으면	→	나으면
짓/다	짓 + 으니까	→	지으니까

기본형	+ -습니다, -고, -지만, -는, -기 …		
낫/다	낫 + 고	→	낫고
짓/다	짓 + 지만	→	짓지만

확인 2

		-았/었다	-아/어서	-(으)면	-(으)니까	-고	-지만
V	낫다	나았다	나아서	나으면	나으니까	낫고	낫지만
V	짓다	지었다	지어서	지으면	지으니까	짓고	짓지만
V	붓다	부었다	부어서	부으면	부으니까	붓고	붓지만
V	젓다	저었다	저어서	저으면	저으니까	젓고	젓지만
V	잇다	이었다	이어서	이으면	이으니까	잇고	잇지만

☑ 주의	▪ 웃다, 씻다, 벗다 – 규칙 동사 예 웃어요/웃으면/웃으니까, 씻어요/씻으면/씻으니까, 벗어요/벗으면/벗으니까

연습 1

보기	짓다	젓다	붓다	낫다

-았/었어요

1. 아기 이름을 __지었어요__ .
2. 푹 쉬어서 감기가 _____ .
3. 숟가락으로 커피를 _____ .
4. 컵에 물을 _____ .
5. 울어서 눈이 _____ .

-ㅂ/습니다

6. 아침마다 밥을 _____ .
7. 물에 설탕을 넣고 _____ .
8. 많이 걸으면 다리가 _____ .
9. 예쁜 집을 _____ .
10. 약을 먹으면 병이 _____ .

연습 2

보기	✚	-(으)려면	-고	-(으)면서	-았/었지만	-아/어서	-(으)면

1 〈집/짓다〉 ✚ 〈돈/필요하다〉   집을 지으려면 돈이 필요하다.
2 〈물/붓다〉 ✚ 〈젓다〉
3 〈웃다〉 ✚ 〈말하다〉
4 〈감기/낫다〉 ✚ 〈여행/갈 것이다〉
5 〈신발/벗다〉 ✚ 〈방/들어가다〉
6 〈병/낫다〉 ✚ 〈약/계속 먹어야 하다〉
7 〈발/붓다〉 ✚ 〈신발/작아지다〉
8 〈도서관/짓다〉 ✚ 〈수영장/짓다〉
9 〈눈/붓다〉 ✚ 〈선글라스/썼다〉
10 〈이름/짓다〉 ✚ 〈마음/안 들다〉
11 〈커피/500번 젓다〉 ✚ 〈만들었다〉
12 〈손/씻다〉 ✚ 〈밥/먹다〉

6-3 'ㅎ' 불규칙

확인 1

기본형	+ -아/어요, -았/었어요		
빨갛/다	빨갛 + 아요 → 애	→	빨개요/빨갰어요
이렇/다	이렇 + 어요 → 애	→	이래요/이랬어요
하얗/다	하얗 + 아요 → 애	→	하얘요/하얬어요

기본형	+ -으면, -으니까, -은 …		
빨갛/다	빨갛 + 으면	→	빨가면
빨갛/다	빨갛 + 은	→	빨간

기본형	+ -고, -지, -게, -기, -습니다 …		
빨갛/다	빨갛 + 고	→	빨갛고

확인 2

		-았/었다	-아/어서	-(으)ㄴ+N	-(으)면	-고	-습니다
A	빨갛다	빨갰다	빨개서	빨간	빨가면	빨갛고	빨갛습니다
A	까맣다	까맸다	까매서	까만	까마면	까맣고	까맣습니다
A	하얗다	하얬다	하얘서	하얀	하야면	하얗고	하얗습니다
A	파랗다	파랬다	파래서	파란	파라면	파랗고	파랗습니다
A	노랗다	노랬다	노래서	노란	노라면	노랗고	노랗습니다
A	그렇다	그랬다	그래서	그런	그러면	그렇고	그렇습니다

☑ 주의	▪ 좋다, 놓다, 넣다, 쌓다 – 규칙 예 좋아요/좋으면/좋으니까, 놓아요/놓으면/놓으니까, 넣어요/넣으면/넣으니까

보기	빨갛다	어떻다	노랗다	파랗다	까맣다	하얗다

	-아/어요			-습니다

1. 날씨가	어때요 ?	6. 바다가	.
2. 딸기가	.	7. 카레가	.
3. 하늘이	.	8. 밤하늘이	.
4. 눈이 와서 산이	.	9. 고추장이	.
5. 바나나가	.	10. 구름이	.

보기	✚	-(으)ㄴ + N	-아/어서	-고	-(으)면	-(으)니까

1	나 / 〈까맣다 ✚ 머리〉 / 좋아하다	나는 까만 머리를 좋아한다.
2	〈머리/노랗다〉 ✚ 〈얼굴/하얗다〉	
3	〈노랗다 ✚ 꽃〉 / 예쁘다	
4	〈빨갛다 ✚ 장갑〉 / 선물했다	
5	〈하얗다 ✚ 구름〉 / 타고 싶다	
6	〈눈/빨갛다〉 ✚ 〈병원/갔다〉	
7	〈옷/하얗다〉 ✚ 시원해 보이다	
8	〈얼굴/빨갛다〉 ✚ 창피하다	
9	〈노랗다 ✚ 바나나〉 / 맛있어 보이다	
10	〈파랗다 ✚ 하늘〉 / 보다	
11	〈눈썹/까맣다〉 ✚ 〈눈/파랗다〉	
12	〈신호등/빨갛다〉 ✚ 건너지 마세요.	

		-아/어서	-(으)ㄴ/는+N	-(으)면	-고	-지만
1	낫다	나아서	낫는	나으면	낫고	낫지만
2	부르다					
3	까맣다					
4	짓다					
5	다르다					
6	노랗다					
7	웃다					
8	고르다					
9	벗다					
10	바르다					

종합연습 2

		-아/어서	-(으)ㄴ/는+N	-(으)면	-고	-지만
1	이렇다	이래서	이런	이러면	이렇고	이렇지만
2	모르다					
3	빨갛다					
4	붓다					
5	자르다					
6	씻다					
7	하얗다					
8	흐르다					
9	파랗다					
10	젓다					

1	이름을 모르다	-아/어서	그 사람 이름을 몰라서 물어보았다.
		-(으)면	
		-지만	

2	눈이 빨갛다	-아/어서	
		-(으)니까	
		-고	

3	집을 짓다	-아/어서	
		-(으)면	
		-았/었지만	

4	노래를 부르다	-아/어서	
		-(으)면	
		-고 나서	

5	손을 씻다	-아/어서	
		-(으)려고	
		-고 나서	

7 부사어 쓰기

확인 1

01	부사어	V

나는 밥을 <u>빨리 먹고</u> 동생은 <u>천천히 먹는다.</u>

우리 반 친구들은 모두 <u>열심히 공부한다.</u>

02	부사어	A

그 아이는 웃을 때 <u>아주 예쁘다.</u>

오늘은 특별한 날이어서 <u>가장 예쁜</u> 옷을 입었다.

03	부사어	부사어

지난주에는 감기에 걸려서 <u>아주 많이</u> 아팠다.

그 사람은 말을 너무 <u>빨리</u> 해서 알아들을 수 없다.

04	부사어	필수 호응 표현

이번 시험은 <u>아마 어려울 것이다.</u>

시험이 끝나서 요즘 <u>별로 바쁘지 않다.</u>

확인 2

위치	??	○
	• <u>빨리</u> 나는 밥을 먹는다.	• 나는 <u>빨리</u> 밥을 먹는다. • 나는 밥을 <u>빨리</u> 먹는다.
	• 나는 <u>아주</u> 요즘 바쁘다 • <u>아주</u> 나는 요즘 바쁘다.	• 나는 요즘 <u>아주</u> 바쁘다.
	• 요즘 시간이 <u>빨리 아주</u> 간다. • 요즘 <u>빨리</u> 시간이 <u>아주</u> 간다.	• 요즘 <u>아주 빨리</u> 시간이 간다. • 요즘 시간이 <u>아주 빨리</u> 간다.
	• 다음 주에 고향에 <u>아마</u> 돌아갈 것이다	• 다음 주에 <u>아마</u> 고향에 돌아갈 것이다. • <u>아마</u> 다음 주에 고향에 돌아갈 것이다.

결합	×	○
	• 나는 요즘 <u>아주가/아주를</u> 바쁘다.	• 나는 요즘 <u>아주</u> 바쁘다.
	• 나는 월요일이 <u>가장에/가장도</u> 바쁘다.	• 나는 월요일이 <u>가장</u> 바쁘다.
	• 나는 요즘 <u>일찍고/일찍게</u> 일어난다.	• 나는 요즘 <u>일찍</u> 일어난다.

확인 3

정도 (1)	많이, 조금, 아주, 정말, 너무, 매우, 참, 얼마나, 잘, 훨씬 더, 가장, 제일, 열심히, 천천히, 빨리, 멀리, 가까이, 꼭 ...	+ A , V

· 나는 물을 많이 마시는 편이다. 그런데 친구는 조금 마신다.

· 그 사람은 아주 열심히 운동을 한다. 그래서 정말 건강하다.

· 한국어도 배우고 친구들도 사귈 수 있어서 참 좋다.

· 외국 생활이 얼마나 힘들까? 친구가 외국에서 잘 지냈으면 좋겠다.

· 여러 신발 중에서 그 신발이 가장 마음에 든다. 꼭 사고 싶다.

· 그 친구는 멀리 있지만 마음은 항상 가까이 있다.

정도 (2) A-게	싸게, 비싸게, 짧게, 길게, 재미있게, 맛있게, 멋있게, 예쁘게, 크게 따뜻하게, 어렵게, 쉽게, 힘들게, 바쁘게, 건강하게, 즐겁게, 슬프게 자세하게, 깨끗하게, 친하게, 아름답게, 꼼꼼하게, 정확하게 ... ※ 조심하게 걷다 ×　　집중하게 읽다 ×	+ V

· 지난주에 백화점에서 세일을 해서 옷을 싸게 샀다.

· 요즘은 바지를 짧게 입는 것이 유행이다.

· 친구는 그 영화가 재미없다고 했지만 나는 아주 재미있게 봤다.

· 그 친구는 글씨를 아주 예쁘게 쓴다. 그래서 선생님께서 칭찬하셨다.

시간 (1)	요즘, 지금, 오늘, 어제, 그저께, 내일, 모레, 오전, 오후 매일, 매주, 매월, 매년, 얼마 전, 얼마 후, 벌써, 아직, 곧 ...	+ A , V

· 나는 어제 친구들과 집에서 파티를 했다.　　　　　　※ 어제는(N) 내 생일이었다.

· 나는 요즘 매일 한국어를 배운다. 오늘 오전에도 한국어를 배웠다.

· 나는 지금 한국에서 혼자 살고 있다. 그래서 가족들은 항상 나를 걱정한다.

· 우리는 내일 부산에 가려고 한다. 날씨가 좋았으면 좋겠다.

· 우리 고향에서는 매년 설날에 축제를 하는데 아주 재미있다.

· 시험이 끝나면 곧 방학을 할 것이다. 그러면 친구들은 기숙사를 떠날 것이다.

| 시간 (2) | 일찍, 늦게, 계속, 갑자기, 오래, 잠깐, 이제, 먼저, 미리, 오랜만에 … | + A , V |

· 어제는 늦게 잤다. 오늘은 피곤해서 일찍 자고 싶다.

· 장마철이어서 일주일 동안 계속 비가 왔다. 그래서 운동을 못 했다.

· 우리 가족은 이 집에서 오래 살았다. 그런데 얼마 전에 갑자기 이사했다.

· 발표를 먼저 하고 싶으면 미리 선생님께 말씀드려야 한다.

| 빈도 | 항상, 언제나, 자주, 가끔, 거의, 전혀 | + A , V |

· 나는 자기 전에 항상 여자 친구에게 전화를 한다.

· 그 사람은 자주 친구들을 만나서 게임하는 것을 좋아한다.

· 나는 가끔 혼자 영화를 보러 극장에 간다.

· 그 친구는 거의 외식을 하지 않고 집에서 가족들과 같이 밥을 먹는다.

| 기타 | 같이, 혼자, 모두, 다, 다시, 또, 그냥, 직접, 특히, 여기, 이쪽, 쭉 … | + A , V |

· 나는 항상 친구하고 같이 도서관에 가는데 오늘은 친구가 없어서 혼자 갔다.

· 선생님께서 직접 만든 빵을 학생들에게 주셨다.

| ※호응 부사 | 아마, 아직(1), 아직(2), 벌써, 별로, 거의, 전혀, 혹시 … | + A , V |

· 아마 ~ (으)ㄹ 것이다	이 음식은 아마 매울 것이다.	맵다 / 매웠다 ×
· 아직 1 ~ 현재	나는 아직 학생이다.	학생이었다 / 학생일 것이다 ×
· 아직 2 ~ 부정 + 과거	공부가 아직 안 끝났다.	아직 끝난다 / 끝났다 ×
· 벌써 ~ 과거	그 친구는 숙제를 벌써 다 했다.	한다 / 할 것이다 ×
· 별로 ~ 부정	나는 그 친구와 별로 친하지 않다.	별로 친하다 ×
· 거의 ~ 부정 (대부분 그렇지 않다)	나는 집에서 요리를 거의 하지 않는다.	거의 한다 ×
· 전혀 ~ 부정	그 외국인은 한국말을 전혀 못 한다.	전혀 한다 ×
· 혹시 ~ 의문, 조건 (-으면)	오후에 혹시 비가 오지 않을까?	혹시 온다 / 올 것이다 ×

✏️ 연습 1

드라마를	기차가	친구사이다
산다	아주	재미있게
우리 집은	탔다	편지를
짧게	줄을	오래
먹었다	그냥	높다
냉면을	섰다	곧
버스를	잘못	썼다
이사 간다	그 산이	멀리
길게	도착한다	두 사람은
거북이는	맛있게	봤다

Ad + A, V, N이다

1. 드라마를 재미있게 봤다.
2. 기차가
3. 우리 집은
4. 편지를
5. 줄을
6. 냉면을
7. 버스를
8. 그 산이
9. 두 사람은
10. 거북이는

✏️ 연습 2

1. 밥을	많이 /	빨리 /	맛있게	먹었다.
2. 책을	/	/		읽었다.
3. 그것을	/	/		샀다.
4. 옷을	/	/		입었다.
5. 주말을	/	/		보냈다.
6. 회의를	/	/		한다.
7. 말을	/	/		한다.
8. 잠을	/	/		잔다.
9. 운동을	/	/		한다.
10. 글씨를	/	/		쓴다.

🖋 연습 3

맛있다 싸다 따뜻하다	예쁘다 짧다 쉽다	바쁘다 깨끗하다 조용하다	크다 멋있다 재미있다	게	-ㄴ/는다, -았/었다, -(으)ㄹ 것이다 -아/어야 한다, -(으)ㄹ 수 있다

1. 그 시장에 가면 싱싱한 과일을   싸게   살 수 있다 .
2. 날씨가 추우니까 옷을 .
3. 밥을 먹기 전에 손을 .
4. 어제 친구가 만든 불고기를 아주 .
5. 룸메이트가 자고 있어서 .
6. 날씨가 더워서 머리를 .
7. 이 카메라가 있으면 사진을 .
8. 아르바이트가 있어서 방학을 .
9. 눈이 나쁜 사람이 있어서 칠판에 글씨를 .
10. 우리 선생님은 어려운 내용도 아주 .
11. 그 남자는 오늘 데이트가 있어서 옷을 .
12. 읽고 싶은 책을 선물 받아서 그 책을 아주 .

🖋 연습 4

1. 그 사람은 비행기 표를 못 구해서 아직   고향에 가지 못했다 .
2. 나는 복숭아 알레르기가 있어서 복숭아를 전혀 .
3. 그 여자와 사귀고 싶은데 혹시 남자친구가 .
4. 성적표를 받았는데 이번에는 성적이 별로 .
5. 나는 이제 보고서를 쓰고 있는데 그 친구는 벌써 .
6. 날씨가 추운데 두꺼운 옷이 없어서 아직 .
7. 그 친구는 배가 고파서 수업이 끝나면 아마 .
8. 그 친구는 매운 음식을 좋아하는데 나는 별로 .
9. 나는 요즘 너무 바빠서 운동을 거의 .
10. 민수는 벌써 졸업을 했는데 준호는 아직 .

언제 / 어디에 / 어디에서 / 어떻게 / 얼마나 자주 [많이/오래] …

1. 꽃/피다 → 오늘 우리 집에 꽃이 예쁘게 피었다.

2. 점심/먹다 →

3. 휴가/보내다 →

4. 옷/팔다 →

5. 사진/찍다 →

6. 한국어/공부하다 →

7. 노래/부르다 →

8. 일/하다 →

9. 그 친구/만나다 →

10. 이야기/하다 →

11. 그림/그리다 →

12. 음식/만들다 →

13. 그 여자/울다 →

14. 비/오다 →

15. 시간/가다 →

16. 친구/사귀다 →

17. 수업/끝나다 →

18. 영화/보다 →

19. 옷/입다 →

20. 과일/씻다 →

8 인용절 쓰기

확인 1

01

직접 인용	⇨	" 한국말을 잘해요. " 라고/하고 말했다.
간접 인용	⇨	한국말을 잘한다고 말했다.

※ 누가 (누구에게) " " 라고 말했다. / ~ 다고 말했다.
　예 민수가 친구에게 "공부해."라고 말했다. / 공부한다고 말했다.

02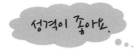

직접 인용	⇨	" 사랑해요. " 라고 썼다.
간접 인용	⇨	사랑한다고 썼다.

03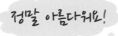

직접 인용	⇨	' 성격이 좋아요. ' 라고 생각했다.
간접 인용	⇨	성격이 좋다고 생각했다.

04 정말 아름다워요!

직접 인용	⇨	' 정말 아름다워요. ' 라고 느꼈다.
간접 인용	⇨	정말 아름답다고 느꼈다.

05 시험이 어려워요.

직접 인용	⇨	' 시험이 어려워요. ' 라고 들었다.
간접 인용	⇨	시험이 어렵다고 들었다.

※ (누가) 누구에게(서) ~ 다고 들었다.
　예 민수가 친구에게(서) 시험이 어렵다고 들었다.

☑ 주의
- 그 아이가 나에게 "안녕!"라고 말했다. × → "안녕!" 하고 말했다. ○ ⎫ 문장이 아니고
- 그 학생이 나에게 "선생님!"라고 불렀다. × → "선생님!" 하고 불렀다. ○ ⎭ 단어 하나일 때
- 사람들이 "하하, 호호"라고 웃었다. × → "하하, 호호" 하고 웃었다. ○ → 의성어

	A	V		있다	없다	N이다	아니다
현재	─다고	ㄴ다고	는다고	있다고	없다고	(이)라고	아니라고
과거	─았/었다고	─았/었다고		있었다고	없었다고	이었/였다고	아니었다고
미래/추측	─(으)ㄹ 거라고	─(으)ㄹ 거라고		있을 거라고	없을 거라고	일 거라고	아닐 거라고

A	예뻐요 – 예쁘다 / 작아요 – 작다	→	예쁘다고/작다고
	예뻤어요 – 예뻤다	→	예뻤다고
V	가요 – 가다 / 먹어요 – 먹다	→	간다고/먹는다고
	갔어요 – 갔다	→	갔다고
	갈 거예요 – 갈 것이다	→	갈 거라고
N이다 아니다	학생이에요 – 학생이다	→	학생이라고
	친구예요 – 친구이다	→	친구라고
	꿈이 아니에요 – 꿈이 아니다	→	꿈이 아니라고

말하다
생각하다
느끼다
듣다, 쓰다
믿다
칭찬하다
대답하다
소개하다
설명하다

+ 더 배우기

- "열심히 공부해요?" → 열심히 공부하느냐고 물었어요.
- "열심히 공부하세요." → 열심히 공부하라고 (말)했어요.
- "빨리 먹지 마세요." → 빨리 먹지 말라고 (말)했어요.
- "열심히 공부합시다." → 열심히 공부하자고 (말)했어요.

의문문	A-(으)냐고/냐고	"날씨가 좋아요?"	→	날씨가 좋으냐고 물었다.
	V-느냐고/냐고	"뭐 먹어요?"	→	뭐 먹느냐고 물었다.
	A/V-았/었느냐고	"어디에 갔어요?"	→	어디에 갔느냐고 물었다.
	N(이)냐고	"학생이에요?"	→	학생이냐고 물었다.
명령문	V-(으)라고	"책을 읽으세요."	→	책을 읽으라고 말했다.
	V-지 말라고	"가지 마세요."	→	가지 말라고 말했다.
청유문	V-자고	"빨리 갑시다."	→	빨리 가자고 말했다.
	V-지 말자고	"가지 맙시다."	→	가지 말자고 말했다.

		-다고 / (이)라고				-다고 / (이)라고
1	필요해요	필요하다고	26	슬퍼요	
2	많아요		27	친구를 도와요	
3	받았어요		28	키가 커요	
4	살아요		29	없었어요	
5	중요해요		30	음악을 들어요	
6	나빠요		31	휴일이에요	
7	할 수 있어요		32	힘들어요	
8	갈 거예요		33	좋을 거예요	
9	멀어요		34	빨라요	
10	달라요		35	얼굴이 빨개요	
11	읽었어요		36	시험을 봐요	
12	바꿔요		37	먹지 않아요	
13	맞아요		38	맵지 않아요	
14	적응했어요		39	알아요	
15	끝이 아니에요		40	기다릴 거예요	
16	친구예요		41	컵을 버렸어요	
17	어려워요		42	불을 꺼요	
18	있어요		43	감기가 나아요	
19	시간이 걸려요		44	좋아요	
20	길을 걸어요		45	좋아해요	
21	몰라요		46	그림을 그려요	
22	노래를 불러요		47	가까워요	
23	춤을 잘 춰요		48	춥지 않아요	
24	하지 않아요		49	하늘이 파래요	
25	집을 지어요		50	배가 불러요	

1. 나는   한국어 공부가 재미있다고   생각한다.
'한국어 공부가 재미있어요.'

2. 나는   느꼈다.
'한국 사람들은 정이 많아요.'

3. 학생들은   믿었다.
'열심히 하면 성적을 잘 받을 수 있어요.'

4. 선생님께서는   칭찬하셨다.
"우리 반 학생들은 질문을 잘해요."

5. 아이가   약속했다.
"이제는 게임을 하지 않을 거예요/않겠어요."

6. 여행 가이드가   소개했다.
"여기는 외국인들도 많이 찾는 곳입니다."

7. 나는 선생님의 질문에   대답했다.
"건강이 가장 중요해요."

8. 나는 편지에   썼다.
"방학에 여행할 거예요."

9. 우리는   들었다.
"김치는 건강에 좋은 음식이에요."

10. 사장님은   설명했다.
"가방을 손으로 직접 만들었어요."

11. 그 사람은   대답했다.
"한국 사람이 아니에요."

12. 나는   생각한다.

13. 그 친구는   말했다.

14. 나는   들었다.

15. 나는   느꼈다.

연습 3

1	누가?	" "	말하다/듣다/생각하다

나는　　　동생에게　　건강을 위해서 운동을 열심히 해야 한다고 말했다.

나는　　　일기예보에서　　　　　　　　　　　　　　　　들었다.

사람들은　　　　　　　　　　　　　　　　　　　　　　생각한다.

2	누가?	" "	소개하다/말하다/쓰다

선생님께서　　학생들에게

학생들이　　　선생님께

아이들이　　　편지에

3	누가?	" "	말하다/듣다/약속하다

나는　　　친구에게

나는　　　뉴스에서

나는　　　부모님께

4	누가?	" "	느끼다/쓰다/믿다

　　　그 시험이

　　　메모지에

　　　그 사람이

5	누가?	" "	칭찬하다/약속하다/느끼다

01 건강에 대해 사람들이 말하는 것

· 사람들은 운동을 열심히 하면 건강하게 살 수 있다고 말한다.

·

·

·

02 행복에 대해 내가 생각하는 것

· 나는 가족이 서로 사랑하면 행복하다고 생각한다.

·

·

·

03 한국에 대해 내가 느끼는 것 (한국 사람, 음식, 드라마, 노래 ...)

·

·

·

·

04 뉴스에서 들은 것 / 친구에게서 들은 것

·

·

·

·

II 문장 종결 표현하기

1 V -아/어 보다 시도 경험

가/다 ⇨ 가 보다	먹/다 ⇨ 먹어 보다	구경하다 ⇨ 구경해 보다
타/다 ⇨ 타 보다	입/다 ⇨ 입어 보다	전화하다 ⇨ 전화해 보다
보/다 ⇨ 보다 ※ 봐 보다 (??)		

확인

- 지난 방학에 친구들과 제주도에 가 봤다.
- 콘서트에 가서 내가 좋아하는 가수를 만나 보고 싶다.

✓ 행동 – 아침에 밥을 먹었어요. ○   아침에 밥을 먹어 봤어요. ??

✓ 시도한 행동 / 조금 특별한 경험
   – 작년에 한국에 왔어요. 그때 한국 차를 처음 마셔 봤어요. ○
   – 어제 친구가 준 그 물을 마셔 봤어요. 물맛이 다른 것과 달랐어요. ○
   – 어제 집에서 물을 마셔 봤어요. ?? – 처음 마시는 물이 아니다.
   – 저는 주말에 부모님을 만나 보고 싶어요. ?? – 처음 만나는 것이 아니다.
   ※ V–아/어 봤다 = V –아/어 본 적이 있다[없다] (p.146 참고)

활용 예시

+	–(으)세요	→ 한국 노래를 좋아하면 한국어를 한번 배워 보세요.
+	–았/었다	→ 한국 식당에서 비빔밥을 먹어 봤다.
+	–고 싶다	→ 한국에 가면 한복을 입어 보고 싶다.
+	–(으)려고 하다	→ 이번에 제주도에 가면 한라산에 가 보려고 한다.
+	–(으)ㄴ/는 + N	→ 한국에 와서 제주도에 가 본 외국사람들이 많다.

☑ 주 의	■ 한복을 입지 않아 봤다. × → 한복을 입어 보지 않았다. ○ ※ ~안[못] 입어 봤다. ○
	■ 나에게 어울리는 옷을 입고 예뻐 보고 싶다. × → A + –아/어 보다 ×
	■ 그 사람은 전에 유명한 사람이어 봤다. × → N이다 + –아/어 보다 ×

		–아/어 보다 [–았/었다, –고 싶다, –(으)려고 하다…]
1	태권도/ 배우다	나는 어렸을 때 태권도를 배워 봤다.
2	한국 회사/ 일하다	
3	파티/그 노래/ 부르다	
4	한국 음식/ 만들다	
5	여름/ 배낭여행/ 하다	
6	그 도시/1달 /살다	
7	방학/ 아르바이트하다	
8	부산 / 생선회 / 먹다	
9	한국 / 찜질방 / 가다	
10	한강 / 배 / 타다	

연습 2

1. 나의 특별한 경험
   (–아/어 봤다)

   ✎ 나는 한국에 와서 떡볶이를 처음 먹어 봤다.

2. 나의 희망 목록
   (–아/어 보고 싶다)

2 A -아/어 보이다

작/다 ⇨ 작아 보이다 　　　 밝/다 ⇨ 밝아 보이다 　　　 어렵다 ⇨ 어려워 보이다

바쁘/다 ⇨ 바빠 보이다 　　 어리다 ⇨ 어려 보이다 　　　 피곤하다 ⇨ 피곤해 보이다

확인

- 미나 씨는 밝은 색 옷을 입을 때 더 예뻐 보인다.
- 아라 씨는 친구가 많지 않아서 가끔 외로워 보인다.

✓ 사실 – 그 사람은 아프다. 　 그 사람은 키가 크다.
✓ ① 눈으로 보고 추측 　② 사실과 다르지만 보고 느끼는 것
　　 – 그 사람은 아파 보인다. – 잘 모르지만 아픈 것 같다. (보고 추측하는 것)
　　 – 그 사람은 키가 커 보인다. – (키가 크지 않지만) 키가 큰 것 같다. (보고 느끼는 것)

-아/어 보이다	A	눈으로 보고 추측	예 그 사람의 얼굴을 봤다. 피곤해 보인다.
-것 같다	A,V	보지 않아도 추측 가능	예 그 사람이 모임에 안 왔다. 피곤한 것 같다.

활용 예시

+	-았/었다	→ 어제 친구를 만났는데 조금 피곤해 보였다.
+	-(으)ㄹ 것이다	→ 이 신발을 신으면 키가 더 커 보일 것이다.
+	-고 싶다	→ 나는 그 사람을 만날 때 내 나이보다 어려 보이고 싶다.
+	-았/었으면 좋겠다	→ 결혼식을 할 때 사람들에게 더 예뻐 보였으면 좋겠다.
+	-는 + N	→ 공부를 할 때 즐거워 보이는 학생이 많지 않다.

☑ 주의	■ 그 사람은 요리를 잘해 보인다. × → V + -아/어 보이다 ×
	→ 그 사람은 요리를 잘하는 것처럼 보인다. ○ ※ V -는 것처럼 보이다
	■ 날씨가 따뜻해 보인다. ?? ※ 옷이 따뜻해 보인다. ○
	■ A -아/어 보이다 → -아/어 보이는 사람 ○ ※ -아/어 보인 사람 ×
	V 　　 예 즐거워 보이는 사람 　　 예 지금 즐거워 보인 사람

✒ 연습 1

보기	피곤하다	맵다	눈/작다	춥다	힘들다	➕	−아/어 보여서 ~
	무겁다	싱싱하다	외롭다	심심하다	즐겁다		−아/어 보이다

1	룸메이트가 너무 피곤해 보여서	오늘 내가 청소를 했다.
2		많이 샀는데 맛은 별로 없었다.
3		동생하고 놀아 줬다.
4		내가 어머니를 도와드렸다.
5		내가 친구의 가방을 들어줬다.
6	그 친구가 오랜만에 가족들을 만나서	
7	식당에서 혼자 밥을 먹고 있다. 그래서	
8	겨울인데 아이가 얇은 옷을 입고 있어서	
9	음식에 빨간 고추가 많이 있다. 그래서	
10	그 사람이 두꺼운 안경을 쓰고 있어서	

✒ 연습 2

		이렇게 보이려면	이렇게 해야 한다.
1	키/크다	키가 커 보이려면	높은 구두를 신어야 한다.
2	날씬하다		
3	똑똑하다		

		이렇게 보이려고	이렇게 했다.
4	예쁘다		
5	친절하다		
6	돈/ 많다		
7	젊다		
8	멋있다		

슬프/다 ⇨ 슬퍼하다	힘들/다 ⇨ 힘들어하다	피곤하다 ⇨ 피곤해하다
기쁘/다 ⇨ 기뻐하다	무섭/다 ⇨ 무서워하다	미안하다 ⇨ 미안해하다

확인

- 민수 씨는 친구가 없어서 외로워한다.
- 이번 학기에 내가 장학금을 받아서 부모님께서 기뻐하셨다.

✓ 다른 사람의 감정, 느낌

나, 우리	→	다른 사람
나는 심심하다	→	친구가 심심해한다.
나는 기쁘다	→	선생님께서 기뻐하신다.
나는 속상하다	→	가족들이 속상해한다.
나는 창피하다	→	동생이 창피해한다.
나는 즐겁다	→	아이들이 즐거워한다

감정 형용사
궁금하다, 답답하다 미안하다, 고맙다 슬프다, 힘들다 아깝다, 아쉽다 행복하다, 외롭다 어렵다, 피곤하다 …

✓ (N을/를) A-아/어하다 → V 예 한국어가 어렵다 (A) / 한국어를 어려워한다. (V)
　　　　　　　　　예 한국어가 어려운 이유　　　한국어를 어려워하는 이유

　※ V -고 싶다 (A) → V -고 싶어하다 (V) 예 가고 싶은 사람, 가고 싶어하는 사람

활용 예시

+ -(으)ㄹ 것이다 → 내 건강이 나빠지면 가족들이 속상해할 것이다.

+ -(으)ㄹ까? → 이 동화책을 읽어 주면 아이들이 재미있어할까?

+ -는 것 같다 → 요즘 동생이 일 때문에 많이 피곤해하는 것 같다.

+ -는 + N → 중급반에서 한국어를 어려워하는 학생들이 많다.

주의	■ 동물을 무서우면 키울 수 없다. × → 동물을 무서워하면 키울 수 없다 ○
	■ 동생이 수박이 좋다. × → 동생이 수박을 좋아한다. ○
	■ 나는 수박이 좋다[싫다] ○ / 나는 수박을 좋아한다. ○
	■ 한국 사람들은 친절해한다. × → '친절하다' – 감정이 아니다 ※ 조용하다, 깨끗하다 …

		A-다 / A-아/어하다
1	그 아이 / 큰 동물 / 무섭다	그 아이는 큰 동물을 무서워한다.
2	나 / 아르바이트 / 힘들다	
3	개 / 배고프다	
4	내 친구 / 이 게임 / 재미없다	
5	아이 / 그 이유 / 궁금하다	
6	그 사람 / 쉬는 시간 / 아깝다	
7	나 / 학교 생활 / 행복하다	
8	우리 / 헤어지는 것 / 아쉽다	
9	유학생들 / 부모님 / 그립다	
10	그 친구 / 내 선물 / 고맙다	

연습 2

	-(으)면, -아/어서 -(으)ㄹ 때	누가?	
1	학생들이 아파서 결석을 하면	선생님께서	속상해할 것이다.
2			창피했다.
3			기뻐할 것이다.
4			즐거웠다.
5			심심했다.
6			행복해할 것이다.
7			힘들어한다.
8			외로울 것이다.
9			답답해했다.
10			슬퍼할 것이다.

| 가/다 ⇨ 가 버리다 | 자/다 ⇨ 자 버리다 | 다 하다 ⇨ 다 해 버리다 |
| 잊/다 ⇨ 잊어버리다 | 잃다 ⇨ 잃어버리다 | 출발하다 ⇨ 출발해 버리다 |

확인

- 부모님께서 주신 용돈을 벌써 다 써 버렸다.
- 다음 주까지 해야 할 일을 이번 주에 다 해 버렸다.

✓ 행동을 한 후(완료) 불편하거나 편한 느낌이 있다.

상황 완료	상황 완료 ✚ 느낌 (불편하다/편하다)
• 친구가 그냥 갔다.	• 친구가 그냥 가 버렸다. ✚ 친구가 그냥 갔다. 그래서 마음이 불편하다.
• 친구에게 하고 싶은 말을 했다.	• 친구에게 하고 싶은 말을 해 버렸다. ✚ 친구에게 하고 싶은 말을 했다. 그래서 마음이 편하다.

활용 예시

✚	<u>-았/었다</u>	→ 졸업 후에 그 친구를 오래 만나지 못해서 이름을 <u>잊어버렸다</u>.
✚	<u>-고 싶다</u>	→ 이 도시는 날씨도 안 좋고 공기도 안 좋아서 빨리 <u>떠나 버리고 싶다</u>.
✚	<u>-았/었으면 좋겠다</u>	→ 두 사람이 매일 싸우니까 빨리 <u>헤어져 버렸으면 좋겠다</u>.
✚	<u>-(으)ㄹ 것이다</u>	→ 열심히 준비하지 않으면 좋은 기회를 <u>놓쳐 버릴 것이다</u>.
✚	<u>-(으)ㄴ + N</u>	→ <u>잃어버린</u> 가방을 찾으려고 분실물센터에 갔다.

| ☑️
주
의 | ▪ 잊다 / 잃다 → '잊어버리다, 잃어버리다' -더 많이 쓴다.
▪ 잊어✓버리다 / 잃어✓버리다 × → 잊어버리다 / 잃어버리다 ○ ※ 띄어쓰기 주의
▪ 오늘 일이 많아서 <u>힘들어버렸다</u>. × → A + -아/어 버리다 ×
▪ 마음에 들어 버리다, 걱정해 버리다, 조심해 버리다, 졸려 버리다, 생각해 버리다 ... ??
  - 행동 동사가 아니기 때문에 어색하다. |

보기	마시다	놓치다	내다	가다	**+**	-아/어 버리다
	오다	고장 나다	자다	끄다		

민수 씨는 오늘 시험이 있다. 그래서 어제 시험공부를 하려고 했는데 너무 피곤해서 그냥
1 <u>자 버렸다</u> . 아침 6시에 알람 소리를 들었지만 더 자고 싶어서 알람을 2 _____ .
1시간을 더 자고 일어나니까 7시였다. 학교에 갈 준비를 했다. 옷을 입고 우유를 한 잔 마시려고 했는데
우유가 없었다. 어제 동생이 다 3 _____ . 물을 한 잔 마시고 버스 정류장으로
갔다. 마침 학교로 가는 버스가 와서 뛰었지만 버스를 4 _____ . 다음 버스를
타고 학교에 갔다. 9시부터 교실에서 쓰기 시험을 봤다. 배운 단어가 잘 생각나지 않아서 짧게 쓰고 그냥
시험지를 5 _____ . 시험이 끝나고 나서 친구를 만났다. 같이 점심을 먹고 싶었는데
그 친구는 그냥 6 _____ . 그래서 나도 집으로 7 _____ .
집에 와서 스트레스를 풀고 싶어서 게임을 하려고 했지만 컴퓨터가 8 _____ .
그래서 그냥 텔레비전을 보다가 잤다.

보기	지우다	마르다	고백하다	끝내다	잃다	**+**	-아/어 버리다
	끊다	자르다	울다	잊다	화를 내다		

1. 매일 배운 내용을 복습하고 단어를 외우지 않으면 다   잊어버릴 것이다   .

2. 사람이 많은 곳에서 사진을 찍다가 가방을 _____ .

3. 계속 기다렸는데 엄마가 사탕을 사 주지 않아서 아이가 _____ .

4. 오늘 그 일을 다 _____ . 이제 쉴 수 있어서 좋다.

5. 그동안 용기가 없어서 고백을 못 했는데 오늘은 _____

6. 계속 비가 오지 않으면 나무와 꽃이 모두 _____

7. 길이 막혀서 조금 늦게 온 친구에게 _____ . 너무 미안했다.

8. 긴 머리가 답답해서 오늘 미용실에 가서 머리를 _____

9. 휴대폰을 파는 광고 전화가 와서 그냥 _____

10. 그 친구와 싸웠다. 그래서 휴대폰에 있는 친구 사진을 _____

가/다 ⇨ 가도 되다	쉬/다 ⇨ 쉬어도 되다	말하다 ⇨ 말해도 되다
보/다 ⇨ 봐도 되다	쓰/다 ⇨ 써도 되다	전화하다 ⇨ 전화해도 되다
받/다 ⇨ 받아도 되다	듣/다 ⇨ 들어도 되다	이야기하다 ⇨ 이야기해도 되다

확인

- 방학에는 시간이 많아서 아르바이트를 해도 된다.
- 안에서는 안 되지만 밖에서는 사진을 찍어도 된다.

✓ 그 행동을 한다. 괜찮다

간다 + 괜찮다	→	가도 된다
마신다 + 괜찮다	→	마셔도 된다
전화한다 + 괜찮다	→	전화해도 된다

✓ 그 행동을 안 한다. 괜찮다

안 간다 + 괜찮다	→	안 가도[가지 않아도] 된다
안 마신다 + 괜찮다	→	안 마셔도 된다
전화 안 한다 + 괜찮다	→	전화 안 해도 된다

활용 예시

+	–(으)ㄹ까(요)?	→	카페에서 큰 소리로 이야기해도 될까?
+	–기 때문에	→	시험이 끝나서 늦게까지 놀아도 되기 때문에 게임을 많이 했다.
+	–(으)ㄹ지 모르겠다	→	날씨가 추운데 등산을 해도 될지 모르겠다.
+	–는 + N	→	여기는 담배를 피워도 되는 곳이다.

| 주의 | ▪ 여기에서 노래를 불러도 된다 [괜찮다, 좋다, 상관없다]. ○
▪ 결혼을 해도 안 된다. × 결혼을 해도 된다. ○ 결혼을 안 해도 된다. ○
▪ 여기에서 요리를 해도 되십시오. × |

연습 1

보기	안 먹다 반품하다	찍다 안 가다	안 추다 주문하다	안 받다 보내다	마시다 하다	**+**	–아/어도 되다

1. 대학생이 되면 술을 　　　　　　　마셔도 된다　　　　　　　　　.
2. 떡볶이가 너무 매우면 　　　　　　　　　　　　　　　　.
3. 인터넷이 안 되면 전화로 상품을 　　　　　　　　　　　　.
4. 너무 바빠서 전화를 받을 수 없으면 　　　　　　　　　.
5. 서류를 직접 가지고 와도 되고 이메일로 　　　　　　　.
6. 주말에는 수업이 없어서 학교에 　　　　　　　　　　　.
7. 춤을 추고 싶지 않거나 잘 못 추면 춤을 　　　　　　　.
8. 안에서 사진을 찍을 수 없지만 밖에서는 마음대로 　　　.
9. 한국말을 잘하면 한국말로 하고 그렇지 않으면 영어로 　.
10. 물건을 받고 나서 마음에 안 들면 바로 　　　　　　　.

연습 2

		–(으)ㄴ/는데, N인데　～　V –아/어도 될까? [될지 모르겠다]
1	초등학생이다	초등학생인데 혼자 외국으로 유학을 가도 될까?
2	수업 중이다	
3	날씨가 춥다	
4	내일 시험이 있다	
5	운전하다	
6	친구가 아프다	
7	감기에 걸렸다	
8	기숙사에 살다	
9	청소년이다	
10	위험한 곳이다	

가/다 ⇨ 가면 되다   끓이/다 ⇨ 끓이면 되다   맡기다 ⇨ 맡기면 되다
찾/다 ⇨ 찾으면 되다   넣/다 ⇨ 넣으면 되다   있다 ⇨ 있으면 되다
※ 울/다 ⇨ 울면 되다 – 울으면~ ×   살/다 ⇨ 살면 되다 – 살으면~ ×

확인

- 이번에 못 만나면 다음에 만나면 된다.
- 도서관에서 책을 빌릴 때 학생증만 있으면 된다.

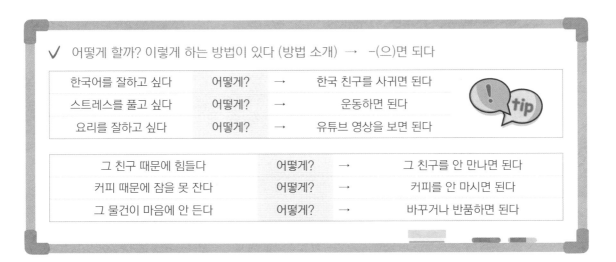

✔ 어떻게 할까? 이렇게 하는 방법이 있다 (방법 소개) → –(으)면 되다

한국어를 잘하고 싶다	어떻게?	→	한국 친구를 사귀면 된다
스트레스를 풀고 싶다	어떻게?	→	운동하면 된다
요리를 잘하고 싶다	어떻게?	→	유튜브 영상을 보면 된다

그 친구 때문에 힘들다	어떻게?	→	그 친구를 안 만나면 된다
커피 때문에 잠을 못 잔다	어떻게?	→	커피를 안 마시면 된다
그 물건이 마음에 안 든다	어떻게?	→	바꾸거나 반품하면 된다

활용 예시

- –(으)ㄹ까?   → 머리가 아플 때 이 약을 먹으면 될까?
- –(으)ㄹ 것 같다   → 방법을 잘 모르지만 비디오를 보고 따라하면 될 것 같다.
- –(으)ㄹ지 모르겠다   → 유튜브에서 봤는데 이렇게 하면 될지 모르겠다.

주의	■ 머리가 아플 때는 이 약을 먹겠으면 된다. ?? → 먹으면 될 것이다 ○
	■ 여기에서 사진을 찍었으면 된다. ?? → 찍으면 ○
	■ 내일 파티에 7시까지 오면 되십시오/됩시다. ?? → ~ 됩니다 ○
	■ 학생증을 잃어버리면 어떻게 해야 할까? 다시 신청해도 된다. ??
	학생증을 잃어버리면 어떻게 해야 할까? 다시 신청하면 된다. ○ – 방법 설명

1 우리나라에서는 20살이 되면 결혼을 (하면/해도) 된다.   해도

2 목이 많이 아플 때는 병원에서 준 약을 (먹으면/먹어도) 된다.

3 목이 마르면 수업 시간에 물을 (마시면/마셔도) 된다.

4 혼자 있을 때 갑자기 아프면 119에 전화 (하면/해도) 된다.

5 거기에 가려면 지하철을 한 번 (갈아타면/갈아타도) 된다.

6 지금 여행을 하면 조금 위험한데 여행을 (하면/해도) 될까?

7 어떻게 (하면/해도) 한국 사람처럼 한국어를 할 수 있을까?

8 오늘은 수업이 없으니까 학교에 (안 가면/안 가도) 된다.

9 주말에는 예약을 해야 하지만 평일에는 예약을 (안 하면/안 해도) 된다.

10 여행하다가 길을 잃었을 때는 이 지도를 (보면/봐도) 된다.

11 컴퓨터가 고장 나면 서비스센터에 전화해서 수리 (하면/해도) 된다.

연습 2

보기	콘서트 안약	치과 운동	시장 신청서	분실물센터 서비스센터	세탁소 요리책	V –(으)면 되다

1 그 가수를 직접 보고 싶다.   그 가수의 콘서트에 가면 된다.

2 눈이 건조하고 아프다.

3 이가 많이 아프다.

4 휴대폰에 문제가 생겼다.

5 건강하게 오래 살고 싶다.

6 싱싱한 채소를 싸게 사고 싶다.

7 잃어버린 물건을 찾고 싶다.

8 말하기 대회에 참가하고 싶다.

9 겨울 코트가 더러워졌다.

10 맛있는 불고기를 만들고 싶다.

7 V –(으)면 안 되다 금지

가/다 ⇨ 가면 안 되다	끄/다 ⇨ 끄면 안 되다	말하/다 ⇨ 말하면 안 되다
듣/다 ⇨ 들으면 안 되다	있/다 ⇨ 있으면 안 되다	먹다 ⇨ 먹으면 안 되다
※ 살/다 ⇨ 살면 안 되다 – 살으면 ~ ×		놀/다 ⇨ 놀면 안 되다 – 놀으면 ~ ×

확인

- 지하철이나 버스 안에서 큰 소리로 전화하면 안 된다.
- 한국에서는 밥을 먹을 때 밥그릇을 들고 먹으면 안 된다.

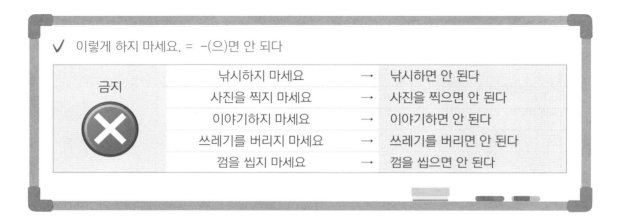

✔ 이렇게 하지 마세요. = –(으)면 안 되다

금지	낚시하지 마세요	→	낚시하면 안 된다
	사진을 찍지 마세요	→	사진을 찍으면 안 된다
	이야기하지 마세요	→	이야기하면 안 된다
	쓰레기를 버리지 마세요	→	쓰레기를 버리면 안 된다
	껌을 씹지 마세요	→	껌을 씹으면 안 된다

활용 예시

+	–는지 알다[모르다]	→ 우리는 왜 그런 말을 <u>하면 안 되는</u>지 안다.
+	–(으)ㄹ까?	→ 비행기 안에서는 왜 전화를 <u>하면 안 될</u>까?
+	–는 것 같다	→ 여기에 주차<u>하면 안 되는 것 같다.</u>
+	–는 + N	→ 한국에서는 어른 앞에서 <u>하면 안 되는</u> 행동이 있다.

주의	▪ 계단을 내려갈 때 뛰었으면 안된다. × → ~ 뛰면 안 된다. ○
	▪ 시험 볼 때 화장실에 가도 안 된다. × → ~ 가면 안 된다. ○
	▪ 주말에 심심하면 안 된다. × → ※ 심심하다 A ×
	▪ 단어를 안 외우면[외우지 않으면] 안 된다. = 꼭 외워야 한다

		–(으)면 안 되다
1	박물관 / 사진 / ?	박물관에서 사진을 찍으면 안 된다.
2	기숙사 / 술 / ?	
3	길 / 쓰레기 / ?	
4	이 강 / 낚시 / ?	
5	밤 / 문자메시지 / ?	
6	집 안 / 신발 / ?	
7	친구 / 거짓말 / ?	
8	버스 / 커피 / ?	
9	어른 / 반말 / ?	
10	미술관 / 그림 / ?	

연습 2

1. 기숙사에서 하면 안 되는 것	✎ 기숙사에서 담배를 피우면 안 된다.

2. 감기에 걸렸을 때 하면 안 되는 것	✎

3. 수업 시간에 하면 안 되는 것	✎

좋<u>/</u>다 ⇨ 좋아지다	예쁘<u>/</u>다 ⇨ 예뻐지다	날씬하<u>/</u>다 ⇨ 날씬해지다
춥<u>/</u>다 ⇨ 추워지다	빠르<u>/</u>다 ⇨ 빨라지다	재미있다 ⇨ 재미있어지다

확인

- 운동을 하면 스트레스가 풀리고 기분이 좋아진다.
- 그동안 외로웠는데 친구가 생겨서 학교 생활이 재미있어졌다.

✓ 현재 상태 − 기분이 좋다, 기분이 나쁘다
✓ 현재 상태 → 변화 : 안 좋다 → 좋다 (좋아지다), 좋다 → 나쁘다 (나빠지다)
   − ☹ → ☺ : 기분이 안 좋았는데 어머니와 전화를 해서 기분이 <u>좋아졌다</u>.
   − ☺ → ☹ : 기분이 좋았는데 친구가 심한 농담을 해서 기분이 <u>나빠졌다</u>.
✓ A −아/어지다 → V 예 좋다 / 좋지 않다 (A)   좋아진다 / 좋아지지 않는다 (V)
                       좋은 / 좋지 않은 + N (A)   좋아지는 / 좋아지지 <u>않는</u> + N (V)

활용 예시

+ −았/었다 → 처음에는 불편했지만 이제는 한국 생활에 <u>익숙해졌다</u>.

+ −(으)ㄹ 것이다 → 매일 운동하고 즐겁게 지내면 건강이 <u>좋아질 것이다</u>.

+ −았/었으면 좋겠다 → 우리 가족이 지금보다 <u>행복해졌으면 좋겠다</u>.

+ −고 있다 → 요즘 우리나라는 여름도 <u>길어지고</u> 날씨도 <u>더워지고 있다</u>.

+ −는 + N → 점점 <u>건조해지는</u> 날씨 때문에 피부도 <u>건조해진다</u>.

☑ 주의	▪ 요즘 기분이 안 좋았는데 장학금을 받아서 **기뻐졌다**. ✕ → 기분이 좋아졌다 ○
	▪ 과일 값이 **내려졌다**. ✕ → 내렸다 / 싸졌다 ○ (※내리다 V − ✕)
	▪ 과일 값이 **올라졌다**. ✕ → 올랐다 / 비싸졌다 ○ (※ 오르다 V − ✕)
	▪ 한국어를 열심히 해서 이제 **잘해졌다**. ✕ (※ 잘하다 V −아/어지다 ✕)
	▪ A −아/어지다 (V) → −아/어지는 + N (추워지는 날씨) −아/어진 + N (추워진 날씨) V −현재 V −과거

✒ 연습 1

		-았/었는데	-아/어서 / N때문에	-아/어지다
1	뚱뚱하다 → ?	뚱뚱했는데	운동을 많이 해서	날씬해졌다.
2	머리 / 길다 → ?			
3	성적 / 나쁘다 → ?			
4	방 / 더럽다 → ?			
5	눈 / 좋다 → ?			
6	옷 / 크다 → ?			
7	머리 / 까맣다 → ?			
8	가방 / 가볍다 → ?			
9	그 친구 / 안 친하다 → ?			
10	달리기 / 느리다 → ?			

✒ 연습 2

A -아/어지다

지구는 지금…　지구 온도 / 자동차 / 쓰레기 / 날씨 / 공기 / 동물 / 사람들의 건강 ...

우리가 살고 있는 지구는 지금 아프다. 지구의 온도가 점점 높아지기 때문이다. 왜 그럴까? 또 지구의 온도가 높아지면 어떻게 될까?

| 가/다 ⇨ 가게 되다 | 먹/다 ⇨ 먹게 되다 | 잘하/다 ⇨ 잘하게 되다 |
| 알/다 ⇨ 알게 되다 | 배우/다 ⇨ 배우게 되다 | 좋아하/다 ⇨ 좋아하게 되다 |

확인

- 처음에는 김치를 안 좋아했는데 이제는 좋아하게 되었다.
- 졸업 후에 한국에 있는 자동차 회사에서 일하게 되었다.

✓ 사실 – 그 사람을 좋아하다, 한국으로 유학을 가다
✓ ① 변화 – 안 좋아하다 → 좋아하다 ② 그렇게 된 일 – 유학을 가는 것으로 결정되었다.
  – 처음 만났을 때는 마음에 들지 않았는데 한 달 후부터 좋아하게 되었다.
  – 한국에서 공부할 수 있는 좋은 기회가 와서 한국으로 유학을 가게 되었다.

활용 예시

✚ –았/었다	→	처음에는 매워서 김치를 못 먹었는데 이제는 잘 먹게 되었다.
✚ –(으)ㄹ 것이다	→	열심히 공부하면 한국어를 잘하게 될 것이다.
✚ –(으)ㄹ 것 같다	→	1년 후에 나는 고향을 떠나서 다른 나라에 살게 될 것 같다.
✚ –(으)ㄴ 것 같다	→	그 두 사람은 같은 반에서 공부하다가 알게 된 것 같다.
✚ –(으)ㄴ/는 + N	→	이 음식은 몇 번 먹으면 외국사람들도 좋아하게 되는 음식이다.

	■ 그 사람은 음식을 잘못 먹어서 아프게 되었다. ✕ → 아프다 A ✕
☑ 주의	■ 친구와 같이 한국어를 배우게 됩시다. ✕ ※ –게 됩시다, –게 되세요 ✕
	■ 여자 친구가 있게 되었다. ✕ → 생겼다 ○ ※ 그 직업이 없게 되었다. ✕ → 없어졌다 ○
	■ 관심[취미]이 있게 되었다. ✕ → 관심을 가지게 되었다. ○
	■ V –게 되다 → –게 되는 N (잘하게 되는 일) –게 된 N (잘하게 된 일)
	V V–현재 V–과거

		-지만, -았/었지만	-게 되다
1	뉴스/안 믿다 → ?	그때는 뉴스를 안 믿었지만	나중에는 믿게 되었다.
2	개/싫어하다 → ?	어릴 때는	지금은
3	돈/낭비하다 → ?	전에는	지금은
4	단어 뜻/모르다 → ?	처음에는	설명을 듣고
5	기타/못 치다 → ?	지금은	배우면
6	한국어/못하다 → ?	지금은	열심히 하면
7	고향/살다 → ?	지금까지	내년에는
8	담배/피우다 → ?		
9	요리/관심/없다 → ?		
10	김치/안 먹다 → ?		

보기	안경을 쓰다	집을 살 수 있다	꿈을 이루다	학교에 지각하다
	길이 막히다	좋은 점수를 받다	헤어지다	여행을 못 가다

		-아/어서, -(으)면	-게 되다
1	책/많이 보다 → ?	책을 많이 봐서	안경을 쓰게 되었다.
2	버스/놓치다 → ?		
3	다리/다치다 → ?		
4	시험/잘 보다 → ?		
5	돈/많이 모으다 → ?		
6	친구/이사 가다 → ?		
7	자동차/많아지다 → ?		
8	좋은 기회/ 잡다 → ?		

10 V –아/어 놓다

행동의 결과를 계속 유지

사/다 ⇨ 사 놓다	끄/다 ⇨ 꺼 놓다	예매하다 ⇨ 예매해 놓다
알/다 ⇨ 알아 놓다	만들/다 ⇨ 만들어 놓다	청소하다 ⇨ 청소해 놓다

확인

- 주말에 여행하려면 미리 표를 예매해 놓아야 한다.
- 극장에서 영화를 볼 때 휴대폰을 꺼 놓아야 한다.

✓ 주어의 행동 – N을/를 만들다, 사다, 예매하다, 열다, 모으다, 끄다, 켜다 …
✓ 행동 후 어떤 목적 때문에 그 결과를 계속 유지한다.

행동	목적 / 이유	그 결과를 계속 유지
(음식을) 만들었다	나중에 먹으려고 한다	만들어 놓다
(선물을) 샀다	이따가 주려고 한다	사 놓다
(기차표를) 예매했다	내일 기차를 타려고 한다	예매해 놓다
(창문을) 열었다	공기를 바꾸려고 한다	열어 놓다

활용 예시

+	–았/었다	→	결혼할 때 집을 사려고 돈을 모아 놓았다.
+	–아/어야 하다	→	그 나라로 여행 가려면 비자를 받아 놓아야 한다.
+	–(으)려고 하다	→	여행 가기 전에 호텔과 관광지 정보를 미리 알아 놓으려고 한다.
+	–(으)ㄹ까요?	→	우리가 같이 볼 영화를 미리 골라 놓을까요?
+	–(으)면 안 되다	→	컴퓨터를 켜 놓으면 안 된다. 쓰지 않을 때는 꺼야 한다.

☑ 주의	▪ 그 사람은 감기에 걸려 놓았다. ✕ ※ 감기에 걸리다 – 목적이 있는 행동이 아니다 ※ 옷을 입어 놓다 ✕, 버스를 타 놓다 ✕ 친구와 놀아 놓다 ✕ 학교에 가 놓다 ✕ ▪ 너무 건조해서 비가 와 놓았다. ✕ → 'N을/를'이 없다. 사람이 하는 행동이 아니다 ▪ 사진을 찍기 전에 날씬해 놓아야 한다. ✕ → 날씬하다 A ✕

✎ 연습 1

보기	열다 예약하다	켜다 넣다	만들다 알다	빌리다 ?	굽다 ?	+	-아/어 놓다

1. 밤에는 날씨가 추워서 창문을 _____ 열어 놓고 _____ 자면 감기에 걸릴 수 있다.

2. 내일 아침에 먹을 음식을 저녁에 미리 _____ 사람들도 있다.

3. 바나나는 냉장고에 _____ 좋지 않다.

4. 주말에는 도서관 문을 닫으니까 책을 미리 _____ .

5. 그 사람을 만나기 전에 그 사람의 이름과 하는 일을 미리 _____ .

6. 오랜만에 고향에서 친구가 온다. 그래서 맛있는 식당을 _____ .

7. 내 방은 어두운 편이어서 낮에도 불을 _____ .

8. 고기를 구우려면 시간이 오래 걸린다. 그래서 고기를 미리 _____ .

9. 내일 시간이 없어서 오늘 _____ .

10. 초대한 사람들이 오기 전에 _____ .

✎ 연습 2

		-아/어서 / -(으)려고	-아/어 놓다
1	음식/만들다	저녁에 친구들과 같이 먹으려고	음식을 만들어 놓았다.
2	집/청소하다		
3	휴대폰/끄다		
4	버스표/예매하다		
5	선물/사다		
6	창문/닫다		
7	자전거/빌리다		
8	짐/싸다		
9	신청서/쓰다		
10	초대장/만들다		

11 V -아/어 있다 행동의 결과가 그대로 있음

앉다 ⇨ 앉아 있다	서다 ⇨ 서 있다	놓이다 ⇨ 놓여 있다
남다 ⇨ 남아 있다	눕다 ⇨ 누워 있다	열리다 ⇨ 열려 있다

확인

- 학생들이 교실에 앉아 있다.
- 내 동생이 그린 그림이 벽에 걸려 있다.

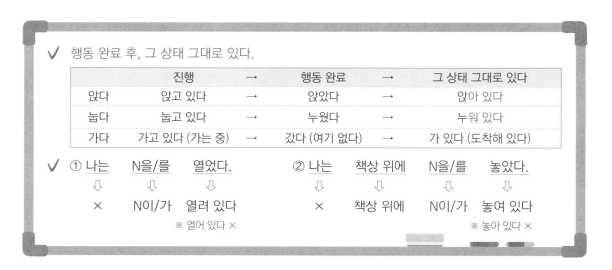

✓ 행동 완료 후, 그 상태 그대로 있다.

	진행	→	행동 완료	→	그 상태 그대로 있다
앉다	앉고 있다	→	앉았다	→	앉아 있다
눕다	눕고 있다	→	누웠다	→	누워 있다
가다	가고 있다 (가는 중)	→	갔다 (여기 없다)	→	가 있다 (도착해 있다)

✓ ① 나는　　N을/를　　열었다.　　　② 나는　　책상 위에　　N을/를　　놓았다.
　　⇩　　　⇩　　　⇩　　　　　⇩　　　⇩　　　⇩　　　⇩
　　×　　N이/가　열려 있다　　　　×　　책상 위에　N이/가　놓여 있다
　　　　　※ 열어 있다 ×　　　　　　　　　　　　　　※ 놓아 있다 ×

활용 예시

+	-았/었다	→	어제 눈이 와서 아침에 길에 눈이 쌓여 있었다.
+	-(으)ㄹ 것이다	→	5월이 되면 장미꽃이 예쁘게 피어 있을 것이다.
+	-는지 알다[모르다]	→	행사 안내문이 어디에 붙어 있는지 모른다.
+	-았/었으면 좋겠다	→	아름다운 추억이 기억에 오래 남아 있었으면 좋겠다.

☑ 주의	▪ 자 있다, 타 있다, 공부해 있다, 먹어 있다, 입어 있다, 신어 있다 × → -고 있다 ○ ▪ 모자를 써 있다 × → 쓰고 있다 ○　▪ 메모지가 붙어 있다. × → 붙어 있다 ○ ▪ 과일이 냉장고에 넣어 있다. × → 과일이 냉장고에 들어 있다 ○ ▪ N을/를 열어 있다, 쌓아 있다, 걸어 있다, 놓아 있다, 달아 있다, 닫아 있다 → × 　N이/가 열려 있다, 쌓여 있다, 걸려 있다, 놓여 있다　달려 있다　닫혀 있다 → ○

컴퓨터	새	시계	아기	문		놓이다	붙다	열리다	앉다	눕다		
안내문	눈	맥주	꽃	인형		달리다	남다	걸리다	피다	들다	**+**	–아/어 있다

1. 책상마다 ___컴퓨터가___ ___놓여 있어서___ 일하기가 편하다.

2. 냉장고 안에 ___ 시원하게 마셨다.

3. 벽에 ___ 시간을 알 수 있다.

4. 침대에 ___ 잘 때까지 조용히 해야 한다.

5. 공원에 ___예쁘게___ 사람들이 사진을 찍고 있다.

6. 그 사람 어깨 위에 예쁜 ___ 모두 그 새를 봤다.

7. 지금은 봄인데 높은 산에는 아직도 ___ .

8. 게시판에 ___ 학생들이 볼 수 있다.

9. 그 집의 ___ 도둑이 쉽게 들어갔다.

10. 가방에 ___ 아이가 그 가방을 좋아한다.

어머니   미나 씨   수진 씨   여자 친구   민수 씨   제임스 씨   마이 씨

1. 식탁 위에 ___쌓여 있는___ ___그릇은___ ___어머니의 그릇이다___ .

2. 상자 안에 ___ .

3. 옷걸이에 ___ .

4. 의자에 ___ .

5. 창문이 ___ .

6. 쓰레기통에 ___ .

7. 식탁 위에 ___ .

12 V –아/어다 주다

다른 사람을 위한 행동 + 이동

사다 ⇨ 사다 주다   만들다 ⇨ 만들어다 주다   빌리다 ⇨ 빌려다 주다

확인

- 동생이 아파서 약국에서 약을 사다 주었다.
- 엄마가 아이를 학교까지 데려다 주었다.

✓ V-아/어다 주다 –그 사람을 위해 무엇을 했다. 그 사람이 있는 곳에 가서 그것을 줬다.

V-아/어 주다	그 사람을 위해 V 그 행동을 강조	친구에게 커피를 사 주었다.	친구를 위해 커피를 산다.
V-아/어다 주다	그 사람을 위해 V 거기로 간다. (이동 강조)	친구에게 커피를 사다 주었다.	친구는 있는 곳으로 가서 그것을 준다.

✓ 데리다/모시다 –아/어다 주다 [드리다] – 그 사람을 위해 거기에 같이 간다.

데려다 주다	A가 B를 위해 거기에 같이 간다	엄마가 아이를 유치원에 데려다 주었다.	A가 B보다 나이가 많다 (같다)
모셔다 드리다		친구가 부모님을 공항에 모셔다 드렸다.	A가 B보다 나이가 아주 적다

✓ 가지다 –아/어다 주다 [드리다] – 그 사람을 위해 그것을 가지고 거기에 간다.

가져다주다	A가 B를 위해 그것을 가지고 거기에 간다	엄마가 아이에게 우산을 가져다 주었다.	A가 B보다 나이가 많다 (같다)
가져다 드리다		친구가 부모님께 우산을 가져다 드렸다.	A가 B보다 나이가 아주 적다

활용 예시

+ –았/었으면 좋겠다 → 친구가 맛있는 음식을 만들어다 줬으면 좋겠다.
+ –(으)면 안 되다 → 아이에게 장난감을 너무 많이 사다 주면 안 된다.
+ –(으)려고 → 아내에게 빵을 사다 주려고 퇴근하는 길에 빵집에 들렀다.

☑ 주 의	▪ 가져다 주다[드리다] = 갖다 주다[드리다] ▪ 청소해다 주다 × → 먹다, 마시다, 읽다, 배우다, 공부하다, 보다, 입다 + 아/어다 주다 × 　　　　　　　　　　사다, 빌리다, 만들다, 찾다, 바꾸다, (음식을) 하다 + 아/어다 주다 ○

✏ 연습 1

N을/를	사다	빌리다	만들다	씻다	바꾸다	**+**	-아/어다 주다
	찾다	받다	굽다	뽑다	가지다		드리다

1. 동생이 그 카페의 커피를 좋아해서 <u>커피를</u> <u>사다 주었다</u>.
2. 아이가 그 책을 읽고 싶어 해서 도서관에 가서 _____.
3. 사무실에 손님이 오셔서 자동판매기에서 _____.
4. 해외여행을 가시는 부모님을 위해 은행에 가서 _____.
5. 친구가 지갑을 잃어버려서 분실물센터에 가서 _____.
6. 요리하는 어머니를 도와주고 싶어서 시장에서 사 온 _____.
7. 그 친구는 잡채를 좋아하지만 못 만든다. 그래서 내가 _____.
8. 친구를 위해 그 가수의 _____. 사인을 보고 친구가 기뻐했다.
9. 할머니 댁에 라디오가 없다. 그래서 내가 할머니께 _____.
10. 친구가 내가 만든 빵을 먹고 싶어 해서 직접 _____.

✏ 연습 2

		N을/를 데려다 주다 / 모셔다 드리다
1	엄마/아이 → 도서관	엄마가 아이를 도서관에 데려다 주었다.
2	나/할머니 → 병원	
3	나/여자친구 → 집	
4	나/부모님 → 공항	
5	선생님/아이 → 교실	
6	그 친구/나 → 박물관	
7	아버지/할아버지 → 기차역	
8	부모님/나 → 놀이공원	
9	택시기사/손님 → 호텔	
10	나/ 그 고양이 → 친구 집	

| 만나다 ⇨ 만나기로 하다 | 읽다 ⇨ 읽기로 하다 | 청소하다 ⇨ 청소하기로 하다 |
| 만들다 ⇨ 만들기로 하다 | 끊다 ⇨ 끊기로 하다 | 전화하다 ⇨ 전화하기로 하다 |

확인

- 이번 주말에 극장 앞에서 친구를 만나기로 했다.
- 내일부터 수업이 끝나고 도서관에 가기로 했다.

약속	내일 친구를 만나고 싶다 → 친구와 전화로 이야기했다 → 만날 장소와 시간을 정했다 → 극장 앞에서 3시에 만나기로 했다. → 내일을 기다린다.
결심	요즘 운동을 안 해서 건강이 안 좋다 → 그래서 결심했다. → 매일 30분 정도 운동할 것이다. → 내일부터 운동하기로 했다.
결정	내일 파티를 할 것이다. → 음식을 만들어야 한다. → 무엇을 만들까? 친구들이 불고기를 좋아한다. → 그래서 불고기를 많이 만들기로 했다.

활용 예시

+ -았/었다 → 올해부터 부모님을 떠나서 혼자 살기로 했다.
+ -지 않기로 했다 → 아침에 일어나기가 힘들어서 밤에 너무 늦게 자지 않기로 했다.
+ -(으)ㄴ + N → 너무 바빠서 친구와 만나기로 한 날을 잊어버렸다.

| ☑ 주의 | ■ 이제부터 행복하기로 했다. ?? → ※ A + -기로 하다 ✕
 ■ 내일부터 운동하기로 할 것이다/한다. ✕ → ~ 하기로 했다 ○
 ■ 내일부터 운동하겠기로/운동했기로 했다. ✕ → ~ 하기로 했다 ○
 ■ 꼭 지키기로 하는 약속을 못 지켰다. ✕ → ~ 지키기로 한 ~ ○ |

연습 1

N을/를	키우다 자르다	안 먹다 보다	배우다 안 마시다	사다 안 보다	안 하다 절약하다	+	–기로 하다

1. 알람시계가 없어서 자주 늦게 일어난다. 그래서 　　　　알람시계를 사기로 했다　　　　.
2. 그 사람과 나는 영화를 좋아한다. 그래서 주말에 　　　　　　　　　　　　　　.
3. 머리가 길어서 불편하다. 그래서 　　　　　　　　　　　　　　.
4. 인스턴트 음식만 먹어서 건강이 안 좋다. 그래서 　　　　　　　　　　　.
5. 한국말을 몰라서 한국 생활이 불편하다. 그래서 　　　　　　　　　　　.
6. 요즘 게임을 많이 해서 피곤하다. 그래서 　　　　　　　　　　　.
7. 돈을 너무 많이 써서 돈이 없다. 그래서 　　　　　　　　　　　.
8. TV를 많이 봐서 책 읽을 시간이 없다. 그래서 　　　　　　　　　　　.
9. 항상 혼자 있어서 너무 외롭다. 그래서 　　　　　　　　　　　.
10. 술을 마시면 머리가 아프고 얼굴이 빨개진다. 그래서 　　　　　　　　　.

연습 2

		–기로 했지만 [했는데]	결과
1	여행	방학에 친구와 여행을 가기로 했지만	못 갔다.
2	영화		못 봤다.
3	차		못 마셨다.
4	케이크		못 만들었다.
5	파티		못 했다.
6	테니스		못 쳤다.
7	문자 메시지		못 보냈다.
8	종이컵		썼다.
9	옷		샀다.
10	야식		먹었다.

좋/다 ⇨ 좋았으면 좋겠다　　예쁘/다 ⇨ 예뻤으면 좋겠다　　건강하/다 ⇨ 건강했으면 좋겠다

보/다 ⇨ 봤으면 좋겠다　　있/다 ⇨ 있었으면 좋겠다　　잘하다 ⇨ 잘했으면 좋겠다

확인

- 열심히 배워서 빨리 한국말을 잘했으면 좋겠다.
- 졸업 후에 돈을 많이 벌었으면 좋겠다.

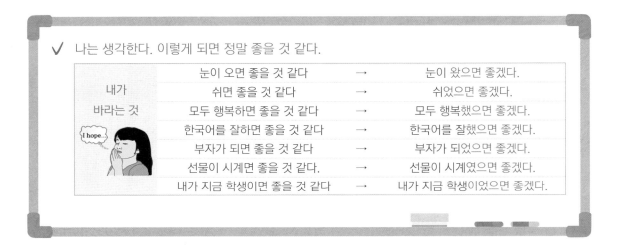

✓ 나는 생각한다. 이렇게 되면 정말 좋을 것 같다.

내가 바라는 것 I hope...	눈이 오면 좋을 것 같다	→	눈이 왔으면 좋겠다.
	쉬면 좋을 것 같다	→	쉬었으면 좋겠다.
	모두 행복하면 좋을 것 같다	→	모두 행복했으면 좋겠다.
	한국어를 잘하면 좋을 것 같다	→	한국어를 잘했으면 좋겠다.
	부자가 되면 좋을 것 같다	→	부자가 되었으면 좋겠다.
	선물이 시계면 좋을 것 같다.	→	선물이 시계였으면 좋겠다.
	내가 지금 학생이면 좋을 것 같다	→	내가 지금 학생이었으면 좋겠다.

활용 예시

+ –지요?　　　　　→ 가족들이 모두 건강하고 <u>행복했으면 좋겠지요?</u>

+ –(으)ㄴ/는데　　→ 한국말을 <u>잘했으면 좋겠는데</u> 잘할 수 있을까?

| ☑
주
의 | ▪ 눈이 왔으면 좋겠다. ○　 눈이 오면 좋겠다. ○

▪ 눈이 왔으면 좋았다. ×　 눈이 왔으면 좋다 ×　 눈이 왔으면 좋을 것이다 ×

▪ 지금이 <u>방학이었으면</u> 좋겠다　/　미나 씨가 내 <u>여자 친구였으면</u> 좋겠다.
　　　　　N이었으면　　　　　　　　　　　　　　N였으면

▪ (나는) 그 사람이 행복했으면 좋겠다. → '나는' 생략 가능

▪ 내가 그 사람이 행복했으면 좋겠다. → 주어 '내가' ×　나는 ○

▪ (나는) 지금 내가 지금 20살이었으면 좋겠다.　※ 내가 바라는 '나'– '내가' ○ |

✒ 연습 1

	마음에 안 드는 것	내가 바라는 것
1	추운 날씨	날씨가 따뜻했으면 좋겠다
2	좁은 방	
3	어려운 시험	
4	짧은 방학	
5	맛없는 식당 음식	
6	재미없는 수업	
7	복잡한 지하철	
8	더러운 화장실	
9	느린 인터넷 속도	
10	지금 내 나이	

✒ 연습 2

1. 내가 학교에 　바라는 것	✎ 나는 우리 학교에 축구장이 있었으면 좋겠다.
2. 내가 부모님께 　바라는 것	✎ 나는 부모님이
3. 내가 나에게 　바라는 것	✎ 나는 내가

15 A/V –(으)ㄹ까? N일까?

좋/다 ⇨ 좋을까?	예쁘/다 ⇨ 예쁠까?	좋아하/다 ⇨ 좋아할까?
듣/다 ⇨ 들을까?	있/다 ⇨ 있을까?	잘했/다 ⇨ 잘했을까?

※ 살/다 ⇨ 살까? – 살을까? ×　　만들/다 ⇨ 만들까? – 만들을까? ×

확인

- 그 친구가 이 선물을 좋아할까?
- 외국 친구들이 우리 고향 음식을 잘 먹을까?

✔ 〈의문〉 그것이 궁금하다.

궁금한 것		의문
내일 날씨	→	내일 날씨가 좋을까?
한국 사람들의 성격	→	한국 사람들은 성격이 어떨까?
한국어를 잘할 수 있다/없다	→	한국어를 잘할 수 있을까?
그 사람의 취미	→	그 사람의 취미는 무엇일까?
그 사람의 휴가	→	그 사람의 휴가는 언제일까?

✔ 〈추측〉 –(으)ㄹ 것이다.

의문		추측
내일 날씨가 좋을까?	→	날씨가 좋을 것이다.
한국 사람들은 성격이 어떨까?	→	한국 사람들은 성격이 급할 것이다.
한국어를 잘할 수 있을까?	→	한국어를 잘할 수 있을 것이다.
그 사람의 취미는 무엇일까?	→	그 사람의 취미는 여행일 것이다.
그 사람의 휴가는 언제일까?	→	그 사람의 휴가는 8월일 것이다.

활용 예시

＋　–았/었을까?　　　→　그 사람은 여기에 오기 전에 <u>무슨 일을 했을까?</u>

☑ 주의	▪ 그 친구는 이번 방학에 무엇을 하겠을까? × → 무엇을 할까? ○
	▪ 그 사람은 학생을까? × → 학생일까? ※ N일까? ○

누구? / 무엇? + 궁금한 것	대답 (추측)
1 그 사람은 지금 어디에 있을까?	지금 도서관에 있을 것이다
2	주말에 친구를 만날 것이다
3	거기까지 1시간쯤 걸릴 것이다
4	회사원일 것이다
5	축구를 잘할 것이다.
6	백화점에서 신발을 샀을 것이다
7	한국대학교에 다닐 것이다
8	스무 살일 것이다
9	12월에 눈이 올 것이다
10	매운 음식을 잘 먹을 것이다

연습 2 −한국 문화 중에서 궁금한 것을 쓰세요.

1. 음식 문화
   · 한국 사람들은 언제부터 김치를 먹었을까?
   ·

2. 예절 문화
   ·
   ·

3. 명절 문화
   ·
   ·

4. 직장 문화
   (학교 문화)
   ·
   ·

5. 생활 문화
   (기타)
   ·
   ·

16 V-(으)ㄹ까 하다

듣/다 ⇨ 들을까 하다　　　먹/다 ⇨ 먹을까 하다　　　끊/다 ⇨ 끊을까 하다

※ 살/다 ⇨ 살까 하다 – 살을까 하다 ×　　　만들/다 ⇨ 만들까 하다 – 만들을까 하다 ×

확인

- 요리에 자신이 없지만 부모님을 위해 직접 요리해 볼까 한다.
- 아직 결정하지 않았지만 졸업하면 대학원에 갈까 한다.

✓ V –(으)ㄹ까 하다 → 그렇게 할 마음이나 의도가 있다. 그러나 결정한 것은 아니다.

	인칭	표현	예		의도성
의도	1인칭	V-(으)ㄹ까 하다	영화를 볼까 한다.	결정은 안 했지만 그럴 마음이 있다.	50~60%
	1, 2, 3인칭	V-(으)려고 하다	영화를 보려고 한다.	약속은 안 했지만 계획하고 있다	70~80%
	1, 2, 3인칭	V-(으)ㄹ 것이다	영화를 볼 것이다.	그럴 계획이 있다. 약속을 했다.	90~100%

활용 예시

+ –는데 → 운동을 시작해 볼까 하는데 어떤 운동이 좋을지 모르겠다.

+ –았/었는데 → 그 사람에게 고백해 볼까 했는데 용기가 없어서 그만두었다.

+ –다가 → 오후에 도서관에 갈까 하다가 피곤해서 그냥 집에서 쉬기로 했다.

+ N(이)나 ~ → 이번 주말에 특별한 약속이 없어서 책이나 읽을까 한다.

☑ 주의
- 친구와 약속이 있어서 만날까 한다. ?? → ~ 약속이 없지만 ~ (약속한 일과 어울리지 않는다)
- 그 친구는 한국어를 배울까 한다. × → 나는 한국어를 배울까 한다. (1인칭 ○)
- 나는 방학에 여행을 갈까 하겠다. × → ~ 여행을 갈까 한다.
- 나는 방학에 여행을 했을까 한다. × → ~ 여행을 할까 했다.
- 이제부터 행복할까 한다. × → 행복하다　※ A-(으)ㄹ까 하다 × N일까 하다 ×
- 2년 후에는 내 집이 있을까 한다. × → ※ 있다/없다 + –(으)ㄹ까 하다 ×

연습 1

	-(으)ㄹ까 하다
1. 이번 방학에 특별한 계획이 없다. 그냥	고향에 가서 쉴까 한다.
2. 이번 주말에 약속이 없다. 그래서 그냥	
3. 특별히 먹고 싶은 것이 없다. 그냥	
4. 지금은 아르바이트를 안 하지만	
5. 친구 생일인데 무엇을 선물할까? 그냥	
6. 까만색 옷이 너무 많다. 그래서 이번에는	

-(으)ㄹ까 하는데 / 했는데 / 하다가	
7.	친구가 바빠서 못 만났다.
8.	길이 막힐 것 같아서 지하철을 탔다.
9.	귀찮아서 안 바꾸기로 했다.
10.	피곤해서 그냥 집에 있기로 했다.
11.	그 친구가 좋아할지 모르겠다.
12.	어디로 가면 좋을지 모르겠다.

연습 2

1 특별한 계획이 (일, 음식...) 없는 날	N(이)나 -(으)ㄹ까 하다
	· 주말인데 약속이 없어서 그냥 영화나 볼까 한다.
	·
	·

2 할 마음이 있었지만 못 한 일	-(으)ㄹ까 했는데 -아/어서 못 ~
	·
	·
	·

A	좋/다 ⇨ 좋은지 알다	쉽/다 ⇨ 쉬운지 알다	재미있/다 ⇨ 재미있는지 알다
V	보/다 ⇨ 보는지 알다	먹/다 ⇨ 먹는지 알다	살/다 ⇨ 사는지 알다 ※ 살는지~ ×
N	학생이/다 ⇨ 학생인지 알다	학교이/다 ⇨ 학교인지 알다	

확인

- 언제 시험을 보는지 아세요?
- 나는 그 사람이 어디에 사는지 모른다.

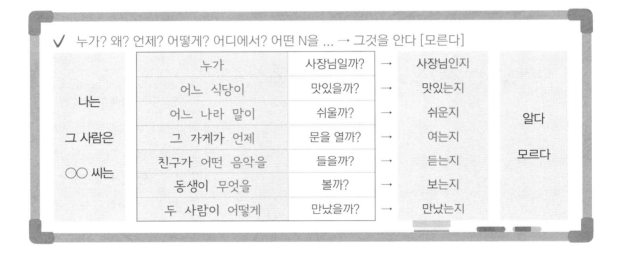

활용 예시

✚	−(으)세요?	→	어느 식당의 음식이 맛있는지 아세요?
✚	−았/었으면 좋겠다	→	그 사람이 왜 피곤한지 알았으면 좋겠다.
✚	−(으)ㄴ/는 + N	→	그것을 어떻게 만드는지 아는 사람이 많지 않다.

☑ 주의	▪ 나는 언제 시험을 보는지 안다. = 언제 시험을 보는지 나는 안다.
	▪ 나는 그 사람이 피곤한지 모른다. × → 나는 그 사람이 왜 피곤한지 모른다. ○
	<div align="right">피곤한지 안 피곤한지 ○</div>
	▪ 나는 그 사람이 좋아하는 것이 무엇인지 안다. = 뭔지 ○ ※ 뭐인지 ×
	▪ 그 사람이 어제 어디에 간지 모른다. × → 어제 어디에 갔는지 ○ ★

연습 1

보기	어디	어느 학교	누구	얼마나	어디에서	**+**	-(으)ㄴ/는지 아세요?
	언제	어떻게	어디에	어떤 선물	뭘		인지 아세요?

1. 자동차 회사에서 일하는 제니 씨의 고향이   어디인지 아세요   ?
2. 한국에서 유명한 도자기 박물관이   ?
3. 서울에서 부산까지 기차로 시간이   ?
4. 한국에서 친구 집에 초대받았을 때   ?
5. 선물을 하고 싶은데 혹시 그 친구가   ?
6. 우리 반에서 한국말을 제일 잘하는 사람이   ?
7. 나나 씨가 아르바이트를 하는 것 같은데   ?
8. 그 사람이 대학생인 것 같은데   ?
9. 저는 김밥을 만들어 보고 싶은데 혹시   ?
10. 미나 씨 결혼식에 가려고 하는데 결혼식 날짜가   ?

연습 2

언제, 왜, 누구를, 어떻게, 어디에서, 무엇을, 무슨[어떤]+N ... **+** -지 않다/모른다

1
나는

나는 그 사람이 언제 고향에 돌아가는지 모른다.

2
그 친구는

그 친구는 내가

3
**우리
부모님은**

우리 부모님은 내가

18 A/V -(으)ㄹ지 모르겠다

A 작/다 ⇨ 작을지 모르겠다   크/다 ⇨ 클지 모르겠다   외롭/다 ⇨ 외로울지 모르겠다

V 보/다 ⇨ 볼지 모르겠다   맞/다 ⇨ 맞을지 모르겠다   듣/다 ⇨ 들을지 모르겠다 ※ 듣을지 ×

팔/다 ⇨ 팔지 모르겠다 ※ 팔을지~ ×   돕/다 ⇨ 도울지 모르겠다 ※ 돕을지~ ×

확인

- 방학에 여행을 가고 싶은데 갈 수 있을지 모르겠다.
- 내일 영화를 보기로 했는데 영화가 재미있을지 모르겠다.

✓ 내가 바라는 일이 있다. 그 일에 대해 조금 걱정하는 마음이 있다.

걱정, 불안

날씨가 좋았으면 좋겠다	그런데...	날씨가 좋을지 모르겠다
눈이 왔으면 좋겠다	그러나...	눈이 올지 모르겠다
그 가수를 만났으면 좋겠다	그런데...	그 가수를 만날지 모르겠다
잘할 수 있었으면 좋겠다	하지만...	잘할 수 있을지 모르겠다
예쁘게 만들었으면 좋겠다	하지만...	예쁘게 만들지 모르겠다

내일 만나는 사람이 잘 생겼으면 좋겠다. 그런데 ...	잘 생겼을지 모르겠다.
다음 주에 태어날 아기가 엄마를 닮았으면 좋겠다, 그런데 ...	엄마를 닮았을지 모르겠다.
친구가 감기에 걸렸는데 다 나았으면 좋겠다. 그런데...	다 나았을지 모르겠다.

활용 예시

✚ -지만   → 발표를 잘할 수 있을지 모르겠지만 최선을 다할 것이다.

☑ 주의	▪ 눈이 올지 몰랐다 / 모를 것이다 / 모른다. × → 모르겠다 ○
	발표를 잘해야 하는데 잘할 수 없을지 모르겠다. × → 내용이 어색하다
	▪ 발표를 잘하고 싶은데 잘할지 모르겠다. – 미래의 결과에 대한 걱정
	발표를 잘하고 싶은데 잘할 수 있을지 모르겠다. – 자신의 능력에 대한 걱정
	▪ 그 친구가 숙제를 다 할지 모르겠다. – 다 할까? 걱정한다.
	그 친구가 숙제를 다 했을지 모르겠다. – 지금쯤 다 했을까? 걱정한다.

✎ 연습 1

보기	좋아하다	받<u>다</u>	맛있다	있다	잘하다	＋	A/V-(으)ㄹ지 모르겠다
	구하다	오다	좋다	?	?		V-(으)ㄹ 수 있을지 모르겠다

1. 이번에 장학금을 받아야 하는데 시험을 잘 못 봐서 <u>받을 수 있을지 모르겠다</u> .

2. 주말에 여행을 떠나야 하는데 날씨가 .

3. 시험 기간인데 도서관에 빈자리가 .

4. 아르바이트를 하고 싶은데 좋은 아르바이트를 .

5. 친구에게 주려고 직접 과자를 만들었는데 친구가 .

6. 이번 겨울은 별로 춥지 않아서 눈이 .

7. 고향에서 친구가 와서 맛집을 찾아 놓았는데 음식이 .

8. 내일 중요한 발표를 해야 하는데 .

9. _____ -(으)ㄴ/는데 .

10. _____ -아/어서 .

✎ 연습 2

	-고 싶은데 / -아/어야 하는데 / -기로 했는데	A/V-(으)ㄹ지 모르겠다
1 하고 싶은 일	그 친구를 만나고 싶은데	만날 수 있을지 모르겠다.
2 해야 하는 일		
3 약속, 계획, 결정한 일		

19 V –(으)ㄹ 줄 알다[모르다]

쓰/다 ⇨ 쓸 줄 알다	끓이/다 ⇨ 끓일 줄 알다	수영하/다 ⇨ 수영할 줄 알다
읽/다 ⇨ 읽을 줄 알다	굽/다 ⇨ 구울 줄 알다	만들다 ⇨ 만들 줄 알다 ※ 만들을 줄 ×

확인

- 나는 이제 한국어를 읽고 쓸 줄 안다.
- 나는 아직 운전을 안 배워서 운전할 줄 모른다.

✓ 그 방법을 배우거나 스스로 연습해서 안다. 안 배우면 모른다.

• 나는 수영을 배웠다. 그래서	<	수영할 줄 안다. ○ – 배워서 아는 것 수영할 수 있다. ○ – 능력
• 나는 지금 팔이 아프다. 그래서	<	수영할 줄 모른다. × 수영할 수 없다. ○ – 지금 불가능
• 나는 지금 배가 고프다. 그래서	<	이 음식을 다 먹을 줄 안다. × 이 음식을 다 먹을 수 있다. ○ –가능
• 제니 씨는 노래를 아주 잘한다. 그래서	<	가수가 될 줄 안다. × 가수가 될 수 있다. ○ –가능

활용 예시

✛ –았/었으면 좋겠다	→	한국 음식을 맛있게 만들 줄 알았으면 좋겠다.
✛ –(으)ㄹ 것이다	→	그 사람은 태권도 학원에 다녀서 태권도를 할 줄 알 것이다.
✛ –게 되다	→	한국에 와서 윷놀이를 할 줄 알게 되었다.
✛ –는 것 같다	→	수미 씨 집에 기타가 있다. 기타를 칠 줄 아는 것 같다.
✛ –는 + N	→	우리나라에는 오토바이를 탈 줄 아는 사람들이 많다.

☑ 주 의	▪ 나는 그것을 만들 줄 알았다. 하지만 지금은 다 잊어버려서 모른다. ▪ 걸을 줄 안다. ?? → 나는 모델처럼 걸을 줄 안다. ○ 나는 걸을 줄 안다 ?? 　※ 웃을 줄 안다 / 잘 줄 안다 / 출발할 줄 안다 ?? – 안 배워도 할 수 있는 것 ?? ▪ 그 사람은 부자가 될 줄 안다. ?? → N이/가 되다 + (으)ㄹ 줄 알다 ×

✒ 연습 1

1. 나는 김밥을   만들 줄 알   지만   재료가 없어서   만들 수 없다   .

2. 나는 자전거를   지만 여기는 위험해서   .

3. 미나 씨는 한국 노래를   지만 가사를 잊어버려서   .

4. 민수 씨는 기타를   지만   .

5. 나는 운전을   지만   .

6. 나는 김치를   지만   .

7. 나는 한국 춤을   지만 발이 아파서   .

8. 나는 축구를   지만 같이 할 사람이 없어서   .

9. 내 동생은 피아노를   지만 피아노가 고장 나서   .

10. 그 친구는 스키를   지만 눈이 안 와서   .

11.   .

12.   .

✒ 연습 2

1	민재는 7살이다. 혼자 −(으)ㄹ 줄 알다 [모르다]

민재

민재는 이제 혼자 옷을 입을 줄 안다.

2	N은/는	무엇을	어떻게	−(으)ㄹ 줄 알다[모르다]
	그 친구는	옷을	멋있게	입을 줄 안다.

20 V -(으)ㄴ 적이 있다[없다]

가/다 ⇨ 간 적이 있다　　보/다 ⇨ 본 적이 있다　　마시/다 ⇨ 마신 적이 있다

읽/다 ⇨ 읽은 적이 있다　　먹/다 ⇨ 먹은 적이 있다　　돕/다 ⇨ 도운 적이 있다 ※ 돕은 ×

※ 만들/다 ⇨ 만든 적이 ~ – 만들은 적이 ×　　듣/다 ⇨ 들은 적이 ~ – 든 적이 / 듣은 적이 ×

확인

- 콘서트에 가서 유명한 가수를 만난 적이 있다.
- 한국어를 잘 못해서 실수한 적이 있다.

✓ 옛날에 그런 경험이 있다[없다]

과거의 사실	경험 ['시도' 강조]	경험 ['있다/없다' 강조]
먹었다	먹어 봤다	먹은 적이 있다
들었다	들어 봤다	들은 적이 있다
결혼했다	결혼해 봤다 (그 사람과 이혼했다)	결혼한 적이 있다 (그 사람과 이혼했다)
잃어버리다	잃어버려 봤다 ?? ☹	잃어버린 적이 있다 ☺
다치다	다쳐 봤다 ?? ☹	다친 적이 있다 ☺

활용 예시

+ -(으)ㄹ까?　　→ 그 사람은 힘들 때 나를 생각한 적이 있을까?

+ -(으)ㄹ 것이다　　→ 그 친구는 한국 노래를 들은 적이 있을 것이다.

+ -는 것 같다　　→ 그 사람은 찜질방에 간 적이 있는 것 같다.

+ -(으)ㄹ지 모르겠다　　→ 요리를 해야 하는데 그 친구가 요리를 해 본 적이 있을지 모르겠다.

+ -는 + N　　→ 여행을 하면서 한국어를 배운 적이 있는 외국인을 많이 만났다.

주의
- 그 사람을 만난 적이 있다 = 그 사람을 만나 본 적이 있다 (시도+경험)
- 어렸을 때 예쁜 적이 있다. × → 예쁘다 (A) ×
- 그 사람은 죽은 적이 있다 ?? → 경험할 수 있는 일이 아니다.

146

| 한국 스위스 독일 중국 베트남
이탈리아 이집트 영국 몽골 일본 | 스시 피자 피라미드 맥주 스키
태권도 판다 아오자이 축구 게르 | ✚ | -(으)ㄴ 적이
있다 |

1 한국에 가서 태권도를 배운 적이 있다.

2 _____

3 _____

4 _____

5 _____

6 _____

7 _____

8 _____

9 _____

10 _____

		-다가 / -아/어서	-(으)ㄴ 적이 있다
넘어지다	1.	축구를 하다가	넘어진 적이 있다
지각하다	2.		
잃어버리다	3.		
버스를 놓치다	4.		
아르바이트하다	5.		
사고가 나다	6.		
결석하다	7.		
친구와 싸우다	8.		
다리를 다치다	9.		
헤어지다	10.		

A	작/다 ⇨ 작은 것 같다	맵/다 ⇨ 매운 것 같다	멀/다 ⇨ 먼 것 같다 ※ 멀은 ×
V	먹/다 ⇨ 먹는 것 같다	돕/다 ⇨ 돕는 것 같다	살/다 ⇨ 사는 것 같다 ※ 살는 ×
N	학생이/다 ⇨ 학생인 것 같다	배우이/다 ⇨ 배우인 것 같다	아니/다 ⇨ 아닌 것 같다

확인

- 제니 씨가 요즘 전화를 잘 받지 않는다. 아주 바쁜 것 같다.
- 학생들이 시험 때문에 스트레스를 많이 받는 것 같다.

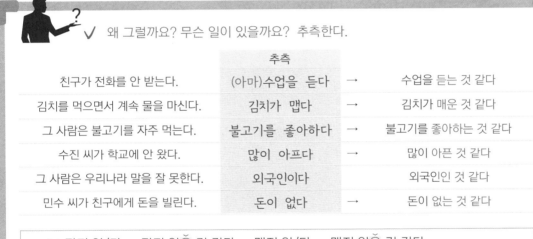

✓ 왜 그럴까요? 무슨 일이 있을까요? 추측한다.

	추측		
친구가 전화를 안 받는다.	(아마)수업을 듣다	→	수업을 듣는 것 같다
김치를 먹으면서 계속 물을 마신다.	김치가 맵다	→	김치가 매운 것 같다
그 사람은 불고기를 자주 먹는다.	불고기를 좋아하다	→	불고기를 좋아하는 것 같다
수진 씨가 학교에 안 왔다.	많이 아프다	→	많이 아픈 것 같다
그 사람은 우리나라 말을 잘 못한다.	외국인이다		외국인인 것 같다
민수 씨가 친구에게 돈을 빌린다.	돈이 없다	→	돈이 없는 것 같다

- A : 작지 않/다 → 작지 않은 것 같다   맵지 않/다 → 맵지 않은 것 같다
- V : 먹지 않/다 → 먹지 않는 것 같다   돕지 않/다 → 돕지 않는 것 같다

활용 예시

- ＋ −았/었다 → 오늘 학교 앞에서 친구를 만났는데 기분이 안 좋은 것 같았다.
- ＋ −지만 → 행복하게 사는 것 같지만 이야기해 보면 그렇지 않은 사람들도 많다.
- ＋ −은데 → 그 사람은 외국인인 것 같은데 여기 음식을 잘 먹는다.

☑ 주의	■ 그 사람은 지금 컴퓨터가 필요하는 것 같다. × → 필요한 것 같다. ○ ※ 필요하다(A)
	■ 민우 씨는 여자 친구가 있은 것 같다. × → 있는 것 같다. ○

연습 1

쉬는 시간	좋지 않다	키우다	유행하다	재미있다	부자	**+**	-(으)ㄴ/는 것 같다
있다	만나지 않다	모으다	마시지 않다	막히다	?		N인 것 같다

1. 학생들이 학교 복도에서 놀고 있다. 지금은 쉬는 시간인 것 같다 .

2. 집에서 공항까지 보통 때보다 시간이 많이 걸린다. 길이 .

3. 요즘 그 사람은 돈을 잘 쓰지 않는다. 돈을 .

4. 요즘 이 옷을 입은 사람들이 많다. 이 옷이 .

5. 2층에서 강아지 소리가 난다. 강아지를 .

6. 두 사람은 이야기를 잘 하지 않는다. 사이가 .

7. 그 사람은 항상 비싼 옷만 입는다. .

8. 민지 씨가 요즘 잘 웃지 않는다. 걱정이 .

9. 그 사람 집에 커피는 없고 녹차만 있다. 요즘 커피를 .

10. 정우 씨는 요즘 다른 친구들의 소식을 모른다. 친구를 .

11. 요즘 그 영화를 보는 사람들이 많다. 영화가 .

12. .

연습 2

1

-(으)ㄴ/는 것 같다,   N인 것 같다

한국 사람들은 성격이 급한 것 같다.

한국 학생들은

한국 남자(여자)는

2

V –(으)ㄴ 것 같다　　　　　　　　　　　　　　　

마시/다 ⇨ 마신 것 같다	걸리/다 ⇨ 걸린 것 같다	끝나/다 ⇨ 끝난 것 같다
먹/다 ⇨ 먹은 것 같다	돕/다 ⇨ 도운 것 같다	울/다 ⇨ 운 것 같다　※ 울은 ~ ×

확인

- 제니 씨 성적이 좋다. 그동안 공부를 열심히 한 것 같다.
- 민수 씨가 피곤해 보인다. 어제 잠을 잘 못 잔 것 같다.

✓ 그 전에 무슨 일이 있었을까요? 왜 그랬을까요? 추측한다.

	추측	
두 사람이 말을 안 한다	(아마)싸웠다	→ 싸운 것 같다
동생이 기침을 한다	감기에 걸렸다	→ ~ 걸린 같다
극장에 사람이 없다	영화가 끝났다	→ ~ 끝난 것 같다
쉬는 시간인데 나나 씨가 교실에 없다	화장실에 갔다	→ ~ 간 것 같다
민수 씨가 계속 물을 마신다	매운 음식을 먹었다	→ ~ 먹은 것 같다
제니 씨가 요즘 아주 건강해졌다	운동을 많이 했다	→ ~ 한 것 같다

- V: 먹지 않았/다 → 먹지 않은 것 같다　　돕지 않았/다 → 돕지 않은 것 같다

활용 예시

+ -지요? → 방학이라서 학생들이 모두 고향에 간 것 같지요?

+ -(으)ㄴ + N → 아직 한 달이나 남았는데 올해가 벌써 끝난 것 같은 느낌이 들었다.

☑ 주의
- 민수 씨가 피곤해 보인다. 어제 아르바이트를 했는 것 같다. × → 한 것 같다 ○
- 사람들이 우산을 쓰고 있다. 비가 온 것 같다. × → 비가 오는 것 같다 ○
- 제니 씨 머리 모양이 달라졌다. 미용실에 간 것 같다. × → ~ 갔다 온 것 같다 ○
- 그 사람은 물건을 자주 잃어버린 것 같다. × → 잃어버리는 것 같다 (습관적인 사실) ○
- 그 사람은 지금 병원에 있다. 교통사고가 나는 것 같다. × → ~ 난 것 같다 (일어난 일) ○

✏️연습 1

| 일어나다 | 다치다 | 하다 | 헤어지다 | 빠지다 | 불다 | **+** | V-(으)ㄴ 것 같다 |
| 잊어버리다 | 졸다 | 받다 | 고장 나다 | 자다 | 빌리다 | | V-는 것 같다 |

1. 토니 씨가 오늘 지각을 했다. 아침에 늦게   일어난 것 같다   .

2. 민수 씨가 보는 책에 진호 씨의 이름이 있다. 진호 씨한테서 책을   .

3. 두 사람이 요즘 만나지 않는다.   .

4. 약속을 했는데 기다려도 오지 않는다. 약속을   .

5. 옆집에 사람들이 많이 오고 음악 소리도 난다. 파티를   .

6. 교통사고가 났다. 너무 피곤해서 운전하면서   .

7. 창 밖에 나뭇잎이 떨어지고 있다. 바람이   .

8. 고양이가 잘 걷지 못한다. 다리를   .

9. 요즘 안나 씨가 너무 예뻐졌다. 사랑에   .

10. 갑자기 아이들 방이 조용해졌다. 아이들이   .

11. 냉장고에 물을 넣어도 시원하지 않다. 냉장고가   .

12. 민수 씨가 자주 짜증을 낸다. 요즘 일 때문에 스트레스를   .

✏️연습 2

> 무슨 일이 있었을까요? -(으)ㄴ 것 같다

1

여행 계획을 세우다가 남자 친구와 싸운 것 같다.

싸웠다
나쁜 말을 들었다
시험에 떨어졌다
잊어버렸다

2

.

승진했다
합격했다
상을 받았다
돈을 많이 벌었다

23 A/V -(으)ㄴ/는 편이다

A   좋/다 ⇨ 좋은 편이다   나쁘/다 ⇨ 나쁜 편이다   멀/다 ⇨ 먼 편이다 ※ 멀은, 머는 ×
V   보/다 ⇨ 보는 편이다   먹/다 ⇨ 먹는 편이다   만들/다 ⇨ 만드는 편이다 ※ 만들는 ×

확인

- 나는 일주일에 다섯 번 운동한다. 운동을 많이 하는 편이다.
- 요즘 비가 오거나 흐린 날이 많지 않다. 날씨가 좋은 편이다.

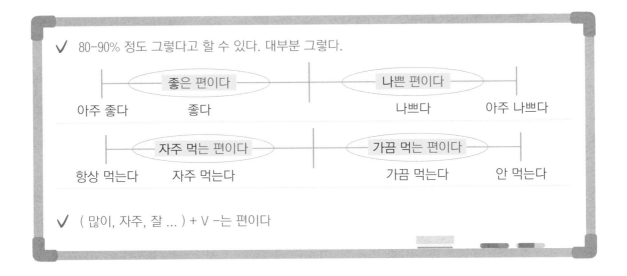

✓ 80-90% 정도 그렇다고 할 수 있다. 대부분 그렇다.

| 좋은 편이다 | | 나쁜 편이다 | |
| 아주 좋다 | 좋다 | 나쁘다 | 아주 나쁘다 |

| 자주 먹는 편이다 | | 가끔 먹는 편이다 | |
| 항상 먹는다 | 자주 먹는다 | 가끔 먹는다 | 안 먹는다 |

✓ (많이, 자주, 잘 ...) + V -는 편이다

활용 예시

+ -았/었다   → 지금은 뚱뚱하지만 학교에 다닐 때는 날씬한 편이었다.
+ -지요?   → 민수 씨는 아침을 잘 안 먹는 편이지요?
+ -인데   → 그 사람은 운동을 잘 안 하는 편인데 요즘은 열심히 한다.

☑ 주의
- 지각하는 편이다. ?? → 자주 지각하는 편이다. ○
  ※ 먹는 편이다 → 많이 먹는 편이다 / 가는 편이다 → 가끔 가는 편이다
- 지각 편이다 ×   학생인 편이다 ×
- 남성적인 편이다, 여성적인 편이다. ○
  ※ 적극적인 편이다, 소극적인 편이다, 내성적인 편이다, 외향적인 편이다 ...

	어느 쪽에 가까울까?	-(으)ㄴ/는 편이다
1	그 사람/성격 (급하다/느긋하다)	그 사람은 성격이 급한 편이다.
2	? / 성격 (활발하다/조용하다)	
3	? / 말 (빠르다/적당하다/느리다)	
4	요즘 날씨 (쌀쌀하다/따뜻하다)	
5	? / 음식 (짜다/싱겁다)	
6	그 학생의 가방 (무겁다/가볍다)	
7	? / 방 (넓다/좁다)	
8	? / 물건 값 (싸다/비싸다)	
9	우리 집 / 학교 (멀다/가깝다)	
10	나 / (부지런하다/게으르다)	

	생활 습관 : 나는/○ ○ 씨는 -(으)ㄴ/는 편이다	
1	한국말 연습 (잘/잘 안/거의 안)	나는 한국말 연습을 잘 안 하는 편이다.
2	외식 (자주/가끔/잘 안)	
3	매운 음식 (잘/잘 못/거의 못)	
4	친구 (자주/가끔/거의 안)	
5	잠 (많이/적게)	
6	영화 (자주/가끔/거의 안)	
7	책 (자주/가끔/거의 안)	
8	아침에 (일찍/늦게)	
9	여행 (많이/잘 안/거의 안)	
10	운동 (많이/잘 안/거의 안)	

V –는 중이다

쓰/다 ⇨ 쓰는 중이다	보/다 ⇨ 보는 중이다	쇼핑하/다 ⇨ 쇼핑하는 중이다
읽/다 ⇨ 읽는 중이다	먹/다 ⇨ 먹는 중이다	돕/다 ⇨ 돕는 중이다

※ 만들/다 ⇨ 만드는 중이다 (만들는/만든 ~ ×)　　놀/다 ⇨ 노는 중이다 (놀는/논 ~ ×)

확인

- 한국어를 배우는 학생들이 지금 교실에서 수업을 듣는 중이다.
- 여행을 떠나는 사람들이 공항에서 비행기를 기다리는 중이다.

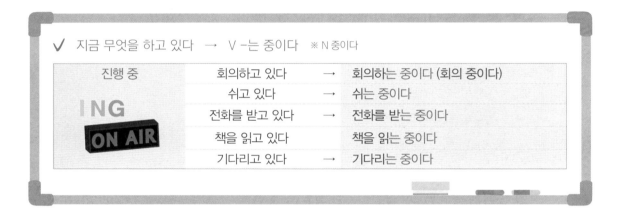

✓ 지금 무엇을 하고 있다　→　V –는 중이다　※ N 중이다

진행 중	회의하고 있다	→	회의하는 중이다 (회의 중이다)
ING	쉬고 있다	→	쉬는 중이다
ON AIR	전화를 받고 있다	→	전화를 받는 중이다
	책을 읽고 있다		책을 읽는 중이다
	기다리고 있다	→	기다리는 중이다

활용 예시

+	–았/었다	→	선생님께서 교실에 오셨을 때 우리는 말하기를 <u>연습하는 중이었다</u>.
+	–일 것이다	→	지금 후엔 씨는 도서관에서 <u>공부하는 중일 것이다</u>.
+	–인 것 같다	→	영수 씨가 전화를 안 받는다. <u>회의하는 중인 것 같다</u>.
+	–이니까	→	요즘 지영 씨는 휴가 중이니까 휴가가 끝나면 연락해야 한다.

☑ 주의	▪ 청소하는 중이다 = 청소 중이다　※ 회의 중, 식사 중, 외출 중, 공사 중 …
	▪ 비가 오는 중이다. ×　→ '비'는 사람이 아니다. 행동할 수 없다.　※ 비가 오고 있다 ○
	▪ 나는 그 일을 아는 중이다. ×　→ '알다'는 행동이 아니다.　※ 알고 있다 ○
	▪ 감기에 걸리는 중이다. ×　→ '감기에 걸리다'는 행동이 아니다.
	▪ 나는 지금 사무실에 있는 중이다. ×　→ '있다'는 행동이 아니다.
	▪ 지금 방을 깨끗하는 중이다. ×　→ 깨끗하다 (A) ×

연습 1

| 식당 | 사무실 | 학교 | 집 | 미술관 | |
| 공연장 | 도서관 | 기차역 | 공원 | 백화점 | V -는 중이다 |

1 그 사람은 지금 식당에서 친구와 불고기를 먹는 중이다.

2

3

4

5

6

7

8

9

10

연습 2

-는 중이어서/이라서,   -는 중이기는 하지만

1 그 친구는 회의하는 중이어서	전화를 받을 수 없다.
2 그 친구는 회의하는 중이기는 하지만	전화는 받을 수 있다.
3	시간을 전혀 낼 수 없다.
4	시간을 조금 낼 수 있다.
5	다른 일을 할 수 없다.
6	가벼운 아르바이트를 할 수 있다.
7	문자를 보내기가 어렵다.
8	짧은 문자는 보낼 수 있다.
9	평소처럼 많이 먹으면 안 된다.
10	아침은 잘 먹어도 된다.

III 문장 연결 표현하기

방학이/다 ⇨ 방학이기 때문에   친구이다 ⇨ 친구이기 때문에

확인

- 그 시간은 <u>출근 시간이기 때문에</u> 길이 많이 막힌다.
- 오늘은 <u>감기 때문에</u> 학교에 못 갔다.

✓ 'N은/는 ~ N이다' + 그래서 ~ → N이기 때문에

N [사람/물건/시간/장소] 은/는 N이다. 그래서 ~		N은/는/이/가 V. 그래서 ~
○ ↓	?? ↓	↓
N이기 때문에	N 때문에	N 때문에

예 1. 여기는 도서관이다. 그래서 조용하다.　　　→　○　→　도서관이기 때문에 ~
　　2. 이것은 돈이다. 그래서 싸웠다.　　　　　　→　??　→　돈 때문에 ~
　　3. 오늘은 내 생일이다. 그래서 파티를 한다.　→　○　→　생일이기 때문에 ~
　　4. 이것은 비이다. 그래서 못 갔다.　　　　　→　??　→　비 때문에 ~
　　5. 비가 온다. 그래서 못 갔다.　　　　　　　→　○　→　비 때문에 ~

활용 예시

〜	-았/었다	→	아르바이트 때문에 숙제를 못 했다.
〜	-(으)ㄹ 수 있다[없다]	→	비 때문에 등산을 할 수 없다.
〜	-(으)ㄹ 것이다	→	더러운 물 때문에 사람들의 건강이 더 나빠질 것이다.
〜	-아/어야 한다	→	학생이기 때문에 열심히 공부해야 한다.
〜	-지 않다	→	우리는 친한 <u>친구이기 때문에</u> 잘 싸우지 않는다.

☑ 주 의	▪ 나는 그때 학생이기 때문에 그 영화를 못 봤다. × → 학생<u>이었기 때문에</u> ~ ○
	▪ 겨울<u>이겠기 때문에</u> 강에서 수영할 수 없을 것이다. × → 겨울<u>이기 때문에</u> ~ ○
	▪ 돈이 때문에 두 사람이 싸웠다. × → 돈 때문에 두 사람이 싸웠다.

✐ 연습 1

휴일	드라마	축구 선수	세일 기간	명절	스트레스	**+**	이기 때문에
눈	외국인	시험 준비	교통사고	약속	전화 소리		때문에

1. 오늘은 _____ 휴일이기 때문에 _____ 학교에 가지 않고 집에서 쉰다.
2. 그 사람은 _____ 잘 뛰고 공도 잘 찬다.
3. 이번 주는 _____ 백화점에 사람들이 많다.
4. 어제 내린 _____ 길이 미끄러워서 조심해야 한다.
5. 요즘 _____ 늦게까지 도서관에서 공부한다.
6. 그 사람은 _____ 우리와 술 마시는 문화가 다르다.
7. 그것은 선생님과 한 _____ 꼭 지켜야 한다.
8. 그 사람은 요즘 _____ 흰 머리가 많이 생겼다.
9. 어제 저녁에 _____ 자다가 깼다.
10. 내일은 아주 중요한 한국의 _____ 가족들이 모두 모일 것이다.
11. TV에서 본 그 _____ 한국에 대해 알게 되었다.
12. 어제 학교에 갈 때 _____ 길이 많이 막혀서 지각했다.

✐ 연습 2

1	N이기 때문에	결과
	지금 여기는 축제기간이기 때문에	구경하러 오는 사람들이 많다.

2	N 때문에	결과

취미이/다 ⇨ 취미여서   휴일이/다 ⇨ 휴일이어서   출근 시간이/다 ⇨ 출근 시간이어서

※ 친구가 아니/다 ⇨ 친구가 아니어서

확인

- 오늘은 친구 생일이어서 꽃과 케이크를 샀다.
- 지금 그 미술관은 수리하는 중이어서 관광객들이 들어갈 수 없다.

✔ 이유: N이어서/여서 = N(이)라서 = N이기 때문에

(N은/는) N이다. 그래서 ~	→	N(이)어서/여서	N(이)라서	N이기 때문에
(지금은) 겨울이다. 그래서 ~	→	겨울이어서	겨울이라서	겨울이기 때문에
(내일은) 주말이다. 그래서 ~	→	주말이어서	주말이라서	주말이기 때문에
(그 사람은) 친구이다. 그래서 ~	→	친구여서	친구라서	친구이기 때문에
(여기는) 학교이다. 그래서 ~	→	학교여서	학교라서	학교이기 때문에
(나는) 학생이 아니다. 그래서 ~	→	학생이 아니어서	~ 아니라서	~ 아니기 때문에

활용 예시

≋	-았/었다	→ 어제는 아르바이트를 하는 날이어서 다른 날보다 힘들었다.
≋	-(으)ㄹ 수 있다[없다]	→ 나는 학생이 아니어서 할인을 받을 수 없다.
≋	-(으)ㄹ 것이다	→ '아리랑'은 부르기 쉬운 노래여서 누구나 쉽게 따라 할 수 있을 것이다.
≋	-아/어야 한다	→ 이 영화는 요즘 인기 있는 영화여서 미리 예매해야 한다.
≋	-지 않다/지 못하다	→ 내일은 우리 회사의 기념일이어서 회사에 가지 않는다.

☑ 주의	▪ 오늘은 휴일이어서 쉴까요? / 쉬세요 / 쉽시다 × → 쉰다, 쉬었다, 쉴 것이다 ○
	▪ 오늘은 휴일이어서 쉬어요? ○

	N은/는	A/V-(으)ㄴ/는 + N이어서/여서	결과
1	그 친구는	아주 재미있는 친구여서	인기가 많다.
2	그 노래는		
3	그 시험은		
4	그 식당은		
5	그 아이는		
6	그 영화는		
7	그 약속은		
8	그 옷은		
9	어제는		
10	내일은		

월요일	화요일	수요일	목요일	금요일	토요일	일요일
요가/배우다	빵/만들다	과제/내다	모임/있다	시험/보다	데이트하다	등산하다

		V-는 날이어서	결과
1.	월요일은	요가를 배우는 날이어서	저녁에 요가 학원에 갔다.
2.	화요일은		
3.	수요일은		
4.	목요일은		
5.	금요일은		
6.	토요일은		
7.	일요일은		

3 A/V –기 때문에   –았/었기 때문에   이유

A	좋/다 ⇨ 좋기 때문에	아프/다 ⇨ 아프기 때문에	피곤하/다 ⇨ 피곤하기 때문에
V	받/다 ⇨ 받기 때문에	걸렸/다 ⇨ 걸렸기 때문에	일했/다 ⇨ 일했기 때문에

확인

- 그 친구는 요즘 시간이 <u>많기 때문에</u> 영화를 자주 본다.
- 민수 씨는 집에서 <u>일하기 때문에</u> 가족들과 지내는 시간이 많다.

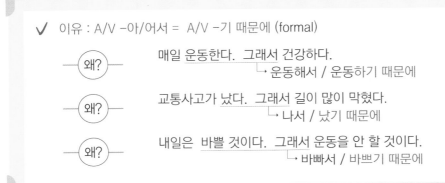

✓ 이유 : A/V –아/어서 = A/V –기 때문에 (formal)

─ 왜? ─   매일 <u>운동한다</u>. 그래서 건강하다.
                └→ 운동해서 / 운동하기 때문에

─ 왜? ─   교통사고가 <u>났다</u>. 그래서 길이 많이 막혔다.
                └→ 나서 / 났기 때문에

─ 왜? ─   내일은 <u>바쁠 것이다</u>. 그래서 운동을 안 할 것이다.
                └→ 바빠서 / 바쁘기 때문에

활용 예시

≋ –았/었다	→ 한국 문화를 더 알고 싶기 때문에 한국으로 유학을 왔다.
≋ –(으)ㄹ 수 있다[없다]	→ 컴퓨터가 고장 났기 때문에 이메일을 보낼 수 없다.
≋ –(으)ㄹ 것이다	→ 가족들이 많기 때문에 힘들 때 서로 도울 수 있을 것이다.
≋ –아/어야 한다	→ 다음 주에 시험을 보기 때문에 열심히 공부해야 한다.

☑ 주의	■ 휴대폰을 잃어버리기 때문에 전화를 못 했다. × → ~ 잃어버렸기 때문에 ○
	■ 그 가수는 얼굴이 잘생기기 때문에 인기가 많다. × → ~ 잘생겼기 때문에 ○
	■ 주말에 여행을 가겠기 때문에 가방을 싸야 한다. × → ~ 가기 때문에 ○
	■ 감기에 걸렸기 때문에 쉬세요/쉽시다/쉴까요? × → ~ 쉰다/쉬었다/쉬어야 한다. ○
	■ (왜냐하면) 한국을 좋아하기 때문에이다. × → 한국을 좋아하기 때문이다. ○
	※ –기 때문에 + S 예 한국을 좋아하기 때문에 한국어를 배운다.

✒ 연습 1

| 팔/아프다 | 감기/걸리다 | 바람/불다 | 방학/끝나다 | 점심/먹다 | 나이/많다 | –기 때문에 |
| 그 일/어렵다 | 학교/가깝다 | 파티/하다 | 아버지/닮다 | 불/나다 | 옷/비싸다 | –았/었기 때문에 |

1. 테니스를 좋아하지만 ___팔이 아프기 때문에___ 칠 수 없다.

2. 그 사람은 ___ 성격이 급한 편이다.

3. ___ 공부할 시간이 없어서 아르바이트를 그만 두기로 했다.

4. 예쁘기는 하지만 ___ 사람들이 많이 사지 않는다.

5. 태풍이 와서 ___ 창문을 닫아야 한다.

6. 내일 저녁에 ___ 음식을 많이 만들어야 한다.

7. 우리 사무실의 많은 사람들이 ___ 마스크를 써야 한다.

8. 날씨가 건조하고 바람이 불 때 자주 산에 ___ 조심해야 한다.

9. ___ 혼자 할 수 없어서 친구를 불렀다.

10. 그 분은 나보다 ___ 높임말을 사용해야 한다.

11. ___ 후식으로 케이크와 차를 마시기로 했다.

12. ___ 집에서 학교까지 자전거로 10분밖에 안 걸린다.

✒ 연습 2

1		–기 때문에	결과
	사람들은	일할 때 스트레스를 많이 받기 때문에	건강이 나빠진다.
	그 곳은		유명해졌다.
	나는		행복하다.
	그 사람은		실수를 한다.

2	V –(으)ㄴ/는 것을	–기 때문에
		좋아하기 때문에
		싫어하기 때문에
		알기 때문에

4 A/V –(으)니까 N(이)니까 이유 / 근거 강조

좋/다 ⇨ 좋으니까   가깝/다 ⇨ 가까우니까   아프/다 ⇨ 아프니까

모르/다 ⇨ 모르니까   노력하/다 ⇨ 노력하니까   알/다 ⇨ 아니까 ※ 알으니까 ✕

확인

- 요즘 날씨가 <u>추우니까</u> 두꺼운 옷을 입어야 한다.
- 거기는 지금 <u>위험하니까</u> 혼자 가면 안 된다.

✓ A/V-(으)니까 → 행동, 상황, 주장에 대한 근거를 설명한다.

-(으)니까	이유(근거) + 주장	• 연필로 쓰면 안 되니까 꼭 볼펜을 준비해야 된다. ○ • 연필로 쓰면 안 돼서 꼭 볼펜을 준비해야 된다. ??
-아/어서	이유 + 결과	• 어제 일을 많이 해서 지금 몸이 아프다. ○ • 어제 일을 많이 했으니까 지금 몸이 아프다. ??

※ 싸니까 샀다 → 샀다. 왜 샀을까? 싸니까! 비싸면 당연히 안 샀다. (근거 설명/강조)

　싸서 샀다 → 싸다. 그래서 샀다. (이유에 대한 결과를 설명)

✓ A/V-(으)니까 + 제안, 명령 ○   A/V-아/어서 + 제안, 명령 ✕

주말에 시간이 있으니까 주말에	만났다	만납시다	만날까요?	만나세요
주말에 시간이 있어서 주말에	만났다	✕	✕	✕

활용 예시

≋	-(으)ㅂ시다/(으)ㄹ까요?	→	이번 주말에 시간이 <u>많으니까</u> 같이 여행 갑시다/갈까요?
≋	-(으)십시오/(으)세요	→	날씨가 <u>추우니까</u> 옷을 따뜻하게 입고 오십시오.
≋	-아/어야 하다	→	신청한 사람만 갈 수 있으니까 빨리 신청해야 한다.
≋	-(으)면 안 되다	→	그 가게는 오후에 문을 여니까 오전에 가면 안 된다.

☑ 주의	▪ 눈이 오니까 길이 미끄러우니까 운전하기가 불편하다. ?? → ~ 와서 ~ 미끄러우니까 ○ ▪ 늦으니까 죄송합니다. ✕ → 늦어서 죄송합니다. ○ ※ –아/어서 미안하다/고맙다/반갑다

| 시간/없다 | 빈 방/있다 | 커피/마시다 | 상/받다 | 시험/끝나다 | 참가비/무료 | –(으)니까 |
| 축제/하다 | 건강/좋다 | 학생들/살다 | 비/오다 | 거짓말/안 하다 | 책/어렵다 | –았/었으니까 |

1. 이번 주에는 _____시간이 없으니까_____ 다음 주에 만날까요?

2. 저녁에 _____ 늦게까지 공부해도 졸리지 않는다.

3. 봄에 우리 학교에서 _____ 친구하고 같이 놀러 오세요.

4. 미호 씨가 말하기 대회에서 _____ 내일 저녁에 축하 파티를 할까요?

5. 채소는 _____ 많이 먹어도 된다.

6. 기숙사에는 여러 나라 _____ 서로의 문화를 이해해야 한다.

7. 장마철에는 자주 _____ 항상 우산을 가지고 다니는 것이 좋다.

8. 오늘 _____ 성적이 나올 때까지 기다리면 된다.

9. 아직 호텔에 _____ 지금 예약할 수 있다.

10. 이번 학교 행사는 _____ 많이 신청하시기 바랍니다.

11. 그 친구는 _____ 그 친구가 하는 말은 모두 믿어도 된다.

12. 지금 배우는 _____ 매일 복습과 예습을 잘해야 한다.

1	–(으)니까 / N(이)니까	–(으)ㄹ까요? / (으)ㅂ시다
	· 주말에는 시간이 많으니까	우리 자전거 타러 갈까요? / 갑시다.
	·	
	·	

2	–(으)니까 / N(이)니까	–(으)세요 / –지 마세요
	·	
	·	
	·	

5 A/V −(으)ㄹ 테니까   N일 테니까   조건 [강한 추측 / 의지]

A   좋/다 ⇨ 좋을 테니까   아프/다 ⇨ 아플 테니까   어렵/다 ⇨ 어려울 테니까

V   쓰/다 ⇨ 쓸 테니까   듣/다 ⇨ 들을 테니까   알/다 ⇨ 알 테니까 ※ 알을 테니까 ×

확인

- 늦게 가면 길이 많이 <u>막힐 테니까</u> 아침에 일찍 출발해야 한다.
- 일이 힘들면 친구들이 <u>도와줄 테니까</u> 걱정하지 않아도 된다.

✓ −(으)ㄹ 터이다 / 테다 + −(으)니까 → −(으)ㄹ 테니까
    = −(으)ㄹ 것이다

조건 :	강한 추측		이유 / 근거		
2, 3인칭	사람이 많을 것이다	＋	그러니까	→	사람이 많을 테니까 ~
	날씨가 추울 것이다	＋	그러니까	→	날씨가 추울 테니까 ~

조건 :	의지 / 계획		이유 / 근거		
1인칭	내가 만들 것이다	＋	그러니까	→	내가 만들 테니까 ~
	우리가 도울 것이다	＋	그러니까	→	우리가 도울 테니까 ~

활용 예시

≋ −(으)ㅂ시다/(으)ㄹ까요?	→ 가을에는 날씨가 좋을 테니까 여행을 갑시다./갈까요?
≋ −(으)세요/−지 마세요	→ 그 사람은 실수하지 않을 테니까 걱정하지 마세요.
≋ −아/어야 한다	→ 그 시험은 생각보다 어려울 테니까 열심히 공부해야 한다.
≋ −아/어도 된다	→ 이번에는 우리가 할 테니까 지난번에 한 사람은 쉬어도 된다.

☑ 주 의	▪ 지금 거기는 새벽일 테니까 그 사람은 아마 자고 있을 것이다. → 추측
	▪ 내일은 주말일 테니까 그 사람은 운동을 할 것이다. ?? → 내일은 주말 (당연한 사실)
	▪ 올해 아기가 태어나면 나는 아빠일 테니까 행복하다 × → 아빠가 될 테니까 ○
	▪ 내가 피곤할 테니까 숙제를 할 수 없다. × → 내가 A−(으)ㄹ 테니까 ~ ×

✎ 연습 1

		-(으)ㄹ 테니까	-(으)ㄹ까요? -(으)세요, -아/어야 한다, -아/어도 된다
1	내일은 날씨가	좋을 테니까	밖에서 운동할까요?
2	이번 주말에는		
3	그 식당 음식이		
4	서울의 지하철이		
5	그 공연이		
6	이번 시험이		
7	차가운 바람이		
8	그 시장의 물건이		
9	그 카페가		
10	내가		
11	내가		
12	우리가		

✎ 연습 2

1		-(으)ㄹ 테니까 / -지 않을 테니까	
	CJ kt	·그 회사는 월급을 많이 줄 테니까	한번 지원해 보세요.
	LG GS	·	면접 시험을 잘 보세요.
	SAMSUNG SK HYUNDAI	·	다시 생각해 보세요.
	DOOSAN KIA	·	꼭 취직하기 바랍니다.

2		그 남자는 능력이 있을 테니까 일을 맡겨도 된다.
		그 여자는

맵/다 ⇨ 매운데   읽/다 ⇨ 읽는데   친구이/다 [아니다] ⇨ 친구인데 [아닌데]

매웠/다 ⇨ 매웠는데   읽었/다 ⇨ 읽었는데   친구였/다 [아니었다] ⇨ 친구였는데 [아니었는데]

확인

- 나는 삼계탕은 <u>좋아하는데</u> 삼겹살은 안 좋아한다.
- 지금은 <u>겨울인데</u> 날씨가 별로 춥지 않다.

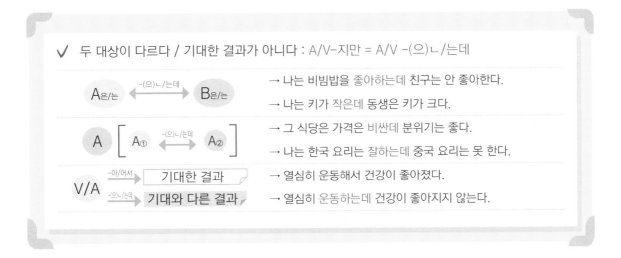

✓ 두 대상이 다르다 / 기대한 결과가 아니다 : A/V−지만 = A/V −(으)ㄴ/는데

A은/는 ◀ −(으)ㄴ/는데 ▶ B은/는
→ 나는 비빔밥을 좋아하는데 친구는 안 좋아한다.
→ 나는 키가 작은데 동생은 키가 크다.

A [A① ◀ −(으)ㄴ/는데 ▶ A②]
→ 그 식당은 가격은 비싼데 분위기는 좋다.
→ 나는 한국 요리는 잘하는데 중국 요리는 못 한다.

V/A −아/어서 → 기대한 결과
→ 열심히 운동해서 건강이 좋아졌다.
−(으)ㄴ/는데 → 기대와 다른 결과
→ 열심히 운동하는데 건강이 좋아지지 않는다.

활용 예시

≋ −았/었다 → 지난 주말에 친구는 여행을 갔는데 나는 여행을 가지 않았다.

≋ −(으)ㄹ 것이다 → 운동화는 <u>편한데</u> 구두는 좀 불편할 것이다.

≋ −(으)ㄹ지 모르겠다 → 그 친구는 요즘 바쁜 일이 많은데 주말 모임에 올지 모르겠다.

≋ −(으)ㄴ/는 것 같다 → 오늘은 <u>주말인데</u> 시장에 사람들이 별로 많지 않은 것 같다.

☑ 주의
- **내가** 김밥을 좋아하는데 **친구가** 국수를 좋아한다. ?? → **나는** ~ **친구는** ○
- 나는 김밥을 좋아하는데 국수를 안 좋아한다. ?? → ~ 김밥은~ 국수는 ○
- 오늘 날씨가 좋은데 기분이 안 좋다. ?? → ~ 날씨는 ~ 기분은 ~
- 친구에게 전화한데 받지 않았다. × → ~ 전화했는데 ○
  ※ 간데 × → 갔는데 ○, 먹은데 × → 먹었는데 ○, 쓴데 × → 썼는데 ○

		-(으)ㄴ/는데			-(으)ㄴ/는데
1	아이/울다	아이가 우는데	21	집/쉬다	
2	배/아프다		22	운동/좋아하다	
3	김치/맵다		23	한국 물건/팔다	
4	학교/가다		24	커피/마셨다	
5	산/아름답다		25	창문/열다	
6	이야기/듣다		26	시간/없다	
7	국/뜨겁다		27	직장인/아니다	
8	키/크다		28	편지/읽었다	
9	일/힘들다		29	길/걷다	
10	돈/많다		30	사과/빨갛다	
11	성격/다르다		31	전화번호/묻다	
12	선물/고르다		32	친구/보고 싶다	
13	감기/낫다		33	담배/피우다	
14	기차/빠르다		34	카드/쓰다	
15	회사/가깝다		35	얼굴/알다	
16	약/쓰다		36	기숙사/살다	
17	많이/잤다		37	옷/샀다	
18	단어/모르다		38	스트레스/받다	
19	날씨/춥다		39	시험/쉽다	
20	12시/됐다		40	한국말/잘하다	

		○ ✕	쓰기 연습 ✏
1	한국어가 어려운데	재미있다. ○ 재미없다. ✕	1. 공부가 힘든데 **열심히 해야 한다.**
2	오늘은 피곤한데	쉬었다. 쉴 수 없다.	2. 어제는 피곤했는데
3	옷을 사고 싶은데	백화점에 갔다. 돈이 없다.	3. 고기가 먹고 싶은데
4	어제는 바빴는데	운동을 했다. 운동을 못 했다.	4. 오늘은 바쁜데
5	내일이 시험인데	열심히 공부한다. 공부를 안 한다.	5. 내일은 주말인데
6	지하철은 빠른데	복잡하다. 편리하다.	6. 배로 물건을 부치면 싼데
7	비가 오는데	우산을 안 쓴다. 우산을 쓴다.	7. 날씨가 안 좋은데
8	밥을 조금 먹는데	뚱뚱하다. 날씬하다.	8. 그 아이는 항상 많이 먹는 편인데
9	열심히 공부했는데	성적이 안 좋다. 성적이 좋다.	9. 음식을 만들었는데
10	친구를 기다리는데	빨리 온다. 오지 않는다.	10. 그 사람은 한국에 온 지 1년이 됐는데
11	친한 친구인데	자주 만난다. 자주 못 만난다.	11. 그 사람은 학생이 아닌데
12	영화가 재미있는데	인기가 있다. 인기가 없다.	12. 그 책이 재미있는데
13	선물을 받았는데	마음에 안 든다. 아주 좋아한다.	13. 친구에게 선물을 줬는데
14	오래 걸었는데	피곤하다. 피곤하지 않다.	14. 오늘 일을 많이 했는데
15	술을 안 좋아하는데	많이 마셨다. 주스를 마신다.	15. 커피를 좋아하는데
16	방이 더러운데	청소한다. 청소를 안 한다.	16. 옷이 더러운데

🖋 연습 3

		A/V –(으)ㄴ/는데
1	좋다 / 싫다	비가 오는 날은 좋은데 바람이 부는 날은 싫다.
2	좋아하다 / 싫어하다	
3	게으르다 / 부지런하다	
4	까맣다 / 하얗다	
5	재미있다 / 재미없다	
6	잘하다 / 못 하다	
7	팔다 / 안 팔다	
8	알다 / 모르다	
9	가깝다 / 멀다	
10	바쁘다 / 한가하다	
11	시끄럽다 / 조용하다	
12	할 수 있다 / 할 수 없다	

🖋 연습 4

기대[예상]와 다른 결과 –(으)ㄴ/는데

열심히 공부하다

연락을 기다렸다

유명한 식당이다

서로 사랑했다

돈이 많다

모임이 있다

건강이 안 좋다

생일이다

1. 열심히 공부하는데 시험을 잘 못 본다.
2.
3.
4.
5.
6.
7.
8.

7 A/V -(으)ㄴ/는데 (2)   N인데

배경 상황 제시

A	작/다 ⇨ 작은데	크/다 ⇨ 큰데	맵/다 ⇨ 매운데	길/다 ⇨ 긴데 ※ 길은데 ×
V	먹/다 ⇨ 먹는데	가/다 ⇨ 가는데	듣/다 ⇨ 듣는데	살/다 ⇨ 사는데 ※ 살는데 ×
N	학생이/다 ⇨ 학생인데		가수이/다 ⇨ 가수인데	

확인

- 그 가수의 콘서트에 <u>가려고 하는데</u> 같이 갈까요?
- 지난주에 <u>등산을 갔는데</u> 단풍도 예쁘고 날씨도 좋았다.

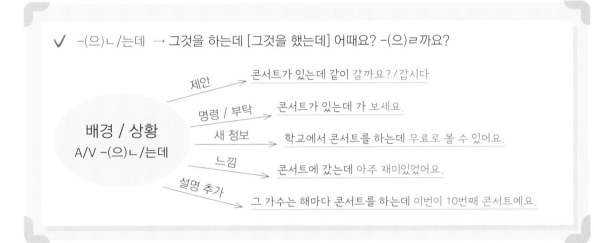

✓ -(으)ㄴ/는데 → 그것을 하는데 [그것을 했는데] 어때요? -(으)ㄹ까요?

배경 / 상황
A/V -(으)ㄴ/는데

제안 → 콘서트가 있는데 같이 갈까요? / 갑시다

명령 / 부탁 → 콘서트가 있는데 가 보세요.

새 정보 → 학교에서 콘서트를 하는데 무료로 볼 수 있어요.

느낌 → 콘서트에 갔는데 아주 재미있었어요.

설명 추가 → 그 가수는 해마다 콘서트를 하는데 이번이 10번째 콘서트예요.

활용 예시

≋ -(으)ㄹ까요/(으)ㅂ시다	→	주말에 파티를 <u>하려고 하는데</u> 같이 준비할까요?
≋ -(으)세요	→	그 가게는 좋은 물건을 싸게 <u>파는데</u> 한번 가 보세요.
≋ -았/었다	→	어제 쓰기와 말하기 시험을 <u>봤는데</u> 아주 잘 봤다.
≋ -았/었으면 좋겠다	→	내일 친구들과 여행을 <u>떠나는데</u> 비가 안 왔으면 좋겠다.
≋ -(으)ㄹ지 모르겠다	→	내일 수업 시간에 <u>발표를 하는데</u> 잘할 수 있을지 모르겠다.

| ☑ 주의 | ▪ 어제 백화점에 <u>간데</u> 거기에서 친구를 만났다. × → ~ 갔는데 ○ |
| | ▪ 어제 공원에서 <u>산책했는데</u> 사진을 찍었다. × → 행동의 순서, 연결은 안 된다. |

🖋 연습 1

| 커피숍/가다 | 쓰기/배우다 | 원룸/살다 | 일/힘들다 | 노트북/사다 | -(으)ㄴ데 |
| 봄/되다 | 드라마/보다 | 여행/다니다 | 길/막히다 | 기분/안 좋다 | -는데 |

1. 어제 친구가 소개한 <u>커피숍에 갔는데</u> <u>분위기도 좋고 커피도 맛있었다</u> .

2. 어제 텔레비전에서 그 배우가 나오는　　　　　　　　　　　　　 .

3. 이번 학기에는 학교 근처에 있는　　　　　　　　　　　　　 .

4. 시간이 있을 때마다 기차로　　　　　　　　　　　　　 .

5. 컴퓨터가 고장 나서 새　　　　　　　　　　　　　 .

6. 요즘 학교에서 말하기와　　　　　　　　　　　　　 .

7. 추운 겨울이 지나고　　　　　　　　　　　　　 ?

8. 출근 시간에 버스를 타면　　　　　　　　　　　　　 ?

9. 스트레스가 많아서 요즘　　　　　　　　　　　　　 ?

10. 이 회사는 월급도 적고　　　　　　　　　　　　　 ?

🖋 연습 2

1	이 분 / 우리 선생님	이 분은 우리 선생님인데 한국어를 잘 가르치신다.
2	이것 / _____	
3	여기 / _____	
4	내일 / _____	
5	그 친구 / _____	
6	이 노래 / _____	
7	이 음식 / _____	

V –(으)려고

먹/다 ⇨ 먹으려고 　　보내/다 ⇨ 보내려고 　　취직하/다 ⇨ 취직하려고

읽/다 ⇨ 읽으려고 　　듣/다 ⇨ 들으려고 　　만들/다 ⇨ 만들려고 　※ 만들으려고 ✕

확인

- 다음 주에 시험이 있어서 <u>공부하려고</u> 도서관에 간다.
- 한국어도 배우고 한국문화도 <u>배우려고</u> 한국에 왔다.

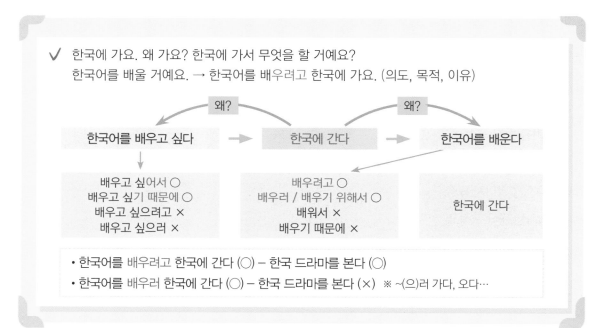

✓ 한국에 가요. 왜 가요? 한국에 가서 무엇을 할 거예요?

한국어를 배울 거예요. → 한국어를 배우려고 한국에 가요. (의도, 목적, 이유)

- 한국어를 배우려고 한국에 간다 (○) – 한국 드라마를 본다 (○)
- 한국어를 배우러 한국에 간다 (○) – 한국 드라마를 본다 (✕) 　※ ~(으)러 가다, 오다…

활용 예시

≋ –았/었다 　　　　　→ 　불고기를 먹으려고 친구들과 한국 식당에 갔다.

≋ –는 중이다/–고 있다 　→ 　한국 회사에 취직하려고 한국어를 공부하는 중이다.

☑ 주의	■ 공부하려고 도서관에 갑시다/가세요/갈까요?　✕ → 갔다 ○
	■ 그 친구는 날씬하려고 꾸준히 운동한다.　✕ → 날씬해지려고 V ○ ※ 날씬하다 (A) ✕
	■ 그 음식을 좋아하려고 자주 먹는다　?? → '좋아하다'는 동사지만 행동 동사가 아니어서 어색하다.
	■ 성공하려고 열심히 일해야 한다.　✕ → 성공하려면 ~ ○

	−아/어서			−(으)려고 / −지 않으려고
1. (배/고프다)	배가 고파서	밥을	먹으려고	학생 식당에 갔다.
2. (길/막히다)		약속 시간에		지하철을 탔다.
3. (친구 생일이다)		친구에게		선물을 샀다.
4. (한국/좋다)		한국어를		이 학교에 왔다.
5. (스트레스/쌓이다)		스트레스를		운동을 한다.
6. (졸리다)		회의할 때		커피를 마셨다.
7. (방학이다)		여행을		기차표를 예약했다.
8. (돈/필요하다)		돈을		은행에 갔다.
9. (버스/오다)		버스를		뛰었다.
10. (카페/조용하다)				거기에 자주 간다.
11. (날씨/춥다)		감기에		옷을 두껍게 입었다.
12. (라면/없다)				마트에 갔다.

연습 2

1	−(으)러	(장소) 에	가다/오다/다니다
· 전공 공부에 필요한 책을 빌리러		도서관에	갔다.
·			
·			

2	−(으)려고 / −지 않으려고	V
·		
·		
·		

V –(으)려면　　　　　　　　　　　　　　　　　　　　　　　　

읽/다 ⇨ 읽으려면　　　보내/다 ⇨ 보내려면　　　졸업하/다 ⇨ 졸업하려면

돕/다 ⇨ 도우려면　　　걷/다 ⇨ 걸으려면　　　만들/다 ⇨ 만들려면　※ 만들으려면 ×

확인

- 맛있는 음식을 <u>만들려면</u> 싱싱한 재료가 필요하다.
- 한국어를 <u>잘하려면</u> 한국 사람과 자주 이야기해야 한다.

✓ 그것을 <u>하려고 해요</u>. 그러면 어떻게 해야 해요?

　→ 그것을 하려면 어떻게 해야 해요?　–의도와 조건

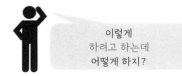

이렇게
하려고 하는데
어떻게 하지?

V-아/어야 한다
N이/가 필요하다

- 한국 대학교에 가려면?
- 중요한 날에 지각하지 않으려면?
- 발표할 때 긴장하지 않으려면?

TOPIK 시험을 봐야 한다.
알람시계가 필요하다.
연습이 필요하다.

※ 그것을 <u>해요</u>. 그러면 이렇게 돼요 / 이렇게 할 수 있어요 [없어요]　–조건과 결과

　→ 그것을 하면 이렇게 돼요/이것을 할 수 있어요　예 열심히 하면 칭찬을 받는다.

활용 예시

〰 -아/어야 한다	→ 시험을 잘 보려면 수업 시간에 선생님 말씀을 잘 들어야 한다.
〰 N이/가 필요하다	→ 그 회사에 취직하려면 선생님의 추천서가 필요하다.
〰 -(으)세요	→ 말하기 대회에 참가하려면 인터넷으로 신청하세요.

☑ 주 의	■ 학교 도서관에서 책을 빌리려면 학생증이 있다. × → ~ 있어야 한다. ○
	■ 친구가 생기려면 마음을 열어야 한다. × → 친구를 사귀려면 ○
	■ 가수가 되고 싶으려면 노래를 잘해야 한다. × → 가수가 되려면 ○ ※ V-고 싶다 (A) ×
	■ 유학을 하려면 돈이 필요해야 한다. × → 필요하다 ○

✒ 연습 1

		-(으)려면 / -(으)면	
1	돈 / 벌다	돈을 벌려면 돈을 벌면	열심히 일해야 한다. 큰 집을 살 것이다.
2	스트레스 / 풀다		
3	장학금 / 받다		
4	그 회사 / 들어가다		
5	시험 / 잘 보다		
6	부자 / 되다		
7	한국 문화 / 알다		
8	대학교 / 입학하다		

✒ 연습 2

어떻게 해야 할까요? advice

잠을 못 잔다
한국말을 잘 못한다
결혼하고 싶다
자주 감기에 걸린다
늦게 일어난다
친구와 자주 싸운다
사장님이 되고 싶다

조언	-(으)려면 / -지 않으려면
1. 잠을 잘 자려면 가벼운 운동을 해야 한다.	
2.	
3.	
4.	
5.	
6.	
7.	

10

V -거나　　A-거나　　　　　　　　　　　　　　　

읽/다 ⇨ 읽거나　　　듣/다 ⇨ 듣거나　　　쓰/다 ⇨ 쓰거나　　　쇼핑하/다 ⇨ 쇼핑하거나

확인

- 주말에는 보통 집에서 <u>쉬거나</u> 친구를 만나서 영화를 본다.
- 수업이 끝나면 도서관에 <u>가거나</u> 운동하러 간다.

✓ 보통 이것을 한다. 아니면 저것을 한다.　→　V -거나

주말에 뭐 해요?	청소하다 **＋** 빨래하다	→ 청소하고 빨래해요.
	청소하다 ⎿or⏌ 빨래하다	→ 청소하거나 빨래해요.
아침에 뭐 먹어요?	빵을 <u>먹다</u> ⎿or⏌ 우유를 <u>마시다</u>	→ 빵을 먹거나 우유를 마셔요. ◯ → 빵이나 우유를 마셔요. ✕
	빵을 <u>먹다</u> ⎿or⏌ 과일을 <u>먹다</u>	→ 빵을 먹거나 과일을 먹어요. ◯ → 빵이나 과일을 먹어요. ◯

활용 예시

≋ -ㄴ/는다	→ 나는 가족들이 생각나면 전화를 하거나 문자메시지를 보낸다.
≋ -(으)ㄹ 것이다	→ 나는 돈이 많으면 아름다운 곳에 집을 짓거나 세계 여행을 할 것이다.
≋ -ㄴ/는 것 같다	→ 그 사람은 주말에 보통 등산을 하거나 영화를 보는 것 같다.
≋ -아/어도 되다	→ 이 공원에서는 자전거를 타거나 운동을 해도 된다.
≋ -(으)면 안 되다	→ 수업 시간에는 껌을 씹거나 커피를 마시면 안 된다.

☑ 주 의	▪ 청소해거나 빨래를 한다. ✕ → 청소하거나 빨래를 한다. ◯
	▪ 주말에 청소를 하거나 빨래를 했다. ?? → ~ 한다 / 할 것이다. ◯
	▪ 나는 시간이 있으면 수영이나 테니스를 친다. ✕ → 수영을 하거나 테니스를 친다. ◯
	▪ 친구를 만나이나 영화를 본다. ✕ → 만나거나　※ V -거나　N(이)나

✏ 연습 1

		V-거나 / N(이)나
1	사람들은 심심할 때	게임을 하거나 TV를 본다.
2	사람들은 공원에서	
3	나는 돈이 많으면	
4	나는 생일 선물로	
5	날씬해지고 싶으면	
6	비행기를 기다릴 때	
7	모르는 단어가 있으면	
8	우리는 설날에	
9	그 아이의 꿈은	
10	나는 고민이 있으면	
11	나는 스트레스를 받을 때	
12	나는 운동을 하고 싶을 때	

✏ 연습 2

	A/V -거나 A/V -(으)ㄹ 때	
1	영화관에서 옆 사람이 냄새 나는 음식을 먹거나 떠들 때	화가 난다.
2		기분이 좋다.
3		음악을 듣는다.
4		가족이 그립다.
5		즐겁다.
6		_____에 간다.
7		힘들다.
8		창피하다.

V –다가

읽/다 ⇨ 읽다가 걷/다 ⇨ 걷다가 놀/다 ⇨ 놀다가 공부하/다 ⇨ 공부하다가

확인

- 너무 피곤해서 책을 <u>읽다가</u> 잤다.
- 혼자 <u>여행하다가</u> 좋은 친구를 만나서 같이 여행했다.

✓ 그것을 하고 있다. 그런데 그 행동이 다른 행동으로 바뀐다. → V –다가

행동 중 변화 →
zzz...
책을 읽다가 잤다

행동 후 변화 →
zzz
책을 읽고 잤다

※ 비가 오다가 잠깐 그쳤다. (○) 바람이 불다가 비가 내렸다. (○) – 날씨 변화

활용 예시

≋ –았/었다	→	그 아이가 울다가 엄마를 보고 웃었다.
≋ –(으)세요	→	은행에 가려면 왼쪽으로 쭉 가다가 사거리에서 길을 건너세요.
≋ –(으)ㄴ 것 같다	→	어젯밤에 TV를 보다가 피곤해서 잠이 든 것 같다.
≋ –(으)ㄴ 적이 있다	→	발표를 하다가 너무 긴장해서 실수한 적이 있다.
≋ –(으)면 안 되다	→	시험을 보다가 화장실에 가면 안 된다.

☑ 주의	▪ 감기에 걸리다가 병원에 가게 되었다. × → '감기에 걸리다' – 행동 동사가 아니다.
	▪ 봄이 되다가 다시 날씨가 추워졌다. × → '되다' – 행동 동사가 아니다.
	▪ 동생이 요리를 하다가 전화가 왔다. × → 동생이 요리를 하다가 전화를 받았다. ○
	  – 앞 주어 (동생), 뒤 주어 (전화)가 다르다.
	  예 형이 사진을 찍다가 비가 왔다. × → 형이 사진을 찍다가 비를 맞았다. ○

🖋 연습 1

| 회의/하다 | 산책/하다 | 휴대폰/보다 | 비/오다 | 계단/내려가다 | 머리/기르다 | |
| 아르바이트/하다 | 숙제/하다 | 영화/보다 | 개/키우다 | 서울/살다 | 옷/고르다 | –다가 |

1. 사장님이 사무실에서 _____회의를 하다가_____ 중요한 전화를 받고 나갔다.

2. 극장에서 _____ 배가 아파서 화장실에 갔다.

3. 집에서 _____ 피곤해서 _____.

4. 식당에서 3개월 동안 _____ 힘들어서 그만뒀다.

5. 지하철에서 _____ 내릴 역을 놓쳤다.

6. 전화를 하면서 _____ 넘어져서 발목을 다쳤다.

7. 집 근처 공원에서 _____ 친구를 만나서 이야기했다.

8. 오전에는 _____ 오후에는 날씨가 _____.

9. 혼자 살면서 _____ 유학을 가게 돼서 친구에게 맡겼다.

10. 작년까지 _____ 올해 부산으로 이사했다.

11. 2년 동안 _____ 날씨가 더워서 머리를 짧게 잘랐다.

12. 아침에 오늘 입을 _____ 약속 시간에 늦었다.

🖋 연습 2

	무엇을 하다가	왜? (-아/어서, N때문에)	
1	노래를 부르다가	가사를 잊어버려서	끝까지 못 불렀다.
2			넘어졌다.
3			잠이 들었다.
4			그만뒀다.
5			야단을 맞았다.
6			실수를 했다.
7			배달 음식을 시켰다.
8			설명을 못 들었다.

가/다 ⇨ 갔다가   끄/다 ⇨ 껐다가   열/다 ⇨ 열었다가   전화하/다 ⇨ 전화했다가

확인

- 옷을 <u>샀다가</u> 사이즈가 안 맞아서 바꿨다.
- 여행 가려고 기차표를 <u>예매했다가</u> 일이 생겨서 취소했다.

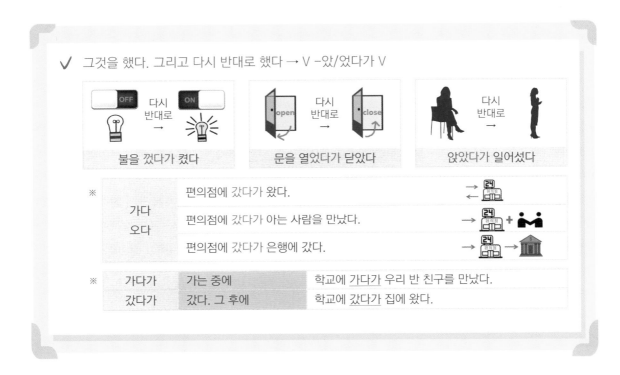

✓ 그것을 했다. 그리고 다시 반대로 했다 → V –았/었다가 V

| 불을 껐다가 켰다 | 문을 열었다가 닫았다 | 앉았다가 일어섰다 |

※ 가다 오다	편의점에 갔다가 왔다.	
	편의점에 갔다가 아는 사람을 만났다.	
	편의점에 갔다가 은행에 갔다.	

| ※ 가다가 | 가는 중에 | 학교에 가다가 우리 반 친구를 만났다. |
| 갔다가 | 갔다. 그 후에 | 학교에 갔다가 집에 왔다. |

활용 예시

≋ –았/었다	→ 두 사람은 작년에 헤어졌다가 다시 만났다.
≋ –아/어야 한다	→ 집안 공기가 안 좋으면 추워도 문을 열었다가 닫아야 한다.
≋ –(으)려고 하다	→ 주말에 부모님 댁에 갔다가 오려고 한다.

☑ 주의	▪ 컴퓨터를 켰다가 게임을 했다. × → 컴퓨터를 켰다가 껐다. ○
	▪ 도서관에 갔다가 친구를 만났다. (의도가 없었는데 우연히)
	※ 도서관에 가서 친구를 만났다. (의도가 있었다)

182

연습 1

			-았/었다가 V
1	끄다 ↔ ?	컴퓨터가 갑자기 이상해져서	껐다가 다시 켰다.
2	입다 ↔ ?		
3	열다 ↔ ?	이상한 소리가 나서 문을	
4	사다 ↔ ?		
5	쓰다 ↔ ?	내용이 마음에 안 들어서 글을	
6	타다 ↔ ?		
7	꺼내다 ↔ ?	책을 읽으려고 가방에서 책을	
8	눕다 ↔ ?		
9	쉬다 ↔ ?	계속 일을 하니까 힘들어서	
10	예약하다 ↔ ?		
11	약속하다 ↔ ?	갑자기 급한 일이 생겨서	
12	전화하다 ↔ ?		
13	들어가다 ↔ ?	빌린 책을 주려고 친구의 교실에	

연습 2

1		-았/었다가	
	도서관에	갔다가	자리가 없어서 다시 집으로 왔다.

2		-(으)려고 했다가	
	운동을	하려고 했다가	비가 와서 못 했다.

A	좋다/다 ⇨ 좋을 때	어렵다/다 ⇨ 어려울 때	힘들다/다 ⇨ 힘들 때　※ 힘들을 때 ×
V	읽다/다 ⇨ 읽을 때	듣다/다 ⇨ 들을 때	만들다/다 ⇨ 만들 때　※ 만들을 때 ×
N	학생이다/다 ⇨ 학생일 때	친구이다/다 ⇨ 친구일 때	

확인

- 외국에서 혼자 살 때 가족들이 많이 그리웠다.
- 나는 학교에 다닐 때 재미있는 친구들을 많이 만났다.

✓ 그 기간 중에 / 그 일을 하는 중에 / 어떤 상황에서 → -(으)ㄹ 때

	언제?	
그때	그 기간 중에	방학 때, 휴가 때, 점심 때, 생일 때, 회의 때 ...
-(으)ㄹ 때	그 일을 하는 중에	공부할 때, 쉴 때, 먹을 때, 기다릴 때 ...
-(으)ㄹ 때	어떤 상황에	재미있을 때, 추울 때, 힘들 때, 피곤할 때 ...
-(으)ㄹ 때마다	반복되는 상황	시험 볼 때마다, 집에 갈 때마다, 외로울 때마다 ...

활용 예시

≋	-았/었다	→	스트레스를 받을 때 PC방에 가서 게임을 했다.
≋	-(으)세요	→	외롭고 힘들 때 친구를 만나서 이야기하세요.
≋	-(으)면 안 되다	→	도서관에서 공부할 때 이야기하면 안 된다.
≋	-아/어야 하다	→	도로에서 자전거를 탈 때 조심해야 한다.
≋	-(으)ㄴ/는 것 같다	→	그 사람은 기분이 안 좋을 때 음악을 듣는 것 같다.

☑ 주의	■ 운동 하는 때 물을 많이 마신다. × → 운동할 때 ○
	■ 선생님이 되겠을[될] 때 열심히 가르칠 것이다. × → 선생님이 되었을 때 ○
	■ 지갑을 잃어버릴 때 어떻게 해야 됩니까? × → 지갑을 잃어버렸을 때 ○

		–(으)ㄹ 때	
1	밥/먹다	한국에서는 밥을 먹을 때	숟가락과 젓가락을 사용한다.
2	부모님/보고 싶다		
3	잠/자다		꿈을 많이 꾸는 편이다.
4	문법/잘 모르다		
5	영화/보다		휴대폰을 끈다.
6	수업/듣다		
7	날씨/덥다		산이나 바다로 가서 쉬고 싶다,
8	수업/없다		
9	시험/어렵다		긴장해서 실수를 많이 한다.
10	외국 생활/힘들다		
11	사진/찍다		비가 와서 카메라가 젖었다.
12	한국어/배우다		
13	피자/먹다		

연습 2

	언제 이렇습니까?
슬프다 심심하다 즐겁다 외롭다 힘들다 멋있다 답답하다 화가 나다	1. 내가 사랑하는 사람이 나를 안 좋아할 때 슬프다.
	2.
	3.
	4.
	5.
	6.
	7.
	8.

14 A/V –았/었을 때   N이었/였을 때   행동을 완료한 때/과거 상황

A	좋/다 ⇨ 좋았을 때	어렵/다 ⇨ 어려웠을 때	힘들/다 ⇨ 힘들었을 때
V	읽/다 ⇨ 읽었을 때	듣/다 ⇨ 들었을 때	만들/다 ⇨ 만들었을 때
N	학생이/다 ⇨ 학생이었을 때	친구이/다 ⇨ 친구였을 때	

확인

- 작년에 여행하다가 지갑을 <u>잃어버렸을 때</u> 너무 당황했다.
- 그 사람의 노래가 <u>끝났을 때</u> 사람들이 모두 일어나서 박수를 쳤다.

✔ 어떤 일이 있었다 / 무엇을 했다. 그 시간에 → –았/었을 때

언제 ?	V–았/었을 때	만났을 때, 도착했을 때, 갔을 때, 받았을 때 …
	A–았/었을 때	어려웠을 때, 젊었을 때, 힘들었을 때, 아팠을 때 … 어릴 때,　젊을 때,　힘들 때,　아플 때 (○)

※	–았/었을 때 (했다. 그 후)	갔을 때, (다) 먹었을 때, 들었을 때, 봤을 때 …
	–(으)ㄹ 때 (하는 중에)	갈 때, 먹을 때, 들을 때, 볼 때, 마실 때 …

※	○	잃어버렸을 때, 잊어버렸을 때, 감기에 걸렸을 때, 공사할 때, 잘 때 …
	??	잃어버릴 때, 잊어버릴 때, 감기에 걸릴 때, 공사했을 때, 잤을 때 …

활용 예시

≋ –았/었다	→ 도로에서 교통사고가 났을 때 바로 경찰에 전화했다.
≋ –(으)면 안 된다	→ 잠을 못 잤을 때 운전을 오래 하면 안 된다.
≋ –아/어야 한다	→ 내가 잘못을 했을 때는 먼저 사과해야 한다.

☑ 주 의	▪ 집에 왔는/온 때 어머니가 안 계셨다.　×　→ 집에 왔을 때 ~ ○
	▪ 약속을 잊어버릴 때 어떻게 해야 됩니까?　??　→ 약속을 잊어버렸을 때 ~ ○
	▪ 그 사람을 처음 만날 때 첫인상이 너무 좋았다.　??　→ 처음 만났을 때 ~ ○
	▪ 학교에 다닐 때/다녔을 때 – 어릴 때/어렸을 때 – 기숙사에 살 때/ 살았을 때 → ○

		-(으)ㄹ 때, -았/었을 때	
1	산/불/나다	산에 불이 났을 때	바로 119에 전화해야 한다.
2	학교/가다		120번 버스를 타고 간다.
3	감기/걸리다		약을 먹지 않고 푹 쉰다.
4	친구/싸우다		내가 먼저 사과를 하는 편이다.
5	버스/기다리다		휴대폰을 보는 사람들이 많다.
6	대학생/되다		고향을 떠나 혼자 살게 되었다.
7	큰 회사/취직하다		부모님이 기뻐하셨다.
8	책/읽다		안경이 필요하다.
9	여권/잃어버리다		대사관에 연락해야 한다.
10	장학금/받다		친구들에게 한턱냈다.
11	남자 친구/헤어지다		머리를 짧게 잘라 버렸다.
12	우리 집 개/죽다		가족들이 모두 슬퍼했다.

연습 2

	-았/었을 때
실수하다	1. 나는 실수했을 때 얼굴이 빨개진다.
스트레스/받다	2.
그 소식/듣다	3.
약속/잊어버리다	4.
집/오다	5.
공연/끝나다	6.
시험/잘 못 보다	7.
상/받다	8.

그 일의 앞 시간

가/다 ⇨ 가기 전　먹/다 ⇨ 먹기 전　살/다 ⇨ 살기 전　운동하/다 ⇨ 운동하기 전

확인

- 고향에 <u>돌아가기 전에</u> 가족들에게 줄 선물을 샀다.
- 여행을 <u>가기 전에</u> 인터넷으로 호텔을 예약했다.

✓ 그 일 앞의 시간에 → V –기 전

N 전	V-기 전	
사용 전	사용하기 전	※ 사용하/해 전 ×
운동 전	운동하기 전	※ 운동하/해 전 ×
시험 전	시험 보기 전	※ 시험 보/봐 전 ×
×	오기 전	※ 오/와 전 ×
×	먹기 전	※ 먹/먹어 전 ×
×	듣기 전	※ 듣/들어 전 ×

-기 전에 ~
-기 전에는 ~
-기 전에도 ~
-기 전과 ~
-기 전부터 ~
-기 전까지 ~
-기 전보다 ~

※　A-기 전에　×　→ 예쁘기 전에, 힘들기 전에, 외롭기 전에, 기쁘기 전에 …

활용 예시

≋ -았/었다　　　　→ 한국에 오기 전에 중국에서 회사에 다녔다.

≋ -(으)ㄹ 것이다　→ 그 사람은 수업을 시작하기 전에 커피를 마실 것이다.

≋ -아/어야 한다　→ 수영을 하기 전에 꼭 준비운동을 해야 한다.

≋ -아/어 놓다　　→ 우리는 파티를 하기 전에 음식을 만들어 놓았다.

주의	■ 운동했기 전에 물을 마셨다. × → 운동하기 전에 물을 마셨다. ○
	■ 운동하겠기 전에 물을 마실 것이다. × → 운동하기 전에 물을 마실 것이다. ○
	■ 세탁기가 있기 전에 사람들은 빨래할 때 아주 힘들었다. × → 세탁기가 나오기 전에 ~ ○

연습 1

먹다	끓다	태어나다	부르다	사다	사귀다	
찍다	되다	보다	식사하다	시작하다	살다	-기 전에

1. <u>밥을</u> (을/를) <u>먹기 전에</u> 손을 씻어야 한다.

2. 이 도시에서 혼자 _____ 고향에서 가족들과 같이 살았다.

3. 한국에서는 어른이 _____ 아이가 먼저 밥을 먹으면 안 된다.

4. _____ (을/를) 친구와 도서관에서 시험공부를 했다.

5. _____ (을/를) 가격을 비교해 보고 사야 한다.

6. _____ (이/가) 아기 옷을 많이 준비했다.

7. 겨울옷이 없어서 _____ (이/가) 따뜻한 옷을 한 벌 사고 싶다.

8. _____ (이/가) 라면을 넣으면 안 된다.

9. 카메라가 안 좋아서 _____ (을/를) 다른 카메라로 바꿨다.

10. _____ (을/를) 나는 항상 혼자여서 외로웠다.

11. _____ (을/를) 물을 마시면 목이 아프지 않다.

12. _____ (을/를) 회의할 때 마실 커피를 준비했다.

연습 2

-기 전에	
1 나는 밥을 먹기 전에 물을 <u>마셨다.</u>	물을 마시다
2	옷을 사다
3	외국어를 배우다
4	예약을 하다
5	돈을 모으다
6	인터넷을 찾다
7	부모님께 물어보다
8	운동을 많이 하면 안 된다

16 V –(으)ㄴ 후(에)

보/다 ⇨ 본 후　　　배우/다 ⇨ 배운 후　　　졸업하/다 ⇨ 졸업한 후

먹/다 ⇨ 먹은 후　　　듣/다 ⇨ 들은 후　　　팔/다 ⇨ 판 후　　※ 팔은 후 ✕

확인

- 영화를 <u>본 후에</u> 밥을 먹고 커피를 마셨다.
- 대학생이 <u>된 후에</u> 좋은 친구들을 만나게 돼서 기뻤다.

✓ 그 뒤의 시간 = V –(으)ㄴ 후

N 후	V –(으)ㄴ 후	
사용 후	사용한 후	※ 사용하는/했는 후 ✕
수업 후	수업한 후	※ 수업하는/했는 후 ✕
졸업 후	졸업한 후	※ 졸업하는/했는 후 ✕
✕	온 후	※ 오는/왔는 후 ✕
✕	먹은 후	※ 먹는/먹었는 후 ✕
✕	들은 후	※ 듣는/들었는 후 ✕

- –(으)ㄴ 후에 ~
- –(으)ㄴ 후에는 ~
- –(으)ㄴ 후에도 ~
- –(으)ㄴ 후와 ~
- –(으)ㄴ 후부터 ~
- –(으)ㄴ 후까지 ~
- –(으)ㄴ 후보다 ~

※ V –(으)ㄴ 후	=	V –(으)ㄴ 뒤	=	V –(으)ㄴ 다음	=	V –고 나서
먹은 후		먹은 뒤		먹은 다음		먹고 나서

활용 예시

≋ –았/었다	→ 수업이 끝난 후에 친구와 도서관에 갔다.
≋ –(으)ㄹ 것이다	→ 저녁을 먹은 후에 커피를 마시면서 드라마를 볼 것이다.
≋ –아/어지다	→ 그 사람은 TV 프로그램에 나온 후에 갑자기 유명해졌다.
≋ –기로 하다	→ 한국어 공부를 마친 후에 대학원에 가기로 했다.

☑ 주의	▪ 운동했는 후에 물을 마셨다. ✕ → 운동한 후에 물을 마셨다.
	▪ 운동하겠는 후에 물을 마실 것이다. ✕ → 운동한 후에 물을 마실 것이다.
	▪ 청소한 후에 빨래 한 후에 밥을 먹었다. ✕ → 청소하고 빨래한 후에 밥을 먹었다.

✎ 연습 1

		-(으)ㄴ 후에
1	나/대회/상/받다	→ 나는 대회에서 상을 받은 후에 파티를 했다.
2	나/집/동생/놀다	→
3	나/친구/싸우다	→
4	감기약/먹다	→
5	식당/사진/찍다	→
6	도서관/책/빌리다	→
7	수업/듣다	→
8	시험/끝나다	→
9	대학교/입학하다	→
10	대학교/졸업하다	→
11	회사/취직하다	→
12	고향/떠나다	→

✎ 연습 2

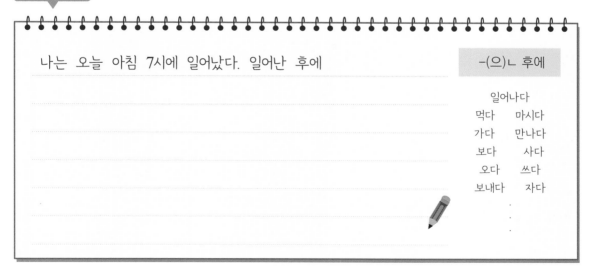

나는 오늘 아침 7시에 일어났다. 일어난 후에

-(으)ㄴ 후에

일어나다
먹다　　마시다
가다　　만나다
보다　　사다
오다　　쓰다
보내다　자다

1 밥 / 먹다	밥을 먹기 전에 물을 마시고 과일을 먹었다. 밥을 먹은 후에 친구와 이야기하면서 공원을 걸었다.	-기 전에 -(으)ㄴ 후에
2 시험 / 보다		
3 운동 / 하다		
4 부자 / 되다		
5 친구 / 사귀다		
6 한국어 / 배우다		
7 이사 / 하다		
8 비행기 / 타다		

종합연습 2

보기	먹다 오다	벌다 싸우다	옮기다 다치다	듣다 끊다	사다 키우다	오르다 하다	-기 전에(는) -(으)ㄴ 후(에는)

1. 밥을 _____ 먹기 전에 _____ 과일을 먹고 밥을 _____ 먹은 후에 _____ 차를 마신다.
2. 뉴스를 _____ 몰랐는데 그 뉴스를 _____ 사실을 알게 되었다.
3. 담배를 _____ 건강이 나빴는데 _____ 건강이 좋아졌다.
4. 다리를 _____ 축구를 잘했는데 다리를 _____ 축구를 그만두었다.
5. 그 친구와 _____ 친했는데 _____ 말도 하지 않는다.
6. 산에 _____ 날씨가 흐렸는데 _____ 날씨가 맑아졌다.
7. 회사를 _____ 스트레스가 많았는데 _____ 즐겁게 일한다.
8. 다이어트를 _____ 뚱뚱했는데 다이어트를 _____ 날씬해졌다.
9. 물건을 _____ 잘 생각하지 않으면 _____ 후회할 수 있다.
10. 돈을 _____ 쇼핑을 못 했는데 _____ 쇼핑을 자주 한다.
11. 한국에 _____ 한국 음식을 안 먹었는데 _____ 잘 먹게 되었다.
12. 개를 _____ 청소를 안 했는데 개를 _____ 부터 청소를 자주 한다.

종합연습 3

1 그 사람이 유명해지기 전 유명해진 후	· 그 사람은 유명해지기 전에는 인사를 잘했는데 유명해진 후에는 인사를 잘 하지 않는다. ·
2 (물건, 습관…)을 바꾸기 전 바꾼 후	· ·

17 V -기 위해(서)

목적

가/다 ⇨ 가기 위해(서)　　지키/다 ⇨ 지키기 위해(서)　　승진하/다 ⇨ 승진하기 위해(서)

살/다 ⇨ 살기 위해(서)　　돕/다 ⇨ 돕기 위해(서)　　끊/다 ⇨ 끊기 위해(서)

확인

- 학생들은 시험에 <u>합격하기 위해서</u> 열심히 공부한다.
- 그 사람은 스트레스를 <u>풀기 위해</u> 운동을 한다.

✓ 목적 : V -(으)려고 = V -기 위해서 (formal)　　※ N을/를 위해서

사람들은 운동을 해서 건강을 지킨다.

왜?

- 사람들은 <u>건강을 지키기 위해서</u> 운동을 한다. -목적
   = 건강을 위해서
- 사람들은 건강을 지키려고 운동을 한다. -목적
- 사람들은 건강하게 살고 싶어서 운동을 한다. -이유

활용 예시

〜 -았/었다 → 나는 그날 배운 것을 잊지 않기 위해 노트에 정리했다.

〜 -아/어야 한다 → 우리는 아름다운 자연 환경을 <u>지키기 위해</u> 노력해야 한다.

〜 -(으)ㄹ 것이다 → 나는 가족과 함께 시간을 <u>보내기 위해</u> 회사를 옮길 것이다.

〜 -(으)ㄹ까? → 사람들은 <u>성공하기 위해서</u> 어떤 노력을 할까?

✓ 주의

- 실수하기 위해서 연습을 한다. ?? → 실수하지 않기 위해서 ○
- 한국어를 배우고 싶기 위해 한국에 왔다. × → ~ 배우기 위해 ○　※ 배우고 싶어서 ○
- 예쁘기 위해 화장을 한다. × → 예뻐지기 위해 ○　※ 예뻐지고 싶어서 ○
- 행복하기 위해 ~ / 건강하기 위해 ~ ?? → 행복하게 살기 위해 / 건강하게 살기 위해 ○
- 건강하게 살기 위해서 운동이다. × → 건강하게 살기 위해서 <u>운동을 한다.</u> (V)
- 몸이 가벼워지기 위해서 나는 운동을 해야 한다. × → 가벼워지려면, 가벼워지도록 ~ ○
   ※ 앞과 뒤의 주어가 다르다 ×

194

✏ 연습 1

돈/벌다	건강/지키다	물건/찾다	아이들/돕다	회사/취직하다	경험/쌓다	−기 위해서
선물/받다	시험/잘 보다	커피/끊다	가수/되다	스트레스/풀다	날씨/알다	

1. 사람들은 　　　　돈을 벌기 위해　　　　 하고 싶은 일보다 잘할 수 있는 일을 한다.

2. 그 친구는 　　　　　　　　　　 친구들과 운동을 하거나 게임을 한다.

3. 민수 씨는 　　　　　　　　　　 좋은 음식을 먹고 운동도 열심히 한다.

4. 그 사람은 　　　　　　　　　　 매일 노래 연습을 하고 춤을 배운다.

5. 그 친구는 　　　　　　　　　　 1년 동안 인턴사원으로 일했다.

6. 우리는 가난한 　　　　　　　　　　 봉사활동을 한다.

7. 그 학생은 　　　　　　　　　　 열심히 공부했지만 성적이 좋지 않았다.

8. 아이들은 크리스마스에 　　　　　　　　　　 착한 일을 한다.

9. 야외 활동을 하는 날에는 　　　　　　　　　　 일기예보를 본다.

10. 그 사람은 돈도 벌고 　　　　　　　　　　 아르바이트를 한다.

11. 그 외국인은 잃어버린 　　　　　　　　　　 분실물센터에 찾아 갔다.

12. 그 사람은 　　　　　　　　　　 커피 대신 차를 마신다.

✏ 연습 2

1	−기 위해서	
	· 새로운 문화를 경험하기 위해서	여행을 한다.
사람들은	·	운동을 한다.
	·	돈을 모은다.
	·	외국어를 배운다.

2	−지 않기 위해서	
·		조심한다.
·		계획을 세운다.
·		메모를 한다.
·		노력한다.

자/다 ⇨ 자는 동안에   기다리/다 ⇨ 기다리는 동안에   살/다 ⇨ 사는 동안에   ※ 살는 ~ ×

확인

- 한국에 <u>사는 동안</u> 친구와 여행을 많이 했다.
- 식당이 너무 예뻐서 음식을 <u>기다리는 동안</u> 사진을 찍었다.

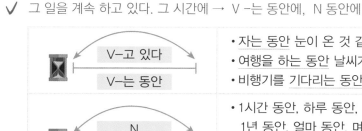

✓ 그 일을 계속 하고 있다. 그 시간에 → V –는 동안에, N 동안에

| V–고 있다 / V –는 동안 | • <u>자는 동안</u> 눈이 온 것 같다.
• <u>여행을 하는 동안</u> 날씨가 아주 좋았다.
• 비행기를 <u>기다리는 동안</u> 책을 읽었다. |
| N / N 동안 | • 1시간 동안, 하루 동안, 1주일 동안, 1개월 동안, 1년 동안, 얼마 동안, 며칠 동안, 몇 달 동안 ...
• 방학 동안, 시험 기간 동안, 휴가 동안 ...
　※ 청소 동안, 운전 동안, 회의 동안 × |

활용 예시

∭ –았/었다	→ 고장 난 자동차를 고치는 동안 친구 차를 타고 출근했다.
∭ –(으)ㄹ 것이다	→ 아이들이 숙제를 <u>하는 동안</u> 어머니는 책을 읽을 것이다.
∭ –(으)려고 하다	→ 이번 <u>여름휴가 동안</u>에 가족들과 같이 지내려고 한다.
∭ –아/어야 한다	→ 한국에 <u>사는 동안</u> 한국어를 열심히 배워야 한다.
∭ –(으)ㄹ 수 있다	→ 비행기를 <u>기다리는 동안</u> 이 서비스를 이용할 수 있다.

| ☑
주
의 | ▪ 커피를 마신 동안에 이야기를 했다. × → 커피를 마시는 동안에 ~ ○
▪ 룸메이트가 TV를 보는 동안 나는 숙제를 했다. ○
▪ 그 사람은 껌을 씹는 동안 말했다. ?? → 껌을 씹으면서 말했다. ○
▪ 길이 막혀서 집에서 학교까지 1시간 동안 걸렸다. × → 1시간 걸렸다 ○ |

		–는 동안 N동안
1	공부하다 / 아르바이트하다	한국에서 공부하는 동안 아르바이트를 했다.
2	영화를 보다 / 휴대폰을 끄다	
3	버스를 기다리다 / ?	
4	한국에 살다 / ?	
5	수업을 듣다 / ?	
6	운전하다 / ?	
7	일 년 / ?	
8	방학 / ?	
9	연휴 / ?	
10	집에 있다 / ?	
11	학교에 다니다 / ?	
12	여행하다 / ?	

연습 2

1	N이/가	–는 동안	나는 ?
	친구가	공부하는 동안	나는 영화를 봤다.

2	N (시간) 동안	무엇을 했습니까?
	한 달 동안	매일 도서관에 가서 책을 읽었다.

가/다 ⇨ 간 지   배우/다 ⇨ 배운 지   졸업하/다 ⇨ 졸업한 지

먹/다 ⇨ 먹은 지   듣/다 ⇨ 들은 지   살/다 ⇨ 산 지 ※살은 지 ✕

확인

- 한국 대학교에서 한국어를 <u>배운 지</u> 3개월이 되었다.
- 가족들과 같이 저녁을 <u>못 먹은 지</u> 3개월이 넘었다.

✓ 그 일을 시작했어요. 그 후 지금까지 시간이 얼마나 지났어요?
그 일을 안 했어요. 그 후 지금까지 시간이 얼마나 지났어요?

한국어를 배우다	예 한국어를 배운 지 3개월(이) 되었다.
시작 1 2 3개월 지금	한국에 산 지 세 달(이) 지났다.
가족을 못 만나다	예 가족을 못 만난 지 3개월(이) 되었다.
시작 1 2 3개월 지금	바빠서 운동을 못 한 지 세 달(이) 넘었다.
고향을 떠나다	예 고향을 떠난 지(가) 오래되었다.
시작 아주 길다/짧다 지금	고향을 떠난 지(가) 얼마 안 되었다.

활용 예시

≋ (시간)이 되었다[넘었다]. → 부모님을 떠나 혼자 산 지 1년이 되었다.

≋ (시간)쯤 되었을 것이다. → 그 사람은 한국어를 배운 지 2년쯤 되었을 것이다.

≋ 얼마나 되었어요? → 그 회사에 다닌 지 얼마나 되었어요?

☑ 주의
- 한국에 온 지 3개월이다. ✕ → ~3개월(이) 되었다 / 지났다 / 얼마 안 되었다.
- 처음 한국에 온 지 3개월이 되었다. ✕ → 이제 한국에 온 지 3개월이 되었다.
- 한국어를 배운 지 세 달이 걸렸다. ✕ / 한국에 산 지 짧다 ✕
- 그 여자는 예쁜 지 오래 되었다. ✕ → 예쁘다 (A) ✕

10년 전	9년 전	8년 전	7년 전	6년 전	5년 전	4년 전	3년 전	2년 전	1년 전
졸업	회사/취직	차/사다	담배/끊다	취미/등산	안경/쓰다	승진	결혼	집/짓다	개/키우다

1 그 사람이 한국대학교를 졸업한 지 10년(이) 되었다.

2

3

4

5

6

7

8

9

10

1 그 나무/심다 (10년) → 그 나무를 심은 지 10년이 되었다.

2 고기/안 먹다 (?) →

3 여자 친구/사귀다 (100일) →

4 요리사/되다 (6개월) →

5 부모님/못 보다 (오래) →

6 공부/시작하다 (얼마나?) →

7 수업/끝나다 (얼마 안) →

8 대학원/입학하다 (1년) →

9 메일/보내다 (30분) →

10 세탁기/고장 나다 (?) →

20

A/V –기는 하지만   N이기는 하지만

A	좋/다 ⇨ 좋기는 하지만 힘들/다 ⇨ 힘들기는 하지만 필요하/다 ⇨ 필요하기는 하지만
V	읽/다 ⇨ 읽기는 하지만 만들/다 ⇨ 만들기는 하지만 좋아하/다 ⇨ 좋아하기는 하지만
N	부자이/다 ⇨ 부자이기는 하지만 생일이/다 ⇨ 생일이기는 하지만

확인

- 기숙사가 <u>좋기는 하지만</u> 가끔 불편할 때가 있다.
- 등산을 <u>좋아하기는 하지만</u> 시간이 없어서 자주 하지 못한다.

✓ 그 부분은 맞다. 하지만 다른 부분도 있고 다르게 할 수도 있다. → –기는 하지만

❶		❷		❶은 맞다 하지만	❷ 이것은 다르다
싸다	그래서	사고 싶다	→	싸기는 하지만	사고 싶지 않다
힘들다	+	재미없다	→	힘들기는 하지만	재미있다
자주 싸웠다	+	사랑하지 않았다	→	자주 싸우기는 했지만	사랑했다

※ 떡볶이는 싸지만 불고기는 비싸다 ○   떡볶이는 싸기는 하지만 불고기는 비싸다 ✕
그 식당의 음식은 싸지만 맛있다 ○   그 식당의 음식은 싸기는 하지만 맛있다 ✕
그 식당의 음식은 싸지만 맛없다 ??   그 식당의 음식은 싸기는 하지만 맛없다 ○

활용 예시

∿	–았/었다	→ 봉사활동이 힘들기는 했지만 친구들과 함께 해서 즐거웠다.
∿	–(으)ㄹ 수 있다[없다]	→ 웨이 씨가 외국인이기는 하지만 한국 음식을 만들 수 있다.
∿	–(으)ㄹ 것 같다	→ 떡볶이가 맵기는 하지만 학생들이 잘 먹을 것 같다.
∿	–(으)려고 하다	→ 이번 시험이 어렵기는 하지만 열심히 준비해 보려고 한다.
∿	–아/어야 한다	→ 바쁘기는 하지만 이번 주에 그 사람을 꼭 만나야 한다.

☑ 주의	▪ 힘들었기는 하지만 재미있었다. ✕ → 힘들기는 했지만 재미있었다. ○
	▪ 힘들겠기는 하지만 재미있을 것이다. ✕ → 힘들기는 하겠지만 재미있을 것이다. ○

				A/V −기는 하지만 / 했지만
1	싸다	OK ──하지만──▶	마음에 안 들다	싸기는 하지만 마음에 안 든다.
2	방/넓다	OK ──?──▶	겨울/춥다	
3	좋아하다	OK ──?──▶	잘 안 먹다	
4	불편하다	OK ──?──▶	값/싸다	
5	친구이다	OK ──?──▶	잘 안 만나다	
6	헤어졌다	OK ──?──▶	사랑하다	
7	길/막히다	OK ──?──▶	늦지 않다	
8	넘어졌다	OK ──?──▶	아프지 않다	
9	화가 났다	OK ──?──▶	참다	
10	영화/슬프다	OK ──?──▶	아름답다	
11	웃었다	OK ──?──▶	속상하다	
12	돈/없다	OK ──?──▶	꿈이 있다	

그 노트북	그 식당	그 집	그 옷	−기는 하지만
그 음식	그 여행	그 친구	그 수업	−기는 했지만

1 그 노트북은 비싸기는 하지만 얇고 가벼워서 들고 다니기가 좋다.

2

3

4

5

6

7

8

21

A/V –아/어도　　N이어도/여도　　　　　

A　많다 ⇨ 많아도　　　크다 ⇨ 커도　　　맵다 ⇨ 매워도　　힘들다 ⇨ 힘들어도
V　읽다 ⇨ 읽어도　　　쓰다 ⇨ 써도　　　걷다 ⇨ 걸어도　　전화하다 ⇨ 전화해도

확인

- 돈이 <u>없어도</u> 사람들은 정말 행복하게 살 수 있을까?
- 같은 <u>음식이어도</u> 만드는 사람이 다르면 맛도 다르다.

✓　A/V –아/어도 → 결과가 기대하는 것과 다르다

- 보통 비가 오면 우산을 쓴다. 그런데　　　→ 비가 와도 우산을 쓰지 않는다.
- 보통 전화를 하면 받는다. 그런데　　　　→ 전화를 해도 받지 않는다.
- 선생님께서 여러 번 설명을 했다. 그런데　→ 여러 번 설명해도 이해를 못 한다.
- 매일 같은 음식을 먹으면 맛이 없다. 그런데　→ 매일 먹어도 맛있다.

- 처음 하는 사람은 보통 잘 못 한다. 그런데　→ 처음 하는 사람이어도 잘할 수 있다.
- 방학이 아니면 보통 갈 수 없다. 그런데　　→ 방학이 아니어도 갈 수 있다.

활용 예시

아무리 –아/어도	∼ –ㄴ/는다	→ (아무리) 많이 먹어도 뚱뚱해지지 않는다.
	∼ –(으)ㄹ 것이다	→ (아무리) 힘들어도 포기하지 않을 것이다.
	∼ –(으)려고 하다	→ (아무리) 책이 재미없어도 끝까지 읽으려고 한다.
	∼ –아/어야 하다	→ (아무리) 바빠도 약속을 지켜야 한다.
	∼ –고 싶다	→ (아무리) 시간이 없어도 그 일을 하고 싶다.

☑ 주 의	■ 많이 먹었어도/먹겠어도 날씬하다. ✕ → 많이 먹어도 날씬하다. ○
	■ 그 옷이 비싸도 사지 않았다. ?? → 그 옷이 비싸도 살 것이다. ○
	■ 아무리 힘들지만 포기하지 않을 것이다. ✕ → 아무리 힘들어도 ~ ○
	■ 얼마나 힘들어도 포기하지 않을 것이다. ✕ → 아무리 힘들어도 ~ ○

연습 1

하다, 재미없다, 졸업하다 유명하다, 아프다, 사랑하다 있다, 먹다, 마시다, 말하다	 -아/어도	받지 않다, 앉지 않다, 듣지 않다, 쉬지 않다 좋아하지 않다, 읽어야 하다, 낫지 않다 졸리다, 취직하기 어렵다, 결혼할 수 없다

1. 계속 전화를   해도   받지 않는다   .

2. 커피를 많이   .

3. 그 사람은 지하철에 자리가   .

4. 그 책이 아무리   .

5. 감기가 심해서 약을   .

6. 요즘은 문을 닫는 회사가 많아서 대학을   .

7. 두 사람이 서로   .

8. 그 사람은 아무리 몸이   .

9. 친구에게 그 문제에 대해 아무리   .

10. 그 영화배우가 아무리   나는 별로   .

연습 2

1	아무리　-아/어도	
안나 씨는 요즘 기분이 안 좋다.	아무리 재미있는 이야기를 해도	잘 웃지 않는다.
		잘 먹지 않는다.
		답장하지 않는다.
		받지 않는다.

2	어떻게 해야 할까요?
TOPIK 시험에 합격하고 싶다. 그래서	힘들어도 더 열심히 공부해야 한다.
건강한 사람이 되고 싶다. 그래서	
사람들과 잘 지내고 싶다. 그래서	
지각을 안 하려고 한다. 그래서	
돈을 많이 벌고 싶다. 그래서	

IV 문장 유형별 쓰기

확인

step 01	• 나는 김민수이다.
	• 그것은 한국어 책이다.
	• 어제는 내 친구의 생일이었다.
	• 그 친구는 한국대학교 학생이다.
	• 그 사람의 직업은 요리사이다.

step 02	• 나는 〈프랑스에서 온〉 외국 학생이다.
	•〈내가 자주 가는〉 그 카페는 대학생들이 많이 가는 카페이다.
	• 그 사람은 〈외국 학생들에게 한국어를 가르치는〉 선생님이다.
	•〈지금 내가 살고 있는〉 이 도시는 〈조용하고 공기가 좋은〉 곳이다.
	• 1년 전 오늘은 〈우리가 처음 만난〉 날이다.
	•〈한국대학교에서 만난〉 그 친구는 〈경영학을 전공하는〉 친구이다.

step 03	•〈어제 내가 본 것〉은 한국 전통 음악 공연이다.
	•〈내 가방 안에 들어 있는 것〉은 책과 노트북이다.
	•〈내가 가장 좋아하는 것〉은 〈음악을 들으면서 쉬는 것〉이다.
	•〈지금 환경을 위해 필요한 것〉은 〈쓰레기를 많이 만들지 않는 것〉이다.
	•〈그 사람이 1년 동안 공부한 것〉은 〈한국 역사에 대한 것〉이다.

step 04	• 여기는 쉬는 곳이고 + 옆 교실은 공부하는 곳이다.
	• 그 아이는 초등학생이지만 + 노래를 잘해서 가수가 되었다.
	• 요즘은 휴가 기간이어서 + 호텔을 예약하기가 힘들다.
	• 아무리 친한 사이여도 + 예의를 지켜야 한다.
	• 이것은 10년 전에 산 옷인데 + 아직도 새 옷처럼 깨끗하다.

🖋 연습 1

	A/V -(으)ㄴ/는	N이다
1. 그 사람은	내가 대학교 1학년 때 만난	사람이다.
2. 그 책은		책이다.
3. 그 노래는		노래이다.
4. 그 영화는		영화이다.
5. 그 여행은		여행이었다.
6. 그 옷은		옷이다.
7. 그 집은		집이다.

	A/V -(으)ㄴ/는	N은/는	N이다
8.	지금 내가 가장 보고 싶은	사람은	우리 어머니이다.
9.		공부는	
10.		날은	
11.		곳은	
12.		일은	
13.		선물은	
14.		직업은	

	A/V -(으)ㄴ/는 것은	N이다
15. 나/좋아하다 →	내가 좋아하는 것은	한국 드라마이다.
16. 동생/만들다 →		
17. 내 친구/필요하다 →		
18. 그 사람/보다 →		
19. 동생/요즘/모으다 →		
20. 어머니/택배로 보내다 →		
21. 나/사고 싶다 →		

연습 2

곳	영화배우	내 꿈
교환 학생	여름	세일 기간
쓰기	방학	일하는 시간

이기는 하지만	이기 때문에	이어도/여도
(이)어서	일 테니까	이니까
이고	이었/였을 때	인데

1 그 식당은 음식이 맛있기로 유명한 _____곳이어서_____ 미리 예약을 해야 한다.

2 날씨가 더운 _____ 찬 음식을 많이 먹으면 건강에 좋지 않다.

3 지금은 아마 그 사람이 _____ 퇴근 후에 전화해야 된다.

4 그 사람은 _____ 노래도 잘해서 이번에 새 노래를 발표했다.

5 다음 주까지 _____ 그동안 방학 숙제를 다 할 수 있을까?

6 그 친구는 _____ 한국어 말하기 대회에서 상을 받은 적이 있다.

7 다음 주부터 백화점 _____ 다음 주에 그 신발을 사세요.

8 의사가 되는 것은 _____ 힘들어도 포기할 수 없다.

9 한국어 공부할 때 가장 어려운 것은 _____ 그 다음은 읽기이다.

연습 3

1	N이고	→	내가 좋아하는 것은 커피이고 동생이 좋아하는 것은 녹차이다.
2	N이지만	→	
3	N이어서/여서	→	
4	N이기는 하지만	→	
5	N인데	→	
6	N이니까	→	
7	N이어도/여도	→	
8	N이기 때문에	→	
9	N일 테니까	→	
10	N이었/였을 때	→	

🖊 연습 4

보기	□ 지금은 ✔ 여름여서 □ 휴가를 □ 떠나는 □ 사람들이 □ 많다. ➡ 여름이어서

1 □ 내가 □ 제일 좋아하는 □ 축구이다. ➡

2 □ 그 사람은 □ 한국말을 □ 아주 잘해 □ 외국인이다. ➡

3 □ 내가 □ 자주 카페는 □ 학교 근처에 □ 있는 □ '커피 타임'이다. ➡

4 □ 두 사람은 □ 어렸을 때 □ 좋은 친구 있는데 □ 지금은 □ 못 만난다. ➡

5 □ 건강에 □ 제일 □ 나쁜 것이 □ 운동을 하지 않는다. ➡

6 □ 나는 □ 제일 □ 좋아하는 □ 한국 음식은 □ 불고기이다. ➡

7 □ 이번 주에 □ 축제기간이어서 □ 거리에 □ 사람들이 □ 많다. ➡

8 □ 건강을 □ 지키기 위해 □ 중요한 □ 운동이다. ➡

9 □ 공부하는 것보다 □ 더 재미있는 □ 게임이다. ➡

10 □ 이 사진은 □ 우리 가족들이 □ 제주도에 □ 여행을 가서 □ 찍었다. ➡

11 □ 이 노래는 □ 나는 □ 제일 □ 좋아하는 □ 노래이다. ➡

12 □ 가장 힘든 것은 □ 공부하면서 □ 아르바이트이다. ➡

13 □ 그 친구가 □ 싫어하는 □ 빨간색이다. ➡

14 □ 내가 □ 좋아하는 □ 맛있는 음식을 □ 먹는 것이다. ➡

15 □ 그 사람의 직업은 □ 한국 음식을 만드는 □ 요리사 있다. ➡

16 □ 내가 □ 하고 싶은 일은 □ 한국어를 □ 가르친다. ➡

17 □ 축구를 □ 오빠가 □ 좋아하는 □ 운동이다. ➡

18 □ 주말에 □ 하고 싶은 일은 □ 영화를 보고 □ 쉰다. ➡

19 □ 내 꿈은 □ 대학교를 □ 졸업한 후에 □ 디자인 회사에서 □ 일한다. ➡

20 □ 우리 반에서 □ 한국어를 □ 공부하는 □ 학생들을 □ 10명이다. ➡

N은/는 N이/가 아니다

확인

<table>
<tr>
<td>step
01</td>
<td>
• 나는 한국 사람이 아니다.
• 이 건물은 박물관이 아니다.
• 이 이야기는 비밀이 아니다.
• 우리 학교는 지금 방학이 아니다.
• 그 사람은 영어 선생님이 아니었다.
</td>
</tr>
</table>

<table>
<tr>
<td>step
02</td>
<td>
• 〈사진 속에 있는〉 그 사람은 내 여자 친구가 아니다.
• 〈어제 우리가 들은〉 음악은 한국 전통 음악이 아니었다.
• 〈어제 내가 받은〉 선물은 반지가 아니었다.
• 그 사람은 〈돈 때문에 그림을 그리는〉 사람이 아니다.
• 우리 선생님은 〈학생들에게 야단을 많이 치는〉 분이 아니다.
</td>
</tr>
</table>

<table>
<tr>
<td>step
03</td>
<td>
• 그 아이는 〈배가 고파서 우는 것〉이 아니다.
• 〈외국인들에게 한국어를 잘 가르치는 것〉은 쉬운 일이 아니다.
• 〈지금 내가 가장 하고 싶은 것〉은 여행이 아니다.
• 〈다이어트 할 때 중요한 것〉은 〈음식을 적게 먹는 것〉이 아니다.
• 〈그 사람이 열심히 공부하는 것〉은 〈부자가 되기 위한 것〉이 아니다.
</td>
</tr>
</table>

<table>
<tr>
<td>step
04</td>
<td>
• 그 사람은 한국 사람이 아니지만 + 한국말을 잘한다.
• 내가 사는 곳은 서울이 아니고 + 부산이다.
• 그곳은 걸어서 갈 수 있는 곳이 아니어서 + 버스를 타고 갔다.
• 그 사람은 부자가 아니어도 + 기부를 많이 한다.
• 우리는 회원이 아니기 때문에 + 할인을 받을 수 없다.
</td>
</tr>
</table>

		-(으)ㄴ/는	N이/가 아니다
1	그 시험은	누구나 쉽게 합격할 수 있는	시험이 아니다.
2	그 수업은		수업이 아니다.
3	그 과일은		과일이 아니다.
4	그 친구는		친구가 아니다.
5	오늘은		날이 아니다.
6	여기는		곳이 아니다.
7	이 파티는		파티가 아니다.

	-(으)ㄴ/는 것은	N이/가 아니다
8	밤에 늦게 자고 아침에 늦게 일어나는 것은	좋은 습관이 아니다.
9		좋은 공부 방법이 아니다.
10		좋은 여행이 아니다.
11		좋은 옷이 아니다.
12		좋은 음식이 아니다.
13		좋은 선물이 아니다.
14		좋은 취미가 아니다.

	-(으)ㄴ/는 것이 아니다
15	이 과자는 우리 동네 편의점에서 살 수 있는 것이 아니다.
16	이 문자 메시지는
17	그 그림은
18	그 사람의 꿈은
19	성공은
20	그 문제는
21	행복은

✎ 연습 2

쉬는 시간	주말	겨울		아니고	아니기 때문에	아니어도
도서관	시험	만든 음식		아닌데	아닐 테니까	(아니니까)
자리	한국 사람	(아파트)		아니면	아니지만	아니어서

1 우리 집은 ⟨아파트가 아니니까⟩ 아이들이 뛰어도 된다.

2 실내 스케이트장이 생겼다. 이제는 _____ 스케이트를 탈 수 있다.

3 이번 시험은 중요한 _____ 공부를 열심히 하지 않았다.

4 그 아이는 집에서 엄마가 _____ 다른 것은 먹지 않는다.

5 지금은 아마 _____ 전화하면 받지 않을 것이다.

6 이곳은 _____ 책을 읽거나 빌릴 수 있다.

7 유학생들은 _____ 한국 문화를 잘 모른다.

8 오늘은 _____ 쇼핑하는 사람들이 많아서 놀랐다.

9 거기는 누구나 앉을 수 있는 _____ 장애인들을 위한 자리이다.

✎ 연습 3

1	아니고	→ 나는 한국어 1급 반이 아니고 2급 반이다.
2	아니지만	→
3	아니어서	→
4	아니면	→
5	아닌데	→
6	아니니까	→
7	아니어도	→
8	아니기 때문에	→
9	아닐 테니까	→
10	아닐 때	→

| 보기 | □ 그 친구가 | ✔ 잘하는 | □ 축구가 아니고 | □ 농구이다. ➡ 잘하는 것은 |

1   □ 나는   □ 좋아하는   □ 색은   □ 빨간색이   □ 아니다. ➡

2   □ 화를 내고   □ 싸우는   □ 좋은 방법이   □ 아니다. ➡

3   □ 행복하게   □ 돈으로   □ 살 수 있는 것이 아니다. ➡

4   □ 그 친구가   □ 살고 싶어 하는 곳은   □ 이 도시   □ 아니다. ➡

5   □ 가족을 위해   □ 필요한 것은   □ 돈을   □ 많이 벌지 않는다. ➡

6   □ 그 사람을   □ 부자가 아니지만   □ 아이들을 위해   □ 돈을   □ 많이 쓴다. ➡

7   □ 지금   □ 우리에게   □ 가장   □ 중요한   □ 공부가   □ 아니다. ➡

8   □ 요즘   □ 인기 있는   □ 직업은   □ 회사원이지 않다. ➡

9   □ 내가   □ 존경하는   □ 사람은   □ 유명한 사람을   □ 아니다. ➡

10   □ 건강을   □ 지키는   □ 쉬운 일이   □ 아니다. ➡

11   □ 대학생이   □ 되면   □ 아이는   □ 아니고   □ 어른이다. ➡

12   □ 지금   □ 그 친구는   □ 배우는 것은   □ 영어가   □ 아니다. ➡

13   □ 그 사람은   □ 1년 전에   □ 졸업했으니까   □ 안 학생이다. ➡

14   □ 약은   □ 많이 먹는 것은   □ 건강을 지키는   □ 좋은 방법이   □ 아니다. ➡

15   □ 내가   □ 아르바이트   □ 가게는   □ 옷 가게가   □ 아니다. ➡

16   □ 내가   □ 주말에   □ 하고 싶은   □ 청소가   □ 아니다. ➡

17   □ 나는   □ 꿈은   □ 부자가   □ 되는 것이   □ 아니다. ➡

18   □ 내가   □ 좋아하는 것이   □ 운동이   □ 아니다. ➡

19   □ 여름   □ 아니어서   □ 강에서   □ 수영할 수 없다. ➡

20   □ 우리 가족이   □ 좋아하는   □ 음식은   □ 매운 음식이 없다. ➡

확인

step 01	• 숙제가 있다[없다]. • 나는 한국 친구가 있다[없다]. • 그 사람은 취미가 하나 있다.

step 02	• 나는 〈잊을 수 없는〉 추억이 있다. • 나는 〈아주 가볍고 배터리도 오래 가는〉 노트북이 있다. • 그 사람은 〈할인을 받을 수 있는〉 회원 카드가 없다. • 우리 언니는 〈샤워할 때 노래를 부르는〉 습관이 있다. • 그 아이는 〈나중에 사진작가가 되고 싶은〉 꿈이 있다.

step 03	• 책상 옆에(는) 〈두 사람이 앉을 수 있는〉 소파가 있다. • 지금 냉장고에(는) 〈삼계탕을 만들 수 있는〉 재료가 없다. • 도서관에(는) 〈밤늦게까지 공부하는〉 학생들이 있다. • 〈학생들이 자주 가는〉 그 식당에(는) 〈싸고 맛있는〉 음식들이 있다. • 〈사람들이 많이 모이는〉 그 시간에(는) 〈좋은〉 자리가 없다.

step 04	• 그 음식은 〈뜨거운 것과 차가운 것〉이 있다. • 그 사람은 〈운동을 시작하기 전에 꼭 하는 것〉이 있다. • 나는 스트레스를 받을 때 〈가고 싶은 곳〉이 있다. • 그 친구는 박물관이나 미술관에 가면 〈꼭 사는 것〉이 있다. • 〈똑똑하고 재능이 많은〉 그 친구는 〈못하는 것〉이 없다.

step 05	• 그 사람은 돈이 있는데 + 돈을 쓸 시간이 없다. • 나는 돈과 시간이 있으면 + 세계 여행을 하고 싶다. • 서울에는 빠르고 편한 지하철이 있어서 + 다니기가 좋다. • 그 친구의 옷장에는 옷이 거의 없지만 + 옷을 잘 사지 않는다. • 나는 일요일에는 그냥 집에 있거나 + 근처 공원에서 산책을 한다.

		-(으)ㄴ/는, -(으)ㄹ	N이/가 있다[없다]
1	나는	내가 힘들 때 도와주는 좋은	친구가 있다.
2	나는		습관이 있다.
3	나는		나만의 방법이 있다
4	그 사람은		돈이 없다
5	그 친구는		경험이 있다.
6	우리 가족 중에는		사람이 없다.
7	우리 집 근처에는		가게가 있다.

		-(으)ㄴ/는	N이/가 있다[없다]
8	한국에는	샤워도 하고 쉴 수도 있는	찜질방이 있다.
9	우리 고향에는		
10	우리 집에는		
11	내 가방에는		
12	내 책상 위에는		
13	그 편의점에는		
14	그 회사에는		

		-(으)ㄴ/는 것이 있다[없다]
15	나는 스트레스를 받을 때	먹고 싶은 것이 있다.
16	해외여행을 하기 전에	
17	운동이 끝난 후에	
18	내일 생일인 그 친구에게	
19	돈이 많아도	
20	이번 시험에 대해	
21	나의 미래를 위해	

연습 2

도서관	호수	컴퓨터		없지만	없기 때문에	있는데
(병)	재료	약속		(있어서)	없어도	없으면
식사할 시간	사람	숙제		있거나	있을 테니까	있고

1   그 사람은 옛날에   병이 있어서   매일 약을 먹어야 했다.

2   그 사람은 아직 사랑하는ㅤㅤㅤㅤㅤㅤㅤㅤㅤㅤㅤ빨리 결혼하고 싶어 한다.

3   공부하거나 일을 할 때ㅤㅤㅤㅤㅤㅤㅤㅤㅤㅤㅤ아주 불편할 것 같다.

4   그 사람은 아마 주말에ㅤㅤㅤㅤㅤㅤㅤㅤㅤㅤㅤ월요일에 만나야 한다.

5   그 음식은 특별한ㅤㅤㅤㅤㅤㅤㅤㅤㅤㅤㅤ쉽게 만들 수 있다.

6   오늘은ㅤㅤㅤㅤㅤㅤㅤㅤㅤㅤㅤ너무 피곤해서 할 수 없다. 내일 해야겠다.

7   그 사람은ㅤㅤㅤㅤㅤㅤㅤㅤㅤㅤㅤ차 안에서 빵을 먹는다.

8   그 공원에는ㅤㅤㅤㅤㅤㅤㅤㅤㅤㅤㅤ그 옆에는 카페도 있다.

9   그 친구는 수업이 끝나면ㅤㅤㅤㅤㅤㅤㅤㅤㅤㅤㅤ학교 근처 카페에 있다.

연습 3

1   있고ㅤㅤ→ㅤ이백화점에는 영화관도 있고 문화센터도 있다.

2   없지만ㅤㅤ→

3   없어서ㅤㅤ→

4   있으면ㅤㅤ→

5   있는데ㅤㅤ→

6   있기는 하지만ㅤㅤ→

7   있어도ㅤㅤ→

8   있기 때문에ㅤㅤ→

9   있을 테니까ㅤㅤ→

10   있거나ㅤㅤ→

✎ 연습 4

| 보기 | □ 나는　✔ 시간을　□ 있으면　□ 여행을 간다.　➡ 시간이 |

1　□ 학교 근처에　□ 식당을　□ 많이　□ 있다.　➡

2　□ 나라마다　□ 다양한　□ 문화는　□ 있어서　□ 재미있다.　➡

3　□ 여행 가기 전에　□ 우리가　□ 준비해야 하는　□ 있다.　➡

4　□ 방학에　□ 고향에 가서　□ 부모님 집에서　□ 있을 것이다.　➡

5　□ 도서관에　□ 재미있는　□ 많이　□ 있다.　➡

6　□ 시험을 있으면　□ 배운 것을　□ 다시　□ 공부해야 한다.　➡

7　□ 우리 동네에서는　□ 산책할 수 있는　□ 공원이　□ 있다.　➡

8　□ 시간은　□ 있는데　□ 돈을　□ 없다.　➡

9　□ 아르바이트를 해 본　□ 경험을　□ 없는　□ 사람이　□ 많다.　➡

10　□ 그 사람을　□ 취미가　□ 없으니까　□ 주말에　□ 심심해한다.　➡

11　□ 그 여행이　□ 기억에 남는　□ 이유를　□ 몇 가지 있다.　➡

12　□ 우리 집　□ 마당에는　□ 큰 나무는　□ 있다.　➡

13　□ 오늘　□ 수업은　□ 있는데　□ 늦게　□ 일어났다.　➡

14　□ 그 친구가　□ 도서관에서　□ 있어서　□ 나도　□ 도서관에　□ 갔다.　➡

15　□ 그 식당에는　□ 맛있는　□ 많이　□ 있다.　➡

16　□ 여기는　□ 버스를　□ 없어서　□ 불편하지만　□ 공기가　□ 좋다.　➡

17　□ 예쁜　□ 있으면　□ 비싸도　□ 사서　□ 입고 싶다.　➡

18　□ 나를 도와주는　□ 한국 친구를　□ 두 명　□ 있어서　□ 좋다.　➡

19　□ 궁금한　□ 있으면　□ 이메일을　□ 보내면　□ 된다.　➡

20　□ 학교 안에　□ 수영장　□ 없어서　□ 수영하러　□ 다른 곳에 간다.　➡

N이/가 되다

step 01	• 요리사가 되고 싶다. • 여름이 되었다. • 벌써 1년이 되었다. • 스무 살이 되었다. • 약속 시간이 되었다.

step 02	• 〈아름다운 꽃들이 피는〉 봄이 되었다. • 앞으로 우리가 함께 할 1년은 〈아주 행복한〉 1년이 될 것이다. • 내 친구는 〈고향에 가서 한국 음식을 만드는〉 요리사가 되고 싶어 한다. • 〈수학을 좋아하는〉 그 사람은 작년에 〈수학을 가르치는〉 선생님이 되었다. • 이제 우리 반 친구들과 〈헤어져야 할〉 시간이 되었다.

step 03	• 〈그 사람이 보고 들은 것〉이 한 편의 아름다운 영화가 되었다. • 〈어렵고 힘든 것〉이 나중에 좋은 경험이 될 수도 있다. • 옛날에는 〈무료로 볼 수 있는 것〉이 지금은 〈돈을 내고 보는 것〉이 되었다. • 〈그때는 모두가 가지고 싶어 한 것〉이 지금은 〈필요 없는 것〉이 되었다. • 〈사람들이 쓰고 버린 것들〉이 〈아름다운〉 작품이 되었다.

step 04	• 그 사람은 부자가 되기 위해서 + 열심히 돈을 모았다. • 피아노를 배운 지 1년이 되었는데 + 아직도 잘 못 친다. • 한 친구는 선생님이 되고 + 한 친구는 의사가 되었다. • 그 친구는 한국어 선생님이 되려고 + 한국대학교에서 공부하고 있다. • 나는 부자가 되면 + 가난한 학생들에게 장학금을 많이 줄 것이다. • 요즘은 겨울이 되어도 + 별로 춥지 않고 눈도 많이 오지 않는다.

		-(으)ㄴ/는	N이/가 되다
1	나는	어려운 문제를 잘 해결할 수 있는	사람이 되고 싶다.
2	우리는		사람이 되어야 한다.
3	이제 우리는		사이가 되었다.
4	그 사람은		선생님이 되었다.
5	그 날은		날이 되었다.
6	그 여행은		마지막 여행이 되었다.
7	그 회사는		회사가 되었다.
8	그 아이는		대학생이 되었다.
9	그곳은		관광지가 되었다.
10	이번 방학은		방학이 될 것이다.

	-(으)ㄴ/는	N이/가	N이/가 되다
1	부지런하고 시간을 아끼는	사람이	부자가 된다.
2		사람이	선생님이 되어야 한다.
3		사람이	의사가 되어야 한다.
4		사람이	내 친구가 되면 좋겠다.
5		것이	이제 습관이 되었다.
6		것이	그 아이의 꿈이 되었다.
7		것이	좋은 경험이 되었다.
8		것이	나의 취미가 되었다.
9		곳이	살기 좋은 도시가 된다.
10		곳이	다음 여행지가 될 것이다.

연습 3

일 년	부자	가을
쓰레기	의사	가수
리더	휴가 때	요리사

되어도	되고	되려면
되었지만	되었을 테니까	되었는데
되니까	되면	되고 나서

1   그 사람을 안 지 ___일 년이 되었지만___ 같이 밥을 먹은 일이 거의 없다.

2   형은 _____ 동생은 형이 만든 음식을 찍는 사진작가가 되었다.

3   그 사람은 차가 없었는데 인기 있는 _____ 비싼 차를 샀다.

4   자기의 행복만 생각하는 사람은 _____ 다른 사람을 도와주지 않는다.

5   사람들은 _____ 산이나 바다로 간다.

6   우리 고향은 지금쯤 _____ 단풍이 아주 예쁠 것이다.

7   그 친구는 _____ 병원에서 일하는 것을 좋아하지 않는다.

8   큰 회사의 _____ 직원들의 마음을 잘 이해해야 한다.

9   음식을 남기면 _____ 적게 만들어서 다 먹어야 한다.

연습 4

1   되고 → 두 친구 중 한 사람은 경찰이 되고 한 사람은 기자가 되었다.

2   되었지만 →

3   되어서 →

4   되었는데 →

5   되려면 →

6   되어도 →

7   되려고 →

8   되면 →

9   되고 나서 →

10   될 테니까 →

보기	☞ 운동선수를 □ 되고 싶었지만 □ 팔을 다쳐서 □ 포기했다. ➡ 운동선수가

1 □ 우리는 □ 누구나 □ 노인을 □ 된다. ➡

2 □ 까만색과 □ 하얀색을 □ 섞으면 □ 회색이다. ➡

3 □ 내가 □ 아이들을 □ 가르치는 □ 유치원 선생님이 □ 되었다. ➡

4 □ 나는 □ 좋아한 사람이 □ 친구의 여자 친구가 □ 되었다. ➡

5 □ 직원이 5명인 □ 작은 회사가 □ 큰 회사는 □ 되었다. ➡

6 □ 전에는 □ 필요했는데 □ 이제는 □ 필요 없는 □ 되었다. ➡

7 □ 그 아이는 □ 요리를 좋아해서 □ 요리사는 □ 되고 싶어 한다. ➡

8 □ 교환학생 □ 되기 위해서 □ 신청서를 □ 썼다. ➡

9 □ 출발 시간은 □ 되지 않아서 □ 공항 카페에서 □ 차를 마셨다. ➡

10 □ 좋은 선생님을 □ 되는 것이 □ 쉽지 않은 □ 일이다. ➡

11 □ 글을 쓰는 되려면 □ 책을 □ 많이 □ 읽어야 한다. ➡

12 □ 좋은 친구를 □ 되기 위해 □ 항상 □ 약속을 □ 잘 지켰다. ➡

13 □ 그 노래는 □ 인기가 없었지만 □ 지금은 □ 인기 있는 되었다. ➡

14 □ 부자가 □ 되고 싶은 □ 사람은 많지만 □ 부자가 된 적다. ➡

15 □ 아직 □ 봄을 □ 되지 않아서 □ 꽃이 □ 피지 않았다. ➡

16 □ 한국어를 배운 지 □ 6개월은 되었는데 □ 발음이 □ 좋지 않다. ➡

17 □ 그 여행은 □ 우리 가족들에게 □ 잊을 수 없는 될 것이다. ➡

18 □ 가수는 □ 되려면 □ 노래도 잘하고 □ 춤도 잘 춰야 한다. ➡

19 □ 그곳은 □ 너무 추워서 □ 사람이 □ 살 수 없는 □ 곳을 □ 되었다. ➡

20 □ 어렸을 때는 □ 말이 없었는데 □ 지금은 □ 말을 잘하는 되었다. ➡

확인

| step 01 | • 꽃이 예쁘다.
• 불고기가 맛있다.
• 한국어가 재미있다. |

| step 02 | • 〈다른 사람을 도와주는〉 그 사람의 모습이 아름답다.
• 〈우리 어머니가 만드신〉 음식이 제일 맛있다.
• 〈구두보다 편하고 색깔도 다양한〉 운동화가 좋다.
• 〈지금 우리가 살고 있는〉 집은 넓고 깨끗하다.
• 〈역사 이야기가 있는〉 영화가 재미있다. |

| step 03 | • 〈비 오는 날 카페에서 커피를 마시는 것〉이 좋다.
• 〈생일에 혼자 밥을 먹는 것〉이 싫다.
• 〈공부하는 것〉보다 〈게임하는 것〉이 더 재미있다.
• 〈공부하면서 아르바이트를 하는 것〉이 힘들다.
• 이제 〈부모님을 떠나 외국에서 혼자 생활하는 것〉이 익숙하다. |

| step 04 | • 내 동생은 눈이 크다.
• 내 친구는 마음이 따뜻하다.
• 나는 좋아하는 한국 노래가 아주 많다.
• 내 여자 친구는 웃는 모습이 정말 예쁘다.
• 그 사람은 노래할 때 목소리가 아주 좋다. |

| step 05 | • 그 식당의 음식이 싸고 + 맛있다.
• 이번에 이사 간 그 집이 깨끗하지만 + 조금 좁다.
• 내 친구는 요즘 주말에 하는 일이 많아서 + 피곤해한다.
• 여름이지만 비가 많이 오기 때문에 + 날씨가 별로 덥지 않다.
• 한국어 공부가 힘들어도 + 매일 열심히 해야 한다. |

	-(으)ㄴ/는	N이/가	A
1	그 학생은 수업 시간에 열심히 공부하는	모습이	예쁘다.
2		물건이	비싸다
3		음식이	제일 맛있다.
4		일이	정말 힘들다.
5		친구가	제일 좋다.
6		시간이	너무 즐겁다.
7		여행이	싫다.
8		프로그램이	재미있다.
9		날이	제일 바쁘다.
10		집이	필요하다.

	-(으)ㄴ/는 것이	A
1	성격이 다른 친구와 여행하는 것이	힘들다.
2		부끄럽다.
3	혼자 운동하는 것보다	좋다.
4	건강을 지키려면	중요하다.
5		즐겁다.
6		미안하다.
7		슬프다.
8		어렵다.
9	친구가	부럽다.
10	집 근처에	불편하다.

1

N	N	A
나, 내 친구, 내 동생 … 은/는	친구, 하고 싶은 것 … 이/가	많다

• 나는 이번 방학 때 고향에 가서 하고 싶은 것이 많다

•

2

나, 어머니, 아이들 … 은/는	눈, 마음, 목소리, 웃는 모습. … 이/가	예쁘다

•

•

3

나, 그 사람, _____씨 … 은/는	머리, 일하는 시간, 다리 … 이/가	길다/짧다

•

•

4

나, 그 남자, _____씨 … 은/는	키, 손, 발, 목소리, 꿈 … 이/가	크다/작다

•

•

5

내 친구 _____씨 … 은/는	말하는 것, 춤추는 것 … 이/가	귀엽다

•

•

6

그 친구 _____씨 … 은/는	요리하는 것, 걷는 것 … 이/가	빠르다

•

•

7

그 친구 _____씨 … 은/는	좋아하는 음식, 잘 하는 것 이/가	나와 다르다

•

•

1

N은/는	〈 　　　　　　　　　　 〉	N이/가	많다
누구?	어떤?	누구/무엇?	A

· 나는　　　　　운동을 잘하는　　　　　친구가　　　　많다.

·

2

N에는	〈 　　　　　　　　　　 〉	N이/가	많다
어디?	어떤?		A

·

·

3

N은/는	N(에)	〈 　　　 〉	것이	힘들다
누구?	언제?			A

· 나는

· 나는

4

N은/는	N에서	〈 　　　 〉	모습이	?
	어디?			A

·

·

참고		어떤?	무엇을 하는?	
	A	예쁘다 –예쁜 / 친절하다 –친절한 / 키가 크다 –키가 큰 / 귀엽다 –귀여운 멋있다 –멋있는 / 재미있다 –재미있는 / 재미없다 – 재미없는		N
	V 현재	불고기를 잘 먹다 –잘 먹는 / 사진을 잘 찍다 –잘 찍는 / 서울에 살다 –사는 음악을 좋아하다 –좋아하는 / 회사에 다니다 –다니는 / 이름을 모르다 –모르는 한국어를 공부하다 –공부하는 / 요리를 잘하다 –잘하는 / 편지를 쓰다 –쓰는		
	V 과거	어제 만났다 –만난 / 작년에 같이 여행했다 –여행한 / 영화를 봤다 –본 지난주에 같이 밥을 먹었다 –먹은 / 그저께 같이 사진을 찍었다 –찍은 같이 노래를 불렀다 –부른 / 같이 파티 음식을 만들었다 –만든		

필요하다	(건강하다)	많다		(-지만)	-기 때문에	-(으)ㄴ데
쉽다	춥다	예쁘다		-고	-아/어도	-(으)면
맑다	바쁘다	멀다		-(으)니까	-(으)ㄹ 테니까	-아/어서

1   그 사람은 젊고   건강하지만   병에 걸리지 않으려고 운동을 열심히 한다.

2   한국어 1급 시험은   2급 시험은 조금 어렵다.

3   자전거가   공원 안내소에서 빌리면 된다.

4   우리는 요즘   SNS로만 연락하고 잘 만나지 못한다.

5   비가 온 후에 하늘이   공기가 깨끗해서 공원에서 산책을 했다.

6   내일은 아마 날씨가   옷을 따뜻하게 입으세요.

7   옷이 아무리   비싸면 사지 않을 것이다.

8   집이 회사에서   가까운 곳으로 이사하세요.

9   어제 일이 너무   친구가 나를 도와주었다.

1   싸다 + -고   →   그 시장의 물건은 싸고 품질이 좋다.

2   어렵다 + -지만   →

3   피곤하다 + -아/어서   →

4   바쁘다 + -(으)면   →

5   맵다 + -(으)ㄴ/는데   →

6   쌀쌀하다 + -(으)니까   →

7   재미있다 + -아/어도   →

8   활발하다 + -기 때문에   →

9   힘들다 + -(으)ㄹ 테니까   →

10   외롭다 + -기는 하지만   →

보기	□ 기말 시험 성적 중에서 □ 쓰기가 □ 가장 ✔ 좋아한다. ➡ 좋다

1 □ 그 시장에는 □ 싼 옷을 □ 아주 많다. ➡

2 □ 1등을 하는 것보다 □ 열심히 하는 □ 더 중요하다. ➡

3 □ 나는 □ 노래하는 것은 □ 좋은데 □ 춤이 □ 싫다. ➡

4 □ 한국에 □ 봄에 □ 산이 □ 아주 □ 아름답다. ➡

5 □ 친구들과 □ 여행을 □ 가기로 해서 □ 돈을 □ 필요하다. ➡

6 □ 한국 문화에 □ 관심을 □ 많아서 □ 한국에 □ 왔다. ➡

7 □ 청소하는 것은 □ 쉬운데 □ 요리를 □ 어렵다. ➡

8 □ 여름 과일 중에서 □ 수박을 □ 제일 □ 맛있다. ➡

9 □ 나는 □ 노래하는 □ 좋아서 □ 노래방에 □ 간다. ➡

10 □ 우리 고향의 겨울을 □ 한국보다 □ 춥지 않다. ➡

11 □ 나는 □ 버스 타는 것보다 □ 자전거 □ 더 좋다. ➡

12 □ 그 영화를 □ 극장에서 □ 보는 것이 □ 재미있다. ➡

13 □ 우리나라에는 □ 경치가 □ 아름다운 □ 많이 있다. ➡

14 □ 여기는 □ 출퇴근 시간에도 □ 버스를 □ 복잡하지 않아서 □ 좋다. ➡

15 □ 내가 만난 □ 한국 사람들을 □ 친절해서 □ 한국 생활이 □ 재미있다. ➡

16 □ 나는 □ 비빔밥 □ 좋아서 □ 자주 □ 먹는다. ➡

17 □ 바람이 □ 많이 불기는 하지만 □ 제주도를 □ 겨울이 □ 따뜻하다. ➡

18 □ 그 사람은 □ 술을 □ 많이 마셔서 □ 건강은 □ 좋지 않다. ➡

19 □ 나라마다 □ 요리하는 □ 모두 달라서 □ 재미있다. ➡

20 □ 그 가방을 □ 디자인이 예쁘지만 □ 너무 비싸서 □ 살 수 없다. ➡

확인

step 01	• 오늘은 바람이 많이 분다. • 시간이 생각보다 빨리 흐른다. • 봄이 와서 꽃이 피었다.

step 02	• 〈출퇴근 시간에〉 길이 많이 막힌다. • 동생이 〈아침에〉 〈집 앞에서〉 넘어졌다. • 〈시험 준비를 할 때〉 스트레스가 쌓인다. • 〈여자 친구와 헤어진 후에〉 그 사람의 태도가 변했다 • 나는 〈어제 공원에서 운동을 한 후에〉 〈집에서〉 쉬었다.

step 03	• 〈한 달 전에 산〉 컴퓨터가 고장났다. • 〈그 문제를 빨리 해결할 수 있는〉 방법이 생겼다. • 〈사진 찍는 것에 관심이 많은〉 사람들이 모였다. • 나는 〈밝고 무늬가 있는〉 옷이 잘 어울린다. • 〈작년에 심은 나무에서 작고 예쁜〉 꽃이 피었다.

step 04	• 요즘은 〈두 가지 일을 하는 것〉이 유행한다. • 〈가격보다 품질을 중요하게 생각한 것〉이 마음에 든다. • 〈다이어트 때문에 밖에서 외식하는 것〉이 줄었다. • 그곳에 〈익숙하지만 무엇인지 알 수 없는 것〉이 나타났다. • 나는 이제 〈혼자 여행하는 것〉이 익숙해졌다.　　　※ 익숙해지다 V　익숙하다 A

step 05	• 나는 아침에 일찍 일어나면　+　집에서 가벼운 운동을 한다. • 길이 미끄러울 때 넘어지지 않으려면　+　조심해서 걸어야 한다. • 외국에서 유학하려면 돈이 많이 들지만　+　꼭 해 보고 싶다. • 우리 집에서 키우는 꽃이 죽어서　+　너무 마음이 아프다. • 주말에 비가 와도　+　우리는 여행을 떠날 것이다.

(시간)에, (장소)에, (장소)에서
-(으)ㄹ 때, -는 동안
-기 전에, -(으)ㄴ 후에
N에서 N까지 ...

N이/가
은/는

V
-ㄴ/는다, -았/었다, -(으)ㄹ 것이다, -고 싶다
-아/어야 하다, -(으)ㄹ 수 있다, -기로 하다
-아/어 보다, -(으)면 안 되다, -게 되다 ...

1	버스/오다	→ 학교 앞 버스 정류장에 10분마다 버스가 온다.
2	시험/끝나다	→
3	기차/출발하다	→
4	차/고장 나다	→
5	길/막히지 않다	→
6	아버지/쉬다	→
7	친구/아르바이트하다	→
8	버스/다니다	→
9	비/멈추다	→
10	선생님/들어오시다	→
11	아이들/놀다	→
12	그 선수/참가하다	→
13	아기/자다	→
14	학생들/대답하다	→
15	어머니/생각나다	→

-(으)ㄴ/는	N이/가	V
1	같이 여행할 수 있는	친구가	생겼다.
2		사람들이	앉아있다.
3		팬들이	모였다.
4		음식이	모자란다.
5		일이	끝났다.
6		마음이	변했다.
7		회의에	참석했다.
8		동아리에	가입했다
9		소리가	났다.
10		옷이	유행한다.
11		직업이	없어질 것이다.
12		회사에	다니고 있다.
13		음악이	나왔다.
14		학생들이	웃었다.
15		사람들이	울었다.
16		방법이	바뀔 것이다.
17		시간이	나지 않는다.
18		길이	막힌다.
19		것이	마음에 안 든다.
20		것이	입에 맞다.

✏️ 연습 3

V	−고, −지만, −아/어서, −(으)면, −(으)면서, −(으)려고 −거나, −는데, −기는 하지만, −(으)려면, −다가, −았/었다가 −(으)니까, −고 나서, −아/어도, −기 때문에, −(으)ㄹ 테니까	+	A/V

1 내리다 + −다가 → 어제 저녁에 버스에서 내리다가 넘어졌다.

2 갔다 오다 + −고 나서 →

3 끝나다 + −고 →

4 떠들다 + −아/어서 →

5 일어나다 + 았/었다가 →

6 자다 + −(으)ㄹ 테니까 →

7 실수하다 + −아/어도 →

8 뛰다 + −거나 →

9 바뀌다 + −(으)면 →

10 쉬다 + −(으)면서 →

11 걸리다 + (으)니까 →

12 취직하다 + −(으)려고 →

13 입학하다 + −(으)려면 →

14 서두르다 + −지만 →

15 막히다 + −기 때문에 →

연습 4

| 보기 | □ 사람들이 | □ 생각보다 | □ 적게 와서 | ☑ 음식을 | □ 남았다. ➡ 음식이 |

1 □ 그 회사에 □ 월요일부터 금요일까지 □ 쉰다. ➡

2 □ 엘리베이터를 □ 고장 나서 □ 계단으로 □ 올라갔다. ➡

3 □ 얼마 전에 □ 전화번호는 □ 바뀌어서 □ 연락이 □ 안 된다. ➡

4 □ 지금은 □ 잘 지내지만 □ 나중에 □ 싸우는 일을 □ 생길 수 있다.

5 □ 요즘 □ 독감을 □ 걸려서 □ 결석하는 □ 아이들이 많다. ➡

6 □ 배로 □ 부치면 □ 시간을 □ 오래 걸리지만 □ 요금이 □ 싸다. ➡

7 □ 나는 □ 매일 □ 회사를 □ 다니는 것이 □ 힘들 때가 □ 있다. ➡

8 □ 설날에 □ 가족들을 □ 모여서 □ 설날 음식을 □ 먹었다. ➡

9 □ 처음에는 □ 힘들었는데 □ 이제는 □ 혼자 여행이 □ 익숙해졌다. ➡

10 □ 방이 넓고 □ 깨끗해서 □ 그 호텔을 □ 마음에 □ 들었다. ➡

11 □ 한국 문화에 대한 □ 호기심을 □ 생겨서 □ 한국에 □ 왔다. ➡

12 □ 그 사진을 □ 보니까 □ 어렸을 때 □ 추억을 □ 생각났다. ➡

13 □ 주말에는 □ 길을 □ 막히니까 □ 버스나 기차를 □ 타는 것이 □ 좋다. ➡

14 □ 기차를 □ 출발하고 나서 □ 지갑을 □ 잃어버린 것을 □ 알았다. ➡

15 □ 방학을 □ 끝나면 □ 보고 싶은 □ 친구들을 □ 만날 수 있다. ➡

16 □ 요즘은 □ 한 곳에서 □ 한 달 동안 □ 여행이 □ 유행하고 있다. ➡

17 □ 가족들과 □ 여행한 것을 □ 가장 □ 기억에 □ 남는다. ➡

18 □ 그 영화에 □ 나는 □ 좋아하는 배우가 □ 나왔다. ➡

19 □ 그 사람은 □ 사람들을 □ 많이 만나는 □ 일을 □ 어울린다. ➡

20 □ 지금 우리가 □ 쓰고 있는 것보다 □ 더 작은 □ 나왔다. ➡

	동사	문장 구조
N을/를 ✕	쉬다, 앉다, 서다, 일어나다, 웃다, 울다, 놀다, 돌아가다, 돌아오다, 들어가다, 들어오다, 뛰다, 달리다, 떠들다, 졸다, 막히다, 쌓이다, 바뀌다, 변하다, 모이다, 어울리다, 유행하다, 끝나다, 걸리다, 가입하다, 참가하다, 노력하다, 질문하다, 대답하다, 헤어지다, 싸우다, 놀라다, 나다, 나오다, 나타나다, 넘어지다, 죽다, 태어나다, 지다, 모자라다, 남다, 입원하다, 퇴원하다, 젖다, 얼다, 피다, 흐르다, 비다, 빠지다, 고장 나다, 끓다, 눕다, 늙다, 당황하다, 떨어지다, 생기다, 취직하다	N이/가 V N이/가 N에 V N이/가 N에서 V N이/가 N에게 V
N을/를 ○	먹다, 마시다, 만나다, 듣다, 입다, 신다, 쓰다, 만들다, 보다, 사다, 사용하다, 좋아하다, 사랑하다, 기다리다, 읽다, 팔다, 열다, 닫다, 알다, 모르다, 주다, 받다, 얻다, 넣다, 놓다, 바꾸다, 준비하다, 가져가다, 가져오다, 고치다, 기념하다, 꺼내다, 걸다, 끓이다, 남기다, 놓치다, 닦다, 담그다, 끊다, 참다, 모으다, 찾다, 믿다, 바르다, 버리다, 벗다, 보여주다, 돌려주다, 돌리다, 떨어뜨리다, 마치다, 맞추다, 맡기다, 보내다, 잃어버리다, 잊어버리다, 씻다, 굽다, 부르다, 부탁하다, 빌려주다, 빼다, 사귀다, 잡다, 찍다, 풀다, 설명하다, 세우다, 내다, 시키다, 쌓다, 양보하다, 부치다, 옮기다, 붙이다, 외우다, 기르다, 지우다, 피우다, 지키다, 즐기다, 키우다, 절약하다, 존경하다, 졸업하다, 추천하다, 차리다, 짓다, 차다, 펴다, 흘리다, 흔들다, 예약하다, 치다	N이/가 N을/를 V N이/가 N에 N을/를 V N이/가 N에서 N을/를 V N이/가 N에게 N을/를 V
N이/가 N을/를	• 가다 [친구가 가다 / 여행을 가다] • 불다 [바람이 불다 / 휘파람을 불다] • 떠나다 [친구가 떠나다 / 여행을 떠나다] • 맞다 [답이 맞다 / 비를 맞다 / 야단을 맞다] • 출발하다 [버스가 출발하다 / 한국을 출발하다] • 오르다 [값이 오르다 / 계단을 오르다] • 틀리다 [답이 틀리다 / 문제를 틀리다] • 지나다 [시간이 지나다, / 카페를 지나다]	• 걷다 [사람들이 걷다 / 공원을 걷다] • 붓다 [얼굴이 붓다 / 물을 붓다] • 들다 [정이 들다 / 물건을 들다] • 타다 [버스에 타다 / 버스를 타다] • 자다 [아기가 자다 / 낮잠을 자다] • 뛰다 [말이 뛰다 / 운동장을 뛰다] • 닮다 [눈이 닮다 / 아버지를 닮다] • 넘다 [12시가 넘다 / 산을 넘다]

N은/는 N을/를 V

확인

step 01	• 나는 한국 친구를 만나고 싶다. • 우리는 한국 음식을 만들었다. • 그 사람은 사진을 찍을 것이다.

step 02	• 나는 〈내일 오후에〉 그 친구를 만나기로 했다. • 나는 〈매일 아침〉 〈우리 집 근처 공원에서〉 운동을 한다. • 그 사람은 〈학교 앞 카페에서〉 공부하는 것을 좋아한다. • 선생님은 〈이번 학기가 끝날 때〉 〈학생들에게〉 편지를 써 주셨다. • 내 동생은 〈올해 생일에〉 〈아버지에게서〉 시계를 〈선물로〉 받았다.

step 03	• 그 사람은 〈재미있는〉 친구를 만났다. • 그 사람은 〈같이 공부할 수 있는〉 친구를 만나고 싶어 한다. • 나는 〈운동을 잘하는〉 친구를 만나면 좋겠다. • 〈한국어를 배우는〉 웨이 씨는 한국 친구를 사귀고 싶어 한다. • 〈한국어를 배우는〉 마리 씨는 〈한국어로 이야기할 수 있는〉 친구를 만나고 싶어 한다.

step 04	• 그 사람은 〈영화 보는 것〉을 아주 좋아한다. • 그 사람은 〈친구와 같이 여행가는 것〉을 취소하려고 한다. • 선생님은 〈내가 열심히 공부하는 것〉을 칭찬하셨다. • 그 사람은 〈내가 혼자 여행가는 것〉을 추천하지 않았다. • 나는 〈실수한 것〉을 오래 생각하지 않으려고 한다.

step 05	• 나는 주말에 친구를 만나거나 ＋ 집에서 쉰다. • 선생님을 만나려면 ＋ 사무실에 가야 한다. • 여자 친구를 만나고 나서 ＋ 아르바이트를 하러 갔다. • 어제 파티에서 음식을 너무 많이 먹어서 ＋ 배탈이 났다. • 주말에 친구를 만나면 ＋ 같이 밥을 먹고 영화를 볼 것이다.

(시간)에, (장소)에, (장소)에서		−ㄴ/는다, −았/었다, −(으)ㄹ 것이다, −고 싶다
−기 전에, −(으)ㄴ 후에	N을/를 V	−아/어야 하다, −(으)ㄹ 수 있다, −기로 하다
−(으)ㄹ 때, −는 동안 ...		−아/어 보다, −(으)면 안 되다, −게 되다...

1	만나다	→	주말에 학교 근처 식당에서 친구를 만나기로 했다.
2	만들다	→	
3	듣다	→	
4	기다리다	→	
5	외우다	→	
6	타다	→	
7	부르다	→	
8	버리다	→	
9	넣다	→	
10	씻다	→	
11	치다	→	
12	찍다	→	
13	다치다	→	
14	팔다	→	
15	키우다	→	
16	세우다	→	

| (시간)에, (장소)에서
-기 전에, -(으)ㄴ 후에
-(으)ㄹ 때 ... | N에게
N에게서 | N을/를 | V | -ㄴ/는다, -았/었다, -(으)ㄹ 것이다
-고 싶다, -아/어야 하다, -(으)ㄹ 수 있다
-아/어 보다, -(으)면 안 되다, -게 되다 ... |

1   주다   →   나는 어제 생일 파티에서 친구에게 선물을 주었다.

2   받다   →

3   가르치다   →

4   설명하다   →

5   소개하다   →

6   배우다   →

7   쓰다   →

8   보내다   →

9   맡기다   →

10   묻다   →

11   보여주다   →

12   빌려주다   →

13   알려주다   →

14   양보하다   →

15   추천하다   →

16   돌려주다   →

(시간)에, (장소)에 (장소)에서, -(으)ㄹ 때 -기 전에, -(으)ㄴ 후에 ...	-(으)ㄴ/는 N을/를	V	-ㄴ/는다, -았/었다, -(으)ㄹ 것이다, -고 싶다 -아/어야 하다, -(으)ㄹ 수 있다, -기로 하다 -아/어 보다, -(으)면 안 되다, -게 되다 ...
	-(으)ㄴ/는 것을		

1 N을/를 사귀다 → 나는 한국에 와서 여러 나라에서 온 친구들을 사귀었다.

2 __것을 보다 →

3 N을/를 듣다 →

4 N을/를 입다 →

5 __것을 좋아하다 →

6 __것을 싫어하다 →

7 N을/를 마시다 →

8 N을/를 존경하다 →

9 __것을 기뻐하다 →

10 __것을 즐기다 →

11 N을/를 짓다 →

12 N을/를 바꾸다 →

13 __것을 잊다 →

14 __날을 기념하다 →

15 __것을 칭찬하다 →

N을/를	V	-고, -지만, -아/어서, -(으)면, -(으)면서, -(으)려고, -거나 -는데, -기 위해, -(으)려면, -다가, -았/었다가 -(으)니까, -고 나서, -아/어도, -기 때문에, -(으)ㄹ 테니까...	+	A/V 문장

1 끝내다 + -고 → 어제 저녁에 숙제를 끝내고 텔레비전을 봤다.

2 끊다 + -(으)면 →

3 끄다 + -았/었다가 →

4 모으다 + (으)려면 →

5 졸업하다 + -고 나서 →

6 잃어버리다 + -아/어서 →

7 준비하다 + -기 위해 →

8 모르다 + -기 때문에 →

9 먹다 + -다가 →

10 듣다 + -(으)면서 →

11 사랑하다 + -아/어도 →

12 지키다 + ? →

13 알다 + ? →

14 사귀다 + ? →

15 읽다 + ? →

16 돕다 + ? →

연습 5

보기	□ 나는 ✔ 삼겹살 □ 좋아해서 □ 자주 □ 먹는다. ➜ 삼겹살을

1 □ 나는 □ 이 식당 □ 음식 중에서 □ 불고기는 □ 제일 □ 좋아한다. ➜

2 □ 일이 □ 열심히 하는 □ 사람이 □ 빨리 □ 성공할 수 있다. ➜

3 □ 시험에 □ 잘 보면 □ 장학금을 □ 받을 수 있다. ➜

4 □ 회사에서 □ 직원들을 □ 위한 □ 선물이 □ 많이 □ 준비했다. ➜

5 □ 한국 학생들은 □ 한국대학교에 온 □ 유학생들에게 □ 환영했다. ➜

6 □ 나는 □ 한국에 와서 □ 비빔밥 □ 처음 □ 먹었다. ➜

7 □ 사람들은 □ 그 사람이 □ 멋있게 발표를 □ 보고 □ 놀랐다. ➜

8 □ 친구들은 □ 그 사람이 □ 사랑하는 사람과 □ 결혼을 □ 축하했다. ➜

9 □ 내 동생은 □ 어릴 때부터 □ 요리하는 □ 좋아했다. ➜

10 □ 나는 □ 회사를 □ 출근하기 위해 □ 일찍 □ 일어나서 □ 준비했다. ➜

11 □ 내 친구는 □ 축구를 하다가 □ 다리가 □ 다쳐서 □ 병원에 갔다. ➜

12 □ 우리는 □ 시간이 있을 때마다 □ 시장에 □ 구경한다. ➜

13 □ 관광객이 □ 길을 □ 몰라서 □ 그 사람에게 □ 도와주었다. ➜

14 □ 그 친구는 □ 아르바이트를 하면서 □ 경험이 □ 많이 □ 쌓았다. ➜

15 □ 나는 □ 도서관에서 □ 책이 □ 읽는 것을 □ 좋아한다. ➜

16 □ 백화점에 □ 가서 □ 요즘 □ 유행하는 □ 옷은 □ 샀다. ➜

17 □ 어제 □ 지갑은 □ 잃어버려서 □ 기분이 □ 안 좋다. ➜

18 □ 방학이 □ 되면 □ 제주도에 □ 여행하려고 한다. ➜

19 □ 학생이기 때문에 □ 많은 돈이 □ 모으기가 □ 어렵다. ➜

20 □ 스트레스가 □ 많이 □ 받으면 □ 건강이 □ 나빠진다. ➜

확인 1

01	• 그 사람이 나에게 사랑한다고 말했다. • 선생님께서는 아침마다 책을 읽는다고 말씀하셨다. • 나는 형에게(서) 12월에 가족들이 모인다고 들었다. • 나는 친구가 이번 방학에도 여행을 갈 거라고 생각한다. • 나는 외국에서 공부하는 것이 힘들다고 느꼈다. • 민수 씨가 칠판에 다음 주에 시험이 있다고 썼다.

※ 그 사람이 나에게 "사랑해요."라고 말했다.

평서문		현재	과거	미래/추측
	V	–ㄴ/는다고	–았/었다고	"–(으)ㄹ 거예요." ➡ –(으)ㄹ 거라고
	A	–다고		
	있다/없다	–다고		
	N이다	N(이)라고	N이었/였다고	N일 거라고
	N이/가 아니다	아니라고	아니었다고	아닐 거라고

말하다
듣다, 생각하다
느끼다, 대답하다
쓰다, 설명하다
칭찬하다...

02	• 친구가 나에게 오늘 기분이 어떠냐고 물었다. • 선생님께서 나에게 한국어가 어려우냐고 (어렵냐고) 물어 보셨다. • 한국 친구가 나에게 어느 나라에서 왔느냐고 (왔냐고) 물었다. • 한국 친구가 나에게 한국 생활이 힘드냐고 물었다. • 친구가 나에게 방학에 여행 갈 거냐고 물었다.

※ 친구가 나에게 "오늘 기분이 어때?"라고 물었다.

의문문		현재	과거	미래/추측
	V	–느냐고/냐고		–(으)ㄹ 거냐고
	A	–(으)냐고/냐고	–았/었느냐고	×
	있다/없다	–느냐고/냐고		있을 거냐고
	이다	(이)냐고	이었/였(느)냐고	×
	N이/가 아니다	아니냐고	아니었(느)냐고	×

묻다
질문하다

03	• 선생님께서 휴대폰을 끄라고 말씀하셨다. ※ 선생님께서 "휴대폰을 끄세요."라고 말씀하셨다. • 친구가 나에게 기분이 안 좋을 때 그 음악을 들어 보라고 했다. • 어머니께서 밥 먹기 전에 손을 씻으라고 하셨다. • 사장님이 직원에게 이번 주까지 일을 끝내라고 지시했다. • 어머니가 아이에게 식당에서 떠들지 말라고 했다.			

명 령 문	V	" –(으)세요. "	–(으)라고	하다 명령하다 부탁하다 지시하다 …
		" –지 마세요. "	–지 말라고	
	있다	" 있어요/계세요. "	있으라고/계시라고	
		" 있지/계시지 마세요. "	있지 말라고/계시지 말라고	

	~ 주세요 명령문	" (나를, 나에게, 나를 위해) –아/어 주세요. "	–아/어 달라고
		예 " (저를) 도와주세요. " ⟶	도와달라고 말했다
		" (그 사람을, 그 사람에게, 그 사람을 위해) –아/어 주세요. "	–아/어 주라고
		예 " (그 사람을) 도와주세요. " ⟶	도와주라고 말했다

04	• 여자 친구가 어제 나에게 헤어지자고 했다. ※ 여자 친구가 나에게 "(우리) 헤어져요."라고 말했다. • 친구가 나에게 저녁에 같이 밥을 먹자고 했다. • 친구가 나에게 주말에 공원에서 같이 산책하자고 했다. • 반 친구와 나는 다음 주에 자리를 바꾸자고 약속했다. • 룸메이트가 나에게 고향 음식을 만들어서 팔자고 제안했다.			

청 유 문	V	" –(으)ㅂ시다 / –아/어요. "	–자고	하다 제안하다 약속하다 …
		" –지 맙시다 / –지 말아요. "	–지 말자고	
	있다	" 있읍시다 / 있어요. "	–있자고	
		" 있지 맙시다 / 있지 말아요. "	–있지 말자고	

"쉴 거예요."	"기분이 좋지 않아요."	"장학금을 받았어요."	"보고 싶어요."
"공부가 힘들어요."	"김치를 잘 먹어요."	"떠들면 안 돼요."	"피곤하지 않아요."
"운동을 하지 않아요."	"옷이 마음에 들어요."	"잘 먹었습니다."	"커피가 맛있어요."
"감기에 걸렸어요."	"노래를 잘 불러요."	"고향에 갈 거예요."	?

	누가	누구에게	-다고, -ㄴ/는다고, -(이)라고	V
1	룸메이트가	나에게	쉴 거라고	말했다.
2				
3				
4				
5				
6				
7				
8				
9				
10				
11				
12				
13				
14				
15				
16				

1
생각하다

| N은/는 | −다고, −ㄴ/는다고, (이)라고 생각하다 |

나는 그 친구가 나를 싫어한다고 생각했다.

2
느끼다

| N은/는 | −다고, −ㄴ/는다고, (이)라고 느끼다 |

3
칭찬하다

| N은/는 N에게 | −다고, −ㄴ/는다고, (이)라고 칭찬하다 |

4
듣다

| N은/는 N에게(서) | −다고, −ㄴ/는다고, (이)라고 듣다 |

5
N에 쓰다

| N은/는 | −다고, −ㄴ/는다고, (이)라고 쓰다 |

🖋 연습 3

누가 나에게 내가 누구에게	-느냐고/냐고 -(으)냐고/냐고	물어서 물으니까	+	-다고 , -ㄴ/는다고 (이)라고, 아니라고	대답했다

1   친구가 나에게 여자 친구가 있(느)냐고 물어서 없다고 대답했다.

2   내가 친구에게 여자 친구가 있(느)냐고 물으니까 없다고 대답했다.

3

4

5

6

7

8

9

🖋 연습 4

누가 누구에게	-(으)라고 / -지 말라고 -자고 / -지 말자고	해서 / 했지만 / 했는데	+	V 문장

1   엄마가 아이에게 게임을 하지 말라고 해서 아이는 게임을 하지 않았다.

2

3

4

5

6

7

8

9

✒ 연습 5

보기	□ 친구가　□ 우산을 주면서　✔ 가지고 간다고　□ 말했다. ➡ 가지고 가라고

1　□ 나는　□ 그 친구에게　□ 좋아하는다고　□ 말했다. ➡

2　□ 그 친구는　□ 나를　□ 한국어를　□ 잘하냐고　□ 물었다. ➡

3　□ 선생님께서　□ 한국어 공부를　□ 열심히 하라고　□ 소개하셨다. ➡

4　□ 학생들은　□ 선생님이　□ 언제 방학을 하느냐고　□ 물었다. ➡

5　□ 그 친구는　□ 지금　□ 도서관에　□ 있는다고　□ 했다. ➡

6　□ 나는　□ 어머니께　□ 돈이　□ 필요하는다고　□ 말씀드렸다. ➡

7　□ 어머니에게서　□ 요즘 고향에　□ 비가 많이 오는다고　□ 들었다. ➡

8　□ 그 남자는　□ 마음속으로　□ 그 일이　□ 힘든다고　□ 생각했다. ➡

9　□ 사장님이　□ 직원에게　□ 빨리　□ 일을　□ 끝내라고　□ 약속했다. ➡

10　□ 나는　□ 한국 날씨가　□ 고향 날씨보다　□ 춥지 않는다고　□ 느꼈다. ➡

11　□ 나는　□ 일기예보에서　□ 내일　□ 태풍이 온다고　□ 말했다. ➡

12　□ 미영 씨가　□ 여기에서　□ 담배를　□ 피우면 안 되는다고　□ 말했다.

13　□ 어머니께서　□ 나에게　□ 요리를 잘하라고　□ 칭찬하셨다. ➡

14　□ 관리인이　□ 관광객들에게　□ 사진을　□ 찍지 말자고　□ 했다. ➡

15　□ 나는　□ 나가기 전에　□ 메모지에　□ 10시에 돌아오겠다고　□ 말했다. ➡

16　□ 그 사람이　□ 나에게　□ 이름이　□ 뭐라고　□ 물었다. ➡

17　□ 나는　□ 룸메이트에게　□ 내일　□ 공항에　□ 갈 건다고　□ 말했다. ➡

18　□ 수업이 끝난 후에　□ 친구가　□ 같이　□ 도서관에 가라고　□ 했다. ➡

19　□ 친구와　□ 나는　□ 주말에　□ 농구장에서　□ 만난다고　□ 약속했다. ➡

20　□ 한국 친구가　□ 나에게　□ 한국 음식이　□ 어떠냐고　□ 대답했다. ➡

부록 - 예시 답안

Ⅰ 문장 쓰기의 기초

※ 문제 유형에 따라 예시 답안을 참고하여 자유롭게 쓸 수 있습니다.

1. 문어체 쓰기

■ 연습 1　15p

1	가르친다	21	다르다
2	듣는다	22	끝났다
3	돕는다	23	필요하다
4	쉬지 않는다	24	빌릴 것이다
5	슬프다	25	즐거웠다
6	걷지 않는다	26	재미있다
7	친구이다	27	오지 않는다
8	빨갛다	28	어리다
9	외롭다	29	힘들다
10	바꾼다	30	고친다
11	빠르다	31	끓인다
12	쓸 것이다	32	안 된다
13	있다	33	닮았다
14	외웠다	34	길지 않다
15	중요하다	35	보고 싶다
16	껐다	36	기쁘지 않다
17	익숙하다	37	부르지 않는다
18	아니다	38	자른다
19	가깝다	39	생겼다
20	크다	40	학생이다

■ 연습 2　16p
– 내 친구는 김민수이다.
– 지금 서울에 산다.
– 고향은 부산이다
– 한국대학교에 다닌다.
– 좋은 친구들이 많다
– 영화 보는 것을 좋아한다.
– 주말에 책을 읽는다.
– 취미는 여행이다
– 여행 작가가 되는 것이 꿈이다.

■ 연습 3　16p
– 내 생일은 1월 7일이다.
– 우리 집에서 생일 파티를 할 것이다.
– 친한 친구들을 초대할 것이다.
– 내일 초대장을 보낼 것이다.
– 주말에 집을 청소할 것이다.
– 불고기와 잡채를 준비할 것이다.
– 거실에서 한국 음악을 들을 것이다.
– 나는 친구들과 게임을 할 것이다.
– 파티가 아주 재미있을 것이다.

■ 연습 4　17p
– 우리 고향을 소개하려고 한다.
– 우리 고향은 한국의 남쪽에 있다.
– 우리 고향은 서울에서 멀다.
– 바다가 아름답다.
– 사람들이 친절하다.
– 맛있는 음식이 많다.
– 해산물 요리가 유명하다.
– 가을에 축제가 있다.
– 관광객들이 많이 온다.

■ 연습 5　17p
– 방학에 제주도를 여행했다.
– 공항에 사람들이 많았다.
– 우리는 예약한 호텔로(에) 갔다.
– 호텔이 깨끗하고 조용했다.
– 다음날 박물관을 구경했다.
– 그날 바람이 많이 불었다.
– 저녁에 맛있는 생선을 먹었다.
– 예쁜 카페에서 커피를 마셨다.
– 제주도에서 좋은 추억을 만들었다.

2. 시간 표현하기

2-1 현재 시제
■ 연습 1　19p
1. 나는 우리 집 근처 공원에 자주 간다.
2. 나는 매일 아침마다 샤워한다.
3. 나는 요즘 민수 씨를 자주 만난다.

4. 나는 지금 서울에 산다.

5. 나는 커피를 자주 마신다.

6. 나는 요즘 한국어를 배운다.

7. 나는 요즘 '요리는 즐거워'를 본다.

8. 나는 휴대폰으로 음악을 듣는다.

9. 사람들은 생일에 파티를 한다.

10. 사람들은 대부분 거짓말을 싫어한다.

■ 연습 2   19p

1. ~ 설날에 떡국을 먹고 세배를 한다.

2. ~ 가족들이 모여서 맛있는 음식을 먹는다.

3. ~ 비싼 차와 비싼 물건을 산다.

4. ~ 친구들을 만나서 게임을 한다.

5. ~ 가족들과 여행을 간다.

6. ~ 한국 드라마를 보고 한국 노래를 듣는다.

7. ~ 약을 먹거나 집에서 쉰다.

8. ~ 운동을 하거나 여행을 간다.

9. ~ 고향 음식을 자주 먹지 못 한다.

10. ~ 가족이나 친구들을 자주 만나지 못 한다.

2-2 과거 시제/완료
■ 연습 1   21p

1. 나는 어제 집 근처 편의점에 갔다.

2. 나는 어제 학생 식당에서 돈가스를 먹었다.

3. 나는 어제 티셔츠와 청바지를 입었다.

4. 나는 옛날에 반 친구를 좋아했다.

5. 나는 최근에 코트를 샀다.

6. 나는 지난 생일에 유명한 식당에 갔다.

7. 나는 지난주에 선생님을 만났다.

8. 지난 주말에 비가 왔다.

9. 작년에 짧은 치마가 유행했다.

10. 어릴 때 나는 키가 작고 뚱뚱했다.

■ 연습 2   21p

※ (정답 생략)

2-3 미래 시제
■ 연습 1   23p

1. 나는 주말에 생일 파티를 할 것이다.

2. 나는 저녁에 불고기를 먹을 것이다.

3. 나는 주말에 극장에 가서 영화를 볼 것이다.

4. 나는 내일 부모님께 전화할 것이다.

5. 나는 내일 인터넷으로 기차표를 예약할 것이다.

6. 나는 내일 6시에 일어날 것이다.

7. 비가 오면 경기를 취소할 것이다.

8. 1년 후에 그 친구와 나는 졸업할 것이다.

9. 나는 건강을 위해 열심히 운동할 것이다.

10. 내일은 날씨가 좋을 것이다.

■ 연습 2   23p

1. ~ 고향에 갈 것이다.

2. ~ 도서관에 가서 책을 읽을 것이다.

3. ~ 늦게 일어나지 않을 것이다.

4. ~ 한국 회사에 취직할 것이다.

5. ~ 새 영화를 찍을 것이다.

6. ~ 가족을 위해 열심히 일할 것이다.

7. ~ 한국에서 공부하고 있을 것이다.

8. ~ 책을 많이 읽었을 것이다.

9. ~ 돈을 많이 벌었을 것이다.

10. ~ 물이 깨끗했을 것이다.

3. 조사 쓰기

3-1 N은/는
■ 연습 1   25p

1	여기는 휴일에 산책하는 ~ 여기는 사람들이 와서 쉴 수 있는 ~	공원
2	이 날은 1월 1일이다. 이 날은 새해를 축하하고 특별한 음식을 먹는 날이다.	설날
3	이것은 전화할 때 필요한 것이다. 이것은 사람들이 항상 가지고 다니는 것이다.	휴대폰
4	이 사람은 학교에 있다. 이 사람은 학생들을 가르친다.	선생님
5	이 과일은 여름에 많이 먹는다. 이 과일은 밖은 초록색이고 안은 빨간색이다.	수박
6	이 도시는 한국에 있다. 이 도시는 한국에서 가장 큰 도시이다.	서울

7 이 나라는 한국과 가까운 나라이다.
　　이 나라는 만리장성이 있는 나라이다.　　중국

8 이 음식은 한국 음식이다.
　　이 음식은 닭고기와 인삼으로 만든다.　　삼계탕

■ 연습 2　　26p
1. 나는 키가 작은데 친구는 키가 크다.
2. 여름옷은 얇은데 겨울옷은 두껍다.
3. 고기는 비싼데 채소는 비싸지 않다.
4. 게임은 재미있는데 공부는 재미없다.
5. 평일은 바쁜데 주말은 안 바쁘다.
6. 어머니는 건강하지만 아버지는 건강이 안 좋다
7. 구두는 불편한데 운동화는 편하다.
8. 요리는 좋아하지만 설거지는 싫어한다.
9. 도시는 복잡하지만 시골은 조용하다.
10. 한국인은 그 단어를 알지만 외국인은 모른다.

■ 연습 3　　26p
1. 사람들은 많은데 앉을 수 있는 의자는 적다.
2. 나는 머리가 긴데 동생은 짧다.
3. 말하는 것은 빠른데 쓰는 것은 느리다.
4. 책은 두꺼운데 공책은 얇다.
5. 지하철은 편한데 버스는 불편하다.
6. 그 사람 전화번호는 아는데 주소는 모른다.
7. 불고기는 맛있는데 떡볶이는 맛없다.
8. 방은 좁은데 거실은 넓다.
9. 내 가방은 무거운데 친구 가방은 가볍다.
10. 카페 1층은 조용한데 2층은 시끄럽다.

■ 연습 4　　27p
1. 1층에는 식당이 있다.
2. 송편은 추석에 먹는다.
3. 오전에는 한국어 수업을 듣는다.
4. 삼계탕은 여름에 먹는다.
5. 겨울에는 스키장에 간다.
6. 마스크는 약국에서 산다.
7. 시장에서는 전통 음식을 판다.
8. 머리는 저녁에 감는다.
9. 연필로는 신청서를 쓸 수 없다.
10. 여기에서는 사진을 찍으면 안 된다.

11. 쓰레기는 여기에 버리면 안 된다.
12. 세일은 12월에 한다.
13. 윷놀이는 설날에 한다.
14. 10월에는 축제를 한다.
15. 외국인은 그 책을 읽기 어렵다.
16. 그 꽃은 5월에 핀다.
17. 방학에는 아르바이트를 한다.
18. 긴장할 때는 껌을 씹는다.
19. 청소는 휴일에 한다.
20. 버스로는 학교까지 30분 걸린다.

3-2 N이/가

■ 연습 1　　29p

1. ○	2. ×	3. ○	4. ×	5. ○
6. ○	7. ×	8. ×	9. ×	10. ○
11. ×	12. ×	13. ×	14. ○	15. ×
16. ×	17. ○	18. ×	19. ○	20. ×
21. ×	22. ×	23. ×	24. ○	25. ○
26. ○	27. ×	28. ○	29. ○	30. ×
31. ×	32. ×	33. ○	34. ×	35. ×
36. ×	37. ○	38. ○	39. ×	40. ×
41. ○	42. ×	43. ○	44. ×	45. ○
46. ○	47. ○	48. ×	49. ×	50. ○

■ 연습 2　　30p

1. 국이	2. 친구가	3. 가족이	4. 길이
5. 형이	6. 땀이	7. 아이가	8. 학생들이
9. 돈이	10. 날씨가	11. 아주머니가	
12. 빨간색이	13. 버스가	14. 나뭇잎이	
15. 1시간이	16. 아이들이	17. 구름이	
18. 강아지가	19. 기회가	20. 수업 시간이	
21. 학생이	22. 꽃이	23. 지하철이	
24. 약국이	25. 기차가	26. 전화가	
27. 어머니가	28. 시간이	29. 그 노래가	
30. 정이	31. 관심이	32. 스트레스가	
33. 방이	34. 우리 팀이	35. 머리 색깔이	
36. 아저씨가	37. 공연이	38. 퇴근 시간이	
39. 장마가	40. 거리가		

■ 연습 3　　31p
1. 내가 좋아하는 계절은 겨울이다.

2. 내가 어제 만난 사람은 영화배우이다.
3. 그 사람이 잘하는 것은 수영이다.
4. 우리가 만나기로 약속한 날은 내일이다.
5. 동생이 간 곳은 제주도이다.
6. 친구가 듣는 수업(것)은 한국어 수업이다.
7. 학생들이 쉬는 곳은 휴게실이다.
8. 우리가 주말에 한 것은 쇼핑이다.
9. 그 사람이 마신 것은 아이스커피이다.
10. 어머니가 선물로 받은 것은 시계이다.
11. 친구가 지금 사는 곳은 서울이다.
12. 그 가수가 부른 노래(것)은 아리랑이다.
13. 내가 지금 배우는 것은 태권도이다.
14. 우리가 설날에 입는 것은 한복이다.
15. 우리가 어제 만든 것은 김밥이다.
16. 우리가 출 춤은 부채춤이다.
17. 내가 어제 꾼 꿈은 돼지꿈이다.
18. 내가 생일에 먹은 것은 미역국이다.
19. 내가 자주 시켜 먹는 것은 피자이다.
20. 누나가 잃어버린 것은 지갑이다.

■ 연습 4   32p
1. 나는 한국어 공부가 좋다.
2. 오늘은 쉬는 날이 아니다.
3. 아이가 울면 과자를 준다.
   아이가 울어서 과자를 줬다(주었다).
4. 음식이 매워서 조금 먹었다.
   음식이 매우면 조금 먹는다.
5. 그 사람은 의사가 아니다.
6. 길이 멀어서(멀면) 시간이 많이 걸린다.
7. 나는 화가가 되고 싶다.
8. 성격이 좋으면(좋아서) 친구가 많다.
9. 비가 안 오면(안 와서) 날씨가 건조하다.
10. 책이 재미있어서 두 번 봤다.
11. 우리 집에는 개가 있다.
12. 날씨가 더우면 수영장에 간다.
   날씨가 더워서 수영장에 갔다.
13. 집이 가까워서(가까우면) 걸어 다닌다.
14. 사고가 나서 길이 막혔다.
   사고가 나면 길이 막힌다.
15. 약속이 없어서 집에서 쉬었다.
   약속이 없으면 집에서 쉰다.

16. 습관이 바뀌면 인생이 바뀐다.
17. 아기가 자면 엄마는 일한다.
   아기가 자서 엄마는 일했다.
18. 내 친구는 졸업 후에 회사원이 되었다.
19. 구두가 필요해서 구두를 샀다.
20. 친구가 없어서(없으면) 심심하다.

■ 연습 5   33p
1. 내가 잘하는 것
2. 내가 잘 못하는 것,   노래
3. 교실에서 즐겁게 수업한 것
4. 가족들과 같이 밥을 먹는 것이
5. 나는 주말에 집에서 쉬는 것이
6. 싸고 맛있는 것이
7. 맛있는 음식과 재미있는 공연이
8. 친구와 싸우는 것이(음식이)
9. 식당에서 혼자 밥을 먹는 것이
10. 아이들이 공부할 수 있는
11. 두 사람이 이야기하는
12. 아이들이 친구들과 놀 수 있는
13. 주부들이 밖에서 취미활동을 할 수 있는
14. 부모님이 걱정하는 것
15. 내가 걱정하는 것은 부모님의 건강
16. 할머니가 쓰레기를 줍는 것을
17. 친구가 도서관에서 공부하는 것을
18. 친구가 보낸
19. 내가 일하는 회사
20. 우리가 지켜야 하는 것, 친구와 한 약속

3-3 N을/를

■ 연습 1   35p
– 버리다, 바꾸다, 보내다, 타다, 하다, 맡기다,
  놓다, 기다리다, 사다, 넣다, 만들다, 모으다,
  붙이다, 출발하다, 세우다, 만나다, 짓다

■ 연습 2   35p
1. 맛있다,   먹었다
2. 있다(간다, 지났다...), 보냈다 (냈다. 아낀다...)
3. 재미있다(재미없다...), 봤다(찍었다, 추천했다...)
4. 핀다(많다, 없다, 예쁘다...), 샀다(판다, 보냈다...)
5. 크다(넓다, 좋다...), 샀다(지었다, 팔았다...)

6. 간다(온다, 복잡하다, 떠났다, 도착했다...)
   탔다(기다렸다, 놓쳤다...)
7. 재미있다(좋다, 즐겁다, 힘들었다...)
   했다(갔다, 떠났다, 준비한다, 계획한다...)
8. 많다(있다, 더럽다, 나왔다, 쌓였다...)
   버렸다(버리지 않는다, 주웠다, 넣었다...)
9. 왔다(없다, 오지 않는다...)
   했다(걸었다, 받았다, 받지 않았다...)
10. 있다(많다, 적다, 필요하다, 중요하다...)
    벌었다(찾았다, 잃어버렸다, 모은다, 줬다...)
11. 있다(많다, 풀린다, 쌓인다, 심하다...)
    받는다(풀었다, 풀지 못 한다, 받지 않는다...)
12. 많다(있다, 적다, 즐겁다, 힘들다, 끝났다...)
    한다(시작했다, 그만뒀다, 맡겼다, 끝냈다...)
13. 있다(없다, 많다, 필요하다...)
    바꿨다(세웠다, 했다, 취소했다...)
14. 어렵다(쉽다, 재미있다, 많다, 있다, 끝났다...)
    한다(듣는다, 바꿨다, 시작했다, 좋아한다...)

■ 연습 3   36p
1. 커피를   2. 수업이   3. 손을
4. 기침이/콧물이   5. 친구를   6. 불고기를
7. 도시락이   8. 시간이   9. 노래를
10. 쓰레기를   11. 책을   12. 과일을
13. 까만색이   14. 바람이   15. 기차를
16. 운동을   17. 아이들이   18. 소파가
19. 길이   20. 공연을/축제를

■ 연습 4   36p
1. 채소를, 고추를   2. 휴게실이, 학생들이
3. 컴퓨터가, 컴퓨터를   4. 팔을, 그 아이를
5. 볼펜이, 볼펜을   6. 식당이, 음식을
7. 공부를, 성적이   8. 스트레스가, 스트레스를
9. 우산이, 비를   10. 제주도가, 제주도를

■ 연습 5   37p
1. 나는 저녁에 라면을 끓였다.
2. 주말에 집에서 그림을 그렸다.
3. 지난주에 아르바이트를 그만뒀다.
4. 내일 은행에서 돈을 바꿀 것이다.

5. 책상 위에 꽃병을 놓았다.
6. 어제 미용실에서 머리를 잘랐다.
7. 이번 휴가에 부산으로 여행을 갈 것이다.
8. 일요일에 집에서 배달 음식을 먹었다.
9. 학교 앞에서 교통사고가 났다.
10. 휴일에 집에서 전화로 피자를 시켰다.
11. 수첩에 볼펜으로 이름을 썼다.
12. 전화로 식당을 예약했다.
13. 냉장고에 음료수가 없다.
14. 가방에 책을 넣었다.
15. 우리 집 근처에 마트가 생겼다.
16. 학교에서 새 친구를 사귀었다.
17. 명절에 어머니가 잡채를 만들었다.
18. 바닥에 휴지가 떨어졌다.
19. 인터넷으로 콘서트 표를 예매했다.
20. 길에서 우리 반 친구를 만났다.

3-4 N에(시간)

■ 연습 1   39p
– 그날, 내일, 매년, 모레, 지금, 매일, 올해, 어제, 오늘,
  매주

■ 연습 2   39p
1. 하루 중에서 가장 바쁜 시간이다.
   늦게 일어나서 아침을 못 먹었다.
2. 수영을 배우는 날이다.
   스포츠센터에 가야 한다.
3. 쉬는 날이다.
   친구를 만나서 운동장에서 농구를 했다.
4. 이번 주부터 다음 주까지이다.
   구경하러 오는 사람들이 많다.
5. ○월 ○일이다.
   친구들을 집으로 초대했다.
6. 내가 좋아하는 계절이다.
   스키를 타러 스키장에 간다.
7. 우리가 처음 만난 날이다.
   학교 앞에서 그 친구를 처음 만났다.

■ 연습 3   40p
1. ○   2. ×   3. ○   4. ×   5. ×
6. ×   7. ○   8. ○   9. ○   10. ×

11. ×	12. ×	13. ×	14. ○	15. ×
16. ×	17. ○	18. ×	19. ○	20. ×
21. ×	22. ○	23. ×	24. ○	25. ○
26. ×	27. ○	28. ○	29. ×	30. ○
31. ○	32. ○	33. ×	34. ×	35. ○
36. ×	37. ○	38. ○	39. ×	40. ○

■ 연습 4   41p
1. 12시에 학생 식당에 가서 밥을 먹는다.
2. 매일 집에서 요리를 한다.
3. 아침에 공항에 가야 한다.
4. 오전에 학교에서 한국어 수업을 듣는다.
5. 주말에 친구 집에 갈 것이다.
6. 올해 우리나라에 관광객들이 많이 왔다.
7. 쉬는 시간에 휴게실에서 커피를 마셨다.
8. 점심에 편의점에 가서 컵라면을 먹었다.
9. 지난 방학에 할머니 댁에 가서 놀았다.
10. 작년에 한국에 와서 제주도를 여행했다.
11. 다음 달에 TOPIK 시험을 볼 것이다.
12. 다음에 한라산에 가서 등산을 하고 싶다.
13. 저녁에 PC방에서 게임을 했다.
14. 주말에 백화점에 사람이 많다.
15. 일요일에 집에서 청소하고 빨래했다.
16. 내년에 대학교를 졸업할 것이다.
17. 개교기념일에 학교에 가지 않았다.
18. 생일에 집에서 생일파티를 했다.
19. 시험기간에 도서관에서 시험공부를 했다.
20. 옛날에 우리 집에 큰 나무가 있었다.

3-5 N에

■ 연습 1   43p

1. ○	2. ×	3. ○	4. ×	5. ×
6. ○	7. ○	8. ○	9. ×	10. ×
11. ×	12. ○	13. ×	14. ○	15. ×
16. ×	17. ○	18. ○	19. ×	20. ×
21. ×	22. ○	23. ×	24. ×	25. ×
26. ○	27. ○	28. ×	29. ×	30. ○
31. ×	32. ×	33. ×	34. ×	35. ×
36. ○	37. ×	38. ○	39. ○	40. ×

■ 연습 2   44p
1. 나쁘다   2. 참석했다   3. 입학했다

4. 지각했다   5. 도착했다   6. 붙였다.
7. 버렸다   8. 빠졌다   9. 소개했다
10. 앉았다   11. 썼다   12. 떨어졌다
13. 놓았다   14. 발랐다   15. 취직했다
16. 가입했다

■ 연습 3   44p
1. 아파트에   2. 침대에   3. 도서관에
4. 휴지통에   5. 지갑에   6. 약속에
7. 문화에   8. 유치원에   9. 책상 위에
10. 신청서에   11. 벽에   12. 까만색에
13. 질문에   14. 큰 회사에   15. 경기에
16. 사랑에   17. 동아리에   18. 병원에
19. 시험지에   20. 공항에

■ 연습 4   45p
1. 그 사람은 요즘 요가학원에   ×   다닌다
2. 선생님이 공부 방법에 대해   ×   설명하셨다.
3. 동생이 휴지통에 쓰레기를 버렸다.
4. 사장님이 회의에   ×   늦었다.
5. 우리는 한국 영화에 대해   ×   이야기했다.
6. 나는 신청서에 이름을 썼다.
7. 비행기가 인천공항에   ×   도착했다.
8. 친구가 라면에 계란을 넣었다.
9. 누나가 식탁 위에 꽃병을 놓았다.
10. 아침에 먹는 사과는 건강에   ×   좋다.
11. 언니가 소파에   ×   앉았다.
12. 학생들이 선생님의 질문에   ×   대답했다.
13. 할머니가 침대에   ×   누웠다.
14. 아버지가 다친 곳에 연고를 발랐다.
15. 그 사람이 선반 위에 짐을 올렸다.
16. 술과 담배는 건강에   ×   좋지 않다.
17. 그 친구는 백화점에   ×   자주 간다.
18. 그 여자는 어린이집에 아이를 맡겼다.
19. 그 가수는 인스타그램에 사진을 올린다.
20. 사람들은 건강에   ×   관심이 많다.

3-6 N에서

■ 연습 1   47p
- 일하다, 모이다, 쉬다, 달리다, 기다리다, 놀다, 뛰다,
  오다, 사다, 만들다, 살다, 출발하다, 이야기하다, 만나

다, 아르바이트하다, 떠나다

■ 연습 2　　　　　　　　47p
1. 깨끗하다. / 피아노가 있다. / 피아노를 쳤다.
2. 많다. / 친구들이 모였다. / 게임을 했다
3. 출발했다. / 잡지가 있다. / 잡지를 읽었다.
4. 마음에 든다. / 다닌다. / 열심히 일한다.
5. 좁다. / 차가 많다. / 사고가 났다.
6. 춥다. / 눈이 내린다. / 눈사람을 만들었다.
7. 유명하다. / 손님들이 많다. / 불고기를 먹었다.
8. 파랗다. / 배가 있다. / 배를 탔다.
9. 가깝다. / 기다리는 사람이 많다. / 돈을 찾았다.
10. 편하다. / 앉았다. / TV를 봤다.

■ 연습 3　　　　　　　　48p

1. ○	2. ×	3. ○	4. ×	5. ○
6. ×	7. ×	8. ×	9. ○	10. ×
11. ×	12. ○	13. ×	14. ×	15. ○
16. ×	17. ×	18. ×	19. ○	20. ×
21. ×	22. ×	23. ○	24. ○	25. ×
26. ○	27. ×	28. ○	29. ×	30. ×
31. ○	32. ×	33. ×	34. ○	35. ×
36. ×	37. ×	38. ○	39. ×	40. ○
41. ○	42. ×	43. ○	44. ×	45. ○
46. ×	47. ×	48. ×	49. ○	50. ×

■ 연습 4　　　　　　　　49p
1. 학생 식당에, 학생 식당에서
2. 친구 집에, 친구 집에서
3. 집에서, 마트에서
4. 한국에, 대학교에서
5. 식당에서, 식당에
6. 고향에, 고향에서
7. 우리 집에, 백화점에서
8. 집 근처에, 그 카페에
9. 집에, 식당에서
10. 미국에서, 기숙사에서(에)
11. 길에, 휴지통에 (쓰레기통에)
12. 시장에서, 그 가방에
13. 안에서, 밖에
14. 식당에, 식당 밖에서

15. 회사에, 집에서
16. 제주도에서, 서울에
17. 소파에, 침대에
18. 방에서, 시장에
19. 병원에, 집에
20. 서울에, 부산에서

■ 연습 5　　　　　　　　50p
1. 음악을 들으면서 버스를 기다렸다.
2. 빵과 우유를 샀다.
3. 휴대폰을 보면서 쉬었다.
4. 채소와 과일을 샀다.
5. 책을 빌렸다.
6. 청소를 하고 요리를 했다.
7. 친구들과 차를 마시면서 이야기했다.
8. 가족들과 맛있는 음식을 먹었다.
9. 산책을 하고 음악을 들었다.
10. 책을 읽다가 잤다.
11. 공연을 봤다.
12. 친구들과 축구를 했다.
13. 일을 했다.
14. 수영을 하고 낚시를 했다.
15. 놀이기구를 탔다.
16. 친구를 만났다.
17. 약을 샀다.
18. 음식을 만들었다.
19. 통장을 만들었다.
20. 소포를 부쳤다.

■ 연습 6　　　　　　　　51p
학교에 큰 운동장이 있다. 학생들은 거기에서 축구도 하고 농구도 한다. 가끔 달리기도 한다. 그리고 학교에는 도서관이 있다. 수업이 끝나면 도서관에 가서 숙제도 하고 책도 읽는다. 책도 빌릴 수 있다. 그리고 학생 식당이 있다. 학생 식당에서 학생들은 ... (이하 생략)

■ 연습 7　　　　　　　　51p
공항에는 음식점과 카페가 있다. 사람들은 시간이 많으면 음식점에서 밥을 먹는다. 그리고 카페에서 비행기를 기다린다. 카페에서 책을 읽거나 휴대폰을 본다. 또 공항에는 은행도 있고 기념품 가게도 있다. 사람들은 은행에서 돈을 바꿀 수 있다. 선물이 필요하면 기념품 가게에서 ...
(이하 생략)

3-7 N에게/한테
■ 연습 1   53p
1. 여자 친구에게 선물을 주었다.
2. 나에게 문자메시지를 보냈다.
3. 여행 가이드가 관광객들에게 유명한 장소를 소개했다.
4. 동생이 형에게 여자 친구 사진을 보여주었다.
5. 사장님이 직원에게 일을 맡겼다.
6. 아버지가 어머니에게 꽃을 선물했다.
7. 그 친구가 나에게 빌린 책을 돌려주었다.
8. 학생이 선생님에게 편지를 썼다.
9. 나는 그 사람에게 나이를 물어보고 싶다.
10. 할머니가 아이에게 책을 읽어주고 있다.
11. 학교에서 학생들에게 시험 기간을 알려 주었다.
12. 그 식당에서 손님들에게 새 메뉴를 소개했다.

■ 연습 2   53p
1. 나는 친구에게 자주 문자 메시지를 보낸다.
   나는 친구에게 자주 전화한다.
   나는 친구에게 모르는 것을 물어 본다.
2. 선생님은 학생들에게 한국어를 가르친다.
   선생님은 학생들에게 질문한다.
   선생님은 학생들에게 한국어 문법을 설명한다.
3. 어머니는 나에게 맛있는 음식을 만들어 주신다.
   어머니는 나에게 건강에 대해 물어 보신다.
   아버지는 나에게 용돈을 보내 주신다.

3-8 N에게서/한테서
■ 연습 1   55p
1. 남자 친구에게서 반지를 선물로 받았다.
2. 나는 우리 반 친구에게서 연락을 받았다.
3. 학생들은 그 선생님에게서 역사를 배운다.
4. 아내는 남편에게서 따뜻한 사랑을 느꼈다.
5. 동생이 반 친구에게서 우산을 빌렸다.
6. 그 친구는 형에게서 좋은 소식을 들었다.
7. 그 사람은 가족에게서 용기를 얻었다.
8. 그 아이는 선생님에게서 칭찬을 받았다.
9. × 친구에게서 전화가 왔다.
10. × 그 사람에게서 이상한 냄새가 났다.

■ 연습 2   55p
1. 나는 친구에게서 용기를 얻었다.
2. 그 학생은 선생님에게서 칭찬을 받았다.
3. 나는 친구에게서 자전거를 빌렸다.
4. 환자가 의사 선생님에게서 약을 받았다.
5. 가게 주인이 손님에게서 돈을 받았다.
6. 형은 동생에게서 그 일에 대해 들었다.
7. 나는 그 친구에게서 연락을 받았다.
8. 나는 그 사람에게서 전화를 받았다.
9. 딸이 어머니에게서 편지를 받았다.
10. 나는 할아버지에게서 예절을 배웠다.

3-9 N과/와
■ 연습 1   57p
1. 나는 여자 친구와 헤어졌다.
2. 나는 친구와 같이 산다.
3. 나는 아버지와 성격이 닮았다.
4. 나는 그 친구와 취미가 다르다.
5. 남편은 아내와 약속했다.
6. 아이가 고양이와 놀고 있다.
7. 한국은 우리 고향과 날씨가 비슷하다.
8. 한국어와 영어를 비교했다.
9. 나는 나연 씨와 친하다.
10. 주인이 손님과 싸운다.
11. 그 여자는 그 남자와 잘 어울린다.

■ 연습 2   57p
1. 내년에 나는 친구와 제주도를 여행하고 싶다.
   내년에 나는 친구와 한국 요리를 배우고 싶다.
   내년에 나는 친구와 콘서트를 보러 가고 싶다.
2. 나는 우리 어머니와 눈이 닮았다.
   나는 우리 어머니와 목소리가 닮았다.
   나는 우리 아버지와 성격이 닮았다.
3. 나는 그 친구와 좋아하는 음식이 다르다.
   나는 그 친구와 전공이 다르다.
   나는 그 친구와 취미가 다르다.

3-10 N(으)로
■ 연습 1   59p
1. 젓가락으로 김치를 먹었다.

2. 지하철로 학교에 갔다.

3. 카드로 물건 값을 계산했다.

4. 가위로 고기를 잘랐다.

5. 엘리베이터로 10층에 갔다.

6. 한국말로 친구에게 인사했다.

7. 볼펜으로 글씨를 썼다.

8. 운동으로 건강을 지킨다.

9. 문자메시지로 친구에게 연락했다.

■ 연습 2   59p

1. 돈으로 사랑과 행복을 살 수 없다.
   돈으로 사고 싶은 물건을 살 수 있다.
   돈으로 직업을 살 수 없다.

2. 휴대폰으로 사진을 찍을 수 있다.
   휴대폰으로 쇼핑을 할 수 있다.
   휴대폰으로 드라마를 볼 수 있다.

3. 유튜브로 외국어를 배울 수 있다.
   유튜브로 세계 뉴스를 볼 수 있다.
   유튜브로 돈을 벌 수 있다.

3-11 N(이)나

■ 연습 1   61p

1. 한국에 온 지 5년이나 되었다.

2. 게임을 10시간이나 했다.

3. 고기를 5인분이나 먹었다.

4. 전화를 6번이나 했다.

5. 그 영화를 5번이나 봤다.

6. 일을 12시간이나 했다.

7. 집에서 학교까지 2시간이나 걸린다.

8. 맥주를 4병이나 마셨다.

9. 친구가 100명이나 있다.

■ 연습 2   61p

1. 나는 그 노래를 백 번이나 들었다.

2. 나는 어제 커피를 다섯 잔이나 마셨다.

3. 나는 어제 고기를 3인분이나 먹었다.

4. 나는 지난달에 옷을 다섯 벌이나 샀다.

5. 나에게는 강아지가 세 마리나 있다.

6. 나는 그 친구를 2시간이나 기다렸다.

7. 나는 그 영화를 5번이나 봤다.

8. 나는 그 책을 두 번이나 읽었다.

9. 나는 잠을 12시간이나 잤다.

3-12 N밖에

■ 연습 1   63p

1. 내 지갑에 돈이 천 원밖에 없다.

2. 게임을 30분밖에 안 했다.

3. 태어난 지 1달밖에 안 된다.

4. 내 친구는 그 카페 밖에 안 간다.

5. 가는 시간이 10분밖에 안 걸린다.

6. 헤어진 지 1주일밖에 안 됐다.

7. 가구가 침대밖에 없다.

8. 한국어는 "안녕?"밖에 모른다.

9. 비가 조금밖에 안 왔다.

10. 아침에 우유밖에 안 먹었다.

■ 연습 2   63p

1. 아르바이트로 50만 원밖에 못 벌었다.

2. 어제 라면밖에 안 먹었다.

3. 어제 그 친구밖에 안 만났다.

4. 한국노래는 '아리랑'밖에 모른다.

5. 외국어는 한국어밖에 못 한다.

6. 어제 3시간밖에 못 잤다.

7. 냉장고 안에 물밖에 없다.

8. 부산밖에 안 가 봤다.

3-13 N보다

■ 연습 1   65p

1. 나는 바다보다 산을 좋아한다.

2. 나는 개보다 고양이가 좋다.

3. 그 백화점은 평일보다 주말이 복잡하다.

4. 긴 바지가 짧은 바지보다 편하다.

5. 비싼 것보다 싼 것을 많이 산다.

6. 배보다 비행기가 빠르다.

7. 말하는 것보다 직접 하는 것이 중요하다.

8. 따뜻한 커피보다 차가운 커피를 좋아한다.

9. 말하는 것보다 쓰는 것이 어렵다.

10. 걷는 것보다 뛰는 것이 힘들다.

■ 연습 2   65p

1. 나는 월요일보다 화요일이 더 바쁘다.

2. 나는 빨래하는 것보다 청소하는 것이 더 싫다.

3. 나는 빨간 색보다 파란 색을 더 좋아한다.
4. 나는 된장찌개보다 김치찌개를 더 자주 먹는다.
5. 나는 비가 오는 날보다 눈이 오는 날을 더 좋아한다.
6. 여름보다 겨울에 여행하는 것이 더 싸다.
7. 나는 농구보다 축구를 더 잘한다.
8. 뛰는 것보다 걷는 것이 건강에 더 좋다.
9. 음식을 만드는 것이 생각보다 재미있다.
10. 한국어를 배우는 것이 처음보다 어렵다.

3-14 N마다
■ 연습 1　　　　67p
1. 라면을 끓일 때마다 계란을 넣는다.
2. 쉬는 시간마다 물을 마신다.
3. 주말마다 집에서 영화를 본다.
4. 심심할 때마다 게임을 한다.
5. 감기에 걸릴 때마다 그 차를 마신다.
6. 여행을 갈 때마다 기념품을 산다.
7. 외로울 때마다 일기를 쓴다.
8. 수업할 때마다 휴대폰을 끈다.
9. 스트레스를 받을 때마다 운동한다.

■ 연습 2　　　　67p
1. 나는 저녁마다 스포츠센터에 가서 운동을 한다.
　동생은 아침마다 커피를 마신다.
　친구는 주말마다 등산을 한다.
2. 교실마다 컴퓨터가 있다.
　백화점마다 그 화장품이 있다.
　건물마다 엘리베이터가 있다.
3. 나라마다 문화가 다르다.
　사람마다 좋아하는 공부하는 방법이 다르다.
　학교마다 시험 보는 날이 다르다.

3-15 N처럼/N같이
■ 연습 1　　　　69p
1. 아이처럼 울었다.
2. 요리사처럼 요리를 잘한다.
3. 바다처럼 넓어서
4. 우리 집처럼 편했다.
5. 부자처럼 돈을 잘 쓴다.
6. 우리 고향처럼 조용하고 공기가 좋다.
7. 화장한 것처럼 예쁘다.

8. 화가 난 것(사람)처럼 말이 없다.
9. 화가처럼 그림을 잘 그린다.
10. 새 옷처럼 깨끗하다.

■ 연습 2　　　　69p
1. 바보처럼 실수했다.
2. 옛날 집처럼 방 두 개와 거실이 있다.
3. 안 입은 것처럼 시원해서
4. 라면처럼 ~ 쉽게 끓일 수 있다.
5. 운동선수처럼 운동을 잘한다.
6. 그 친구처럼 춤을 잘 추고 싶다.
7. 약속한 것처럼 ~ 만났다.
8. 직원처럼 작은 사무실에서 일한다.
9. 태풍이 오는 것처럼 바람이 불고 비가 왔다.
10. 싸운 것처럼 말을 하지 않는다.

■ 연습 3　　　　70p
1. 그 친구는 가수처럼 노래를 잘한다.
2. 그 사람은 영화배우처럼 잘생겼다.
3. 우리 누나는 요리사처럼 요리를 잘한다.
4. 내 동생은 거북이처럼 느리다.
5. 후엔 씨는 한국 사람처럼 한국말을 잘한다.
6. 음식 배달이 번개처럼 빠르다.
7. 그 여자는 인형처럼 예쁘다.
8. 우리 아버지는 호랑이처럼 무섭다.
9. 그 아이는 천사처럼 착하다.
10. 그 여자는 꽃처럼 예쁘다.
11. 그 교수님은 시계처럼 정확하다.
12. 오늘은 겨울처럼 춥다.
13. 그 구두는 운동화처럼 편하다.
14. 그 사과는 꿀처럼 달다.
15. 그 사람의 마음은 바다처럼 넓다.
16. 여기는 도서관처럼 책이 많다.
17. 그것은 엄마가 만든 음식처럼 맛있다.
18. 내 친구는 선생님처럼 잘 가르친다.
19. 그 남자는 농구 선수처럼 농구를 잘한다.
20. 그 옷은 아이 옷처럼 작다.

■ 연습 4　　　　71p
1. 나는 아버지를 닮았다. 그래서 나는 아버지처럼 운동을 잘한다. 그리고 아버지처럼 성격이 급한 편이다. 나

는 매운 음식도 잘 먹는데 아버지도 매운 음식을 잘 드신다.

2. 그 친구와 나는 다른 것이 많다. 먼저 나는 그 친구처럼 키가 크지 않다. 그리고 그 친구처럼 머리 색깔이 까맣지 않다. 또 그 친구는 달리기를 잘하는데 나는 그 친구처럼 달리기를 잘 하지 못한다.

3. 한국과 우리나라는 여러 가지가 다르다. 먼저 우리나라는 한국처럼 산이 많지 않다. 그리고 한국처럼 작은 섬이 많지 않다. 또 한국은 사계절이 있는데 우리나라는 한국처럼 봄, 여름, 가을, 겨울이 다 있는 것이 아니고 여름만 있다.

4. 나는 그 분을 존경한다. 그래서 그 분처럼 내가 좋아하는 일을 계속 하고 싶다. 그리고 힘들어도 그 분처럼 포기하지 않고 열심히 일할 것이다. 그래서 나중에 그 분처럼 훌륭한 사업가가 될 것이다.

4. 관형어 쓰기

■ 연습 1   73p

1	가는 곳	간 곳	갈 곳
2	파는 물건	판 물건	팔 물건
3	사는 집	산 집	살 집
4	여는 식당	연 식당	열 식당
5	걷는 길	걸은 길	걸을 길
6	듣는 수업	들은 수업	들을 수업
7	읽는 책	읽은 책	읽을 책
8	부르는 노래	부른 노래	부를 노래
9	찾는 돈	찾은 돈	찾을 돈
10	보내는 메일	보낸 메일	보낼 메일
11	사귀는 친구	사귄 친구	사귈 친구
12	생기는 일	생긴 일	생길 일
13	시키는 음식	시킨 음식	시킬 음식
14	보는 시험	본 시험	볼 시험
15	유행하는 옷	유행한 옷	유행할 옷

16	외로운 사람	24	어린 아이
17	기쁜 일	25	다른 옷
18	정확한 발음	26	빠른 배달
19	얇은 책	27	긴 시간
20	슬픈 이야기	28	어두운 밤
21	먼 나라	29	흐린 날씨
22	필요한 물건	30	높은 구두
23	좁은 방	31	즐거운 수업

■ 연습 2   74p

1. 어제 먹은 사과가 맛있다.
2. 어제 만든 빵을 팔았다.
3. 지금 듣는 노래가 좋다.
4. 어제 한 약속을 잊어버렸다.
5. 지난 생일에 받은 선물은 가방이다.
6. 지난주에 산 옷은 청바지이다.
7. 어제 본 영화는 '_____'이다.
8. 고장 난 TV를 고쳤다.
9. 요즘 좋아하는 노래는 '_____'이다
10. 아침마다 마시는 것은 사과주스이다.
11. 내일 할 일을 메모했다.
12. 쌓인 스트레스를 풀었다.
13. 항상 웃는 사람은 우리 어머니이다.
14. 어제 빌린 책을 읽고 있다.
15. 아는 사람을 만났다.
16. 그저께 예약한 식당에서 저녁을 먹었다.
17. 그때 찍은 사진을 보냈다.
18. 작년에 지은 집에(서) 살고 있다.
19. 수업 시간에 조는 학생이 없다.
20. 모르는 사람에게 인사했다.

■ 연습 3   75p

1. 요즘 인기가 있는 드라마를 보고 있다.
2. 공항으로 가는 버스를 탔다.
3. 날씨가 추워서 산책하는 사람이 없다.
4. 친구의 생일을 축하하는 파티를 했다.
5. 어릴 때 가족들과 동물원에 간 기억이 있다.
6. 어머니가 사 준 옷을 입었다.
7. 혼자 청소하는 친구를 도와주었다.
8. 단어를 외워야 하는 숙제가 있다.
9. 고양이가 우는 소리를 들었다.
10. 운동장에서 친구들과 노는 아이를 봤다.
11. 친구들이 운동하는 사진을 찍었다.
12. 눈이 오는 날을 좋아한다.
13. 그 요리사가 직접 만든 음식을 먹고 싶다.

14. 친구에게 줄 선물을 준비했다.
15. 마트에서 파는 과일을 샀다.
16. 한국에서 만든 화장품을 쓰고 싶다.
17. 축구를 잘하는 친구를 소개했다.
18. 집 근처에 반찬을 파는 가게가 생겼다.
19. 주말에 여행을 갈 계획을 세웠다.
20. 아이들이 버린 쓰레기를 주웠다.

■ 연습 4   76p
1. [내 동생이 좋아하는] 음식은 불고기이다.
   쉬는 시간에 교실에서 [친구가 부르는] ~
2. 내가 오늘 점심에 먹은 것은 삼계탕이다.
   친구가 어제 새로 산 지갑을 잃어버렸다.
3. 내일 내가 갈 곳은 경복궁이다.
   다음 주에 내가 만날 사람은 중학교 동창이다.
4. 정원이 있는 집에서 살고 싶다.
   약속이 없는 날에는 TV를 보거나 그냥 쉰다.
5. [날씨가 좋은] 가을에 여행을 가고 싶다.
   경치가 아름다운 곳에서 사진을 찍었다.
   성격이 다른 사람을 만나면 자주 싸운다.
6. [공부가 재미있는] 아이들은 책을 많이 읽는다.
   나는 불고기가 맛있는 식당을 알고 있다.
   일하는 모습이 멋있는 사람이 좋다.

■ 연습 5   77p
1. 나는 착한 사람을 좋아한다.
   나는 이야기를 잘하는 사람을 좋아한다.
2. 나는 게으른 사람이 싫다.
   나는 친구에게 거짓말을 하는 사람이 싫다.
3. 항상 최선을 다하는 사람이 성공한다.
   좋은 아이디어를 가진 사람이 성공한다.
4. 그곳은 조용하고 깨끗한 곳이다.
   그곳은 사람들이 많이 다니는 곳이다.
5. 그 사람은 따뜻하고 가벼운 옷을 샀다.
   그 사람은 백화점에서 파는 옷을 샀다.
6. 그 사람은 밝고 넓은 집에 산다.
   그 사람은 수영장이 있는 집에 산다.
7. 나는 친절한 사람이 되고 싶다.
   나는 힘든 사람을 도와주는 사람이 되고 싶다.

5. 명사절 쓰기

5-1 A/V -(으)ㄴ/는 것
■ 연습 1   79p
1. 한국어를 배우는 것이 좋다.
2. 돈을 쓰는 것이 쉽다.
3. 만화책을 읽는 것이 재미있다.
4. 물놀이를 하는 것이 즐겁다.
5. 식당에 가서 먹는 것이 편하다.
6. 장학금을 받은 것이 기쁘다.
7. 외국에서 사는 것이 익숙하다.
8. 시험을 잘 보는 것이 중요하다.
9. 일찍 일어나야 하는 것이 싫다.
10. 돈을 버는 것이 어렵다.
11. 매일 청소하는 것이 힘들다.
12. 요리하는 것이 재미없다.
13. 호텔에서 자는 것이 불편하다.
14. 친구와 헤어지는 것이 슬프다.
15. 실수한 것이 창피하다.
16. 1등을 못 한 것이 아쉽다.

■ 연습 2   79p
1. 이야기하는 것을 좋아한다.
2. 친구가 노래하는 것을 봤다.
3. 어릴 때 다친 것을 기억한다.
4. 친구가 바쁜 것을 안다.
5. 영화 보는 것을 추천한다.
6. 졸업한 것을 축하했다.
7. 노력한 것을 칭찬했다.
8. 고장 난 것을 고쳤다.
9. 거짓말하는 것을 싫어한다.
10. 울고 싶은 것을 참았다.
11. 숙제하는 것을 잊어버렸다.
12. 친구가 아픈 것을 몰랐다.
13. 시험 보는 것을 걱정한다.
14. 다 쓴 물건을 버렸다.
15. 화 낸 것을 후회한다.
16. 칠판에 쓴 것을 지웠다.

■ 연습 3   80p
1. 단 것을, 매운 것을
2. 사진을 찍는 것

3. 노래하는 것을, 춤추는 것을
4. 친구와 영화 보는 것을
5. 경찰이 되는 것
6. 케이크 만드는 것을
7. 그림 그리는 것을
8. 배우는 것이
9. 친구와 산에서 캠핑한 것을
10. 쉬는 것이, 친구를 만나는 것이
11. 보는 것, 하는 것이
12. 청소하는 것이, 요리하는 것
13. 만들어서 먹는 것이
14. 외국 친구를 많이 사귀는 것이
15. 단 것을
16. 노는 것이
17. 사진 찍는 것을
18. 돈을 많이 버는 것을
19. 다른 곳으로 이사 가는 것이
20. 만나지 못하는 것이

5-2 A/V -기

82p
■ 연습 1
1. 좋다, 싫다, 아쉽다, 쉽다, 어렵다, 편하다,
   힘들다, 아깝다, 불편하다
2. 좋아하다, 바라다, 싫어하다, 멈추다, 추천하다,
   기다리다, 원하다, 기대하다

82p
■ 연습 2
1. ○   2. ×   3. ×   4. ○   5. ○
6. ○   7. ×   8. ×   9. ○   10. ×
11. ○   12. ×   13. ×   14. ×   15. ○

83p
■ 연습 3
1. 장학금을 받기가 힘들다.
2. 그 노래를 부르기가 어렵다.
3. 친구와 헤어지기가 아쉽다.
4. 버스 타기가 불편하다.
5. 수업이 끝나기를 기다렸다.
6. 시험을 잘 보기를 기대한다.
7. 여기는 쇼핑하기가 편리하다.
8. 단어를 외우기가 어렵다.
9. 아이가 채소 먹기를 싫어한다.

10. 부모님이 건강하기를 바란다.
11. 매일 운동하기가 힘들다.
12. 우리 가족들이 행복하기를 원한다.
13. 이 옷은 입고 벗기가 편하다.
14. 아이가 울기를 멈추었다.
15. 눈이 많이 와서 스키 타기가 좋다.
16. 크리스마스가 오기를 기다렸다.
17. 아주 비싼 물건이라서 쓰기가 아깝다.
18. 물이 차가워서 샤워하기가 싫다.
19. 심심하면 그림 그리기를 추천하고 싶다.
20. 너무 피곤해서 외식하러 가기가 귀찮다.

84p
■ 종합연습 1
1. 축구하는 것이
2. 사용하기가 어렵다.
3. 같이 살기가 / 같이 사는 것이
4. 노래하는 것이
5. 높임말을 배우기가 / 배우는 것이
6. 요리하는 것을 / 요리하기를
7. 아르바이트하기가/아르바이트하는 것이
8. 음악을 듣는 것을/ 듣기를
9. 게임을 하는 것이
10. 건강한 음식을 먹는 것이
11. 운전하는 것이
12. 디자인이 예쁜 것을
13. 운동하기가 / 운동하는 것이
14. 공부하기가
15. 전화하기가
16. 휴일에 외출하기를 / 외출하는 것을
17. 바꾸기가 어렵다.
18. 쇼핑하는 것을 / 쇼핑하기를
19. 그렇게 먹기를 / 먹는 것을
20. 사용하기가

85p
■ 종합연습 2
1. 여행하는 것과   2. 모으는 것이다
3. 벌기는, 쓰기는   4. 일하는 것이
5. 피우는 것을   6. 음식을 먹는 것이
7. 사는 것이   8. 신청하기가
9. 사랑하는 것이다   10. 일찍 일어나기가
11. 사랑하는 것은   12. 이야기하는 것이

13. 공부하기가

14. 만나는 것이다.

15. 좋아하는 것을

16. 가는 것처럼

17. 타는 것이다

18. 행복한 것은

19. 웃는 것이다

20. 먹지 않는 것이

7. 발이 부으면 신발이 작아진다.

8. 도서관도 짓고 수영장도 짓는다.

9. 눈이 부어서 선글라스를 썼다.

10. 이름을 지었지만 마음에 안 든다.

11. 커피를 500번 저어서 만들었다.

12. 손을 씻고 밥을 먹는다

6. 불규칙 서술어 쓰기

6-1 '르' 불규칙

■ 연습 1　　　　　　　　　　　　　　　　87p

1. 올랐다　　2. 불렀다　　3. 흘렀다

4. 서둘렀다　　5. 골랐다

6. 모릅니다　　7. 다릅니다　　8. 빠릅니다

9. 마릅니다　　10. 자릅니다

■ 연습 2　　　　　　　　　　　　　　　　87p

1. 요리 방법이 다르면 맛도 다르다.

2. 콧물이 흐르니까 감기약을 드세요.

3. 이름을 불렀지만 대답을 안 했다.

4. 서두르면 기차를 탈 수 있다.

5. 빨래가 말라서 옷장에 넣었다.

6. 선크림을 바르면 얼굴이 안 탄다.

7. 수박을 잘라서 같이 먹었다.

8. 뜻을 모르니까 가르쳐 주세요.

9. 이름도 모르고 나이도 모른다.

10. 주소를 몰라서 편지를 못 보냈다.

11. 성격은 다르지만 취미는 같다.

6-2 'ㅅ' 불규칙

■ 연습 1　　　　　　　　　　　　　　　　89p

1. 지었어요　　2. 나았어요　　3. 저었어요

4. 부었어요　　5. 부었어요

6. 짓습니다　　7. 젓습니다　　8. 붓습니다

9. 짓습니다　　10. 낫습니다

■ 연습 2　　　　　　　　　　　　　　　　89p

1. 집을 지으려면 돈이 필요하다.

2. 물을 붓고(부어서) 젓는다.

3. 웃으면서 말한다.

4. 감기가 나으면 여행을 갈 것이다.

5. 신발을 벗고 방에 들어간다.

6. 병이 나으려면 약을 계속 먹어야 한다.

6-3 'ㅎ' 불규칙

■ 연습 1　　　　　　　　　　　　　　　　91p

1. 어때요　　2. 빨개요　　3. 파래요

4. 하얘요　　5. 노래요

6. 파랗습니다　　7. 노랗습니다　　8. 까맣습니다

9. 빨갛습니다　　10. 하얗습니다

■ 연습 2　　　　　　　　　　　　　　　　91p

1. 나는 까만 머리를 좋아한다.

2. 머리는 노랗고 얼굴은 하얗다.

3. 노란 꽃이 예쁘다.

4. 빨간 장갑을 선물했다.

5. 하얀 구름을 타고 싶다.

6. 눈이 빨개서 병원에 갔다.

7. 옷이 하얘서(하야면) 시원해 보인다.

8. 얼굴이 빨개서(빨가면) 창피하다.

9. 노란 바나나가 맛있어 보인다.

10. 파란 하늘을 본다.

11. 눈썹은 까맣고 눈은 파랗다.

12. 신호등이 빨가니까(빨가면) 건너지 마세요.

■ 종합연습 1　　　　　　　　　　　　　　92p

1	나아서	낫는	나으면	낫고	낫지만
2	불러서	부르는	부르면	부르고	부르지만
3	까매서	까만	까마면	까맣고	까맣지만
4	지어서	짓는	지으면	짓고	짓지만
5	달라서	다른	다르면	다르고	다르지만
6	노래서	노란	노라면	노랗고	노랗지만
7	웃어서	웃는	웃으면	웃고	웃지만
8	골라서	고르는	고르면	고르고	고르지만
9	벗어서	벗는	벗으면	벗고	벗지만
15	발라서	바르는	바르면	바르고	바르지만

1	이래서	이런	이러면	이렇고	이렇지만
2	몰라서	모르는	모르면	모르고	모르지만
3	빨개서	빨간	빨가면	빨갛고	빨갛지만
4	부어서	붓는	부으면	붓고	붓지만
5	잘라서	자르는	자르면	자르고	자르지만
6	씻어서	씻는	씻으면	씻고	씻지만
7	하얘서	하얀	하야면	하얗고	하얗지만
8	흘러서	흐르는	흐르면	흐르고	흐르지만
9	파래서	파란	파라면	파랗고	파랗지만
10	저어서	젓는	저으면	젓고	젓지만

■ 종합연습 3　　　　　　　　　93p

1. 그 사람 이름을 몰라서 물어 보았다.
　이름을 모르면 물어 보세요.
　이름을 모르지만 만난 적이 있다.
2. 눈이 빨개서 병원에 갔다.
　눈이 빨가니까 병원에 가 보세요.
　눈이 빨갛고 아프다.
3. 집을 지어서 가족들과 같이 살고 싶다.
　집을 지으면 이사 갈 것이다.
　집을 지었지만 사람이 살지 않는다.
4. 노래를 불러서 기분이 좋다.
　노래를 부르면 스트레스가 풀린다.
　노래를 부르고 나서 춤을 추었다.
5. 손을 씻어서 깨끗하다.
　손을 씻으려고 화장실에 갔다.
　손을 씻고 나서 밥을 먹었다.

7. 부사어 쓰기

■ 연습 1　　　　　　　　　97p

1. 드라마를 재미있게 봤다.
2. 기차가 곧 도착한다.
3. 우리 집은 멀리 이사 간다.
4. 편지를 짧게 썼다.
5. 줄을 길게 섰다.
6. 냉면을 맛있게 먹었다.
7. 버스를 잘못 탔다.
8. 그 산이 아주 높다.

9. 두 사람은 그냥 친구사이다.
10. 거북이는 오래 산다.

■ 연습 2　　　　　　　　　97p

1. 많이, 빨리, 맛있게
2. 천천히, 꼼꼼하게, 많이
3. 싸게, 비싸게, 조금
4. 따뜻하게, 시원하게, 예쁘게
5. 즐겁게, 바쁘게, 조용하게
6. 오래, 짧게, 일찍
7. 재미있게, 빨리, 친절하게
8. 늦게, 일찍, 많이
9. 열심히, 즐겁게, 가끔
10. 예쁘게, 빨리, 천천히

■ 연습 3　　　　　　　　　98p

1. 싸게 살 수 있다.
2. 따뜻하게 입어야 한다.
3. 깨끗하게 씻어야 한다.
4. 맛있게 먹었다.
5. 조용하게 공부했다.
6. 짧게 잘랐다.
7. 예쁘게 찍을 수 있다.
8. 바쁘게 보냈다.
9. 크게 썼다.
10. 쉽게 가르치신다.
11. 멋있게 입었다.
12. 재미있게 읽었다.

■ 연습 4　　　　　　　　　98p

1. 아직 고향에 가지 못 했다.
2. 먹지 못 한다.
3. 있을까?
4. 좋지 않다.
5. 다 썼다.
6. 얇은 옷을 입고 있다
7. 식당에 갈 것이다.
8. 좋아하지 않는다.
9. 하지 못 한다.
10. 졸업을 하지 못 했다.

■ 연습 5　　　　　　　　　99p

1. 오늘 우리 집에 꽃이 예쁘게 피었다.
2. 오늘 친구와 점심을 맛있게 먹었다.
3. 이번 휴가를 즐겁게 보냈다.
4. 그 가게는 옷을 싸게 판다.
5. 내 동생은 사진을 아주 잘 찍는다.
6. 우리는 한국어를 열심히 공부하고 있다.
7. 그 친구는 가수처럼 노래를 잘 부른다.
8. 그 직원은 일을 꼼꼼하게 한다.
9. 나는 요즘 그 친구를 자주 만난다.

10. 미나 씨는 이야기를 재미있게 한다.
11. 그 아이는 그림을 아름답게 그린다.
12. 그 사람은 음식을 맛있게 만든다.
13. 그 여자는 계속 울었다.
14. 어제 비가 많이 왔다.
15. 시간이 너무 빨리 간다.
16. 그 사람은 친구를 쉽게 사귀는 편이다.
17. 오늘은 수업이 일찍 끝났다.
18. 요즘 영화를 거의 보지 않는다.
19. 더워서 옷을 시원하게 입었다.
20. 과일을 깨끗하게 씻었다.

8. 인용절 쓰기

■ 연습 1   102p

1	필요하다고	26	슬프다고
2	많다고	27	친구를 돕는다고
3	받았다고	28	키가 크다고
4	산다고	29	없었다고
5	중요하다고	30	음악을 듣는다고
6	나쁘다고	31	휴일이라고
7	할 수 있다고	32	힘들다고
8	갈 거라고	33	좋을 거라고
9	멀다고	34	빠르다고
10	다르다고	35	얼굴이 빨갛다고
11	읽었다고	36	시험을 본다고
12	바꾼다고	37	먹지 않는다고
13	맞는다고	38	맵지 않다고
14	적응했다고	39	안다고
15	끝이 아니라고	40	기다릴 거라고
16	친구라고	41	컵을 버렸다고
17	어렵다고	42	불을 끈다고
18	있다고	43	감기가 낫는다고
19	시간이 걸린다고	44	좋다고
20	길을 걷는다고	45	좋아한다고
21	모른다고	46	그림을 그린다고
22	노래를 부른다고	47	가깝다고
23	춤을 잘 춘다고	48	춥지 않다고
24	하지 않는다고	49	하늘이 파랗다고
25	집을 짓는다고	50	배가 부르다고

■ 연습 2   103p
1. 한국어 공부가 재미있다고
2. 한국 사람들은 정이 많다고
3. 열심히 하면 성적을 잘 받을 수 있다고
4. 우리 반 학생들은 질문을 잘한다고
5. 이제는 게임을 하지 않을 거라고 (않겠다고)
6. 여기는 외국인들도 많이 찾는 곳이라고
7. 건강이 가장 중요하다고
8. 방학에 여행할 거라고
9. 김치는 건강에 좋은 음식이라고
10. 가방을 손으로 직접 만들었다고
11. 한국 사람이 아니라고
12~15. 생략

■ 연습 3   104p
1. 건강을 위해서 운동을 열심히 해야 한다고 말했다. /
   내일 날씨가 좋다고 들었다. / 사람들은 외국어를 배우
   는 것이 필요하다고 생각한다.
2. 김치는 건강에 좋은 음식이라고 소개했다. / 한국어가
   재미있다고 말했다. / 사랑한다고 썼다.
3. 내일 약속이 있다고 말했다. / 한국어를 배우는 사람들
   이 많아졌다고 들었다. / 동생과 잘 지낼 거라고 (지내
   겠다고) 약속했다.
4. 학생들은 그 시험이 어렵다고 느꼈다. / 그 남자는 메
   모지에 회의하고 있다고 썼다. / 나는 그 사람이 거짓
   말을 하지 않는다고 믿는다.
5. 생략

■ 연습 4   105p
1. 사람들은 비타민이 건강에 좋다고 말한다.
   사람들은 스트레스가 건강에 나쁘다고 말한다.
   사람들은 조금 먹으면 오래 살 수 있다고 말한다.
2. 나는 건강하면 행복하다고 생각한다.
   나는 돈이 많으면 행복하다고 생각한다.
   나는 좋은 친구가 있으면 행복하다고 생각한다.
3. 나는 한국 사람들이 정이 많다고 생각한다.
   나는 한국 음식이 맛있다고 생각한다.
   나는 한국 드라마가 재미있다고 생각한다.

나는 한국의 가을이 아름답다고 생각한다.
4. 뉴스에서 독감에 걸린 사람이 많다고 들었다
　　최근에 뉴스에서 큰 사고가 났다고 들었다.
　　친구에게서 학교에 행사가 있다고 들었다.
　　친구에게서 우리 선생님이 결혼했다고 들었다.

Ⅱ 문장 종결 표현하기

※ 문제 유형에 따라 예시 답안을 참고하여 자유롭게 쓸 수
있습니다.

1. V -아/어 보다

■ 연습 1　　　　　　　　　　　　　　　　109p
1. 나는 어렸을 때 태권도를 배워 봤다.
2. 나는 한국 회사에서 일해 보고 싶다.
3. 나는 파티에서 그 노래를 불러 보려고 한다.
4. 나는 집에서 한국 음식을 만들어 봤다.
5. 여름에 친구와 배낭여행을 해 보려고 한다.
6. 그 도시에서 1달 동안 살아 보고 싶다.
7. 방학 때 카페에서 아르바이트해 봤다.
8. 부산에 가서 생선회를 먹어 봤다.
9. 한국에서 찜질방에 가 보고 싶다.
10. 휴일에 한강에서 배를 타 보고 싶다.

■ 연습 2　　　　　　　　　　　　　　　　109p
1. 나는 한국에 와서 떡볶이를 처음 먹어 봤다.
　　나는 민속촌에 가서 한복을 입어 봤다.
　　(이하 생략)
2. 나는 번지점프를 해 보고 싶다.
　　나는 자전거로 제주도를 여행해 보고 싶다.
　　(이하 생략)

2. A -아/어 보이다

■ 연습 1　　　　　　　　　　　　　　　　111p
1. 룸메이트가 너무 피곤해 보여서
2. 과일이 싱싱해 보여서
3. 동생이 심심해 보여서
4. 어머니가 힘들어 보여서

5. 친구의 가방이 무거워 보여서
6. 즐거워 보였다.
7. 외로워 보인다.
8. 추워 보인다.
9. 매워 보인다.
10. 눈이 작아 보인다.

■ 연습 2　　　　　　　　　　　　　　　　111p
1. 커 보이려면 높은 구두를 신어야 한다.
2. 날씬해 보이려면 까만색 옷을 입어야 한다.
3. 똑똑해 보이려면 말을 잘해야 한다.
4. 예뻐 보이려고 화장을 했다.
5. 친절해 보이려고 계속 웃었다.
6. 돈이 많아 보이려고 비싼 옷을 입었다.
7. 젊어 보이려고 유행하는 옷을 입었다.
8. 멋있어 보이려고 열심히 운동을 했다.

3. A -아/어하다

■ 연습 1　　　　　　　　　　　　　　　　113p
1. 그 아이는 큰 동물을 무서워한다.
2. 나는 아르바이트가 힘들다.
3. 개가 배고파한다.
4. 내 친구는 이 게임을 재미없어한다.
5. 아이는 그 이유를 궁금해한다.
6. 그 사람은 쉬는 시간을 아까워한다.
7. 나는 학교 생활이 행복하다.
8. 우리는 헤어지는 것이 아쉽다.
9. 유학생들은 부모님을 그리워한다.
10. 그 친구는 내 선물을 고마워한다.

■ 연습 2　　　　　　　　　　　　　　　　113p
1. 학생들이 아파서 결석을 하면 선생님께서
2. 발표할 때 실수를 해서 나는
3. 아이들이 상을 받으면 부모님께서
4. 오랜만에 친구를 만나서 나는
5. 주말인데 약속이 없어서 나는
6. 그 여자와 결혼을 하면 그 남자는
7. 전공 공부가 어려워서 그 친구는
8. 혼자 여행을 하면 나는
9. 어려운 문제를 풀 수 없어서 그 친구는
10. 가족들이 아플 때 그 사람은

4. V –아/어 버리다

■ 연습 1   115p

1. 자 버렸다   2. 꺼 버렸다   3. 마셔버렸다
4. 놓쳐 버렸다   5. 내 버렸다   6. 가 버렸다.
7. 와 버렸다   8. 고장 나 버렸다

■ 연습 2   115p

1. 잊어버릴 것이다   2. 잃어버렸다
3. 울어 버렸다   4. 끝내 버렸다
5. 고백해 버렸다   6. 말라 버릴 것이다
7. 화를 내 버렸다   8. 잘라 버렸다
9. 끊어 버렸다   10. 지워 버렸다

5. V –아/어도 되다

■ 연습 1   117p

1. 마셔도 된다   2. 안 먹어도 된다
3. 주문해도 된다   4. 안 받아도 된다
5. 보내도 된다   6. 안 가도 된다
7. 안 춰도 된다   8. 찍어도 된다
9. 해도 된다   10. 반품해도 된다

■ 연습 2   117p

1. 초등학생인데 혼자 외국으로 유학을 가도 될까?
2. 수업 중인데 휴대폰을 봐도 될지 모르겠다.
3. 날씨가 추운데 밖에서 운동을 해도 될까?
4. 내일 시험이 있는데 친구를 만나도 될까?
5. 운전하는데 전화를 해도 될까?
6. 친구가 아픈데 병원에 데리고 가지 않아도 될까?
7. 감기에 걸렸는데 약을 안 먹어도 될까?
8. 기숙사에 사는데 늦게 들어가도 될지 모르겠다.
9. 청소년인데 그 영화를 봐도 될지 모르겠다.
10. 위험한 곳인데 혼자 가도 될지 모르겠다.

6. V –(으)면 되다

■ 연습 1   119p

1. 해도   2. 먹으면   3. 마셔도
4. 하면   5. 갈아타면   6. 해도

7. 하면   8. 안 가도   9. 안 해도
10. 보면   11. 하면

■ 연습 2   119p

1. 그 가수의 콘서트에 가면 된다.
2. 안약을 넣으면 된다.
3. 치과에 가면 된다.
4. 서비스센터에 가서 수리하면 된다.
5. 운동을 하면 된다.
6. 시장에 가서 사면 된다.
7. 분실물센터에 가 보면 된다.
8. 신청서를 쓰면 된다.
9. 세탁소에 맡기면 된다.
10. 요리책을 보고 따라 하면 된다.

7. V –(으)면 안 되다

■ 연습 1   121p

1. 박물관에서 사진을 찍으면 안 된다.
2. 기숙사에서 술을 마시면 안 된다.
3. 길에 쓰레기를 버리면 안 된다.
4. 이 강에서 낚시를 하면 안 된다.
5. 밤에 문자메시지를 보내면 안 된다.
6. 집 안에서 신발을 신으면 안 된다.
7. 친구에게 거짓말을 하면 안 된다.
8. 버스에서 커피를 마시면 안 된다.
9. 어른에게 반말을 하면 안 된다.
10. 미술관에서 그림을 만지면 안 된다.

■ 연습 2   121p

1. 기숙사에서 담배를 피우면 안 된다.
   기숙사에서 시끄럽게 떠들면 안 된다.
   (이하 생략)
2. 감기에 걸렸을 때 찬 물을 마시면 안 된다.
   감기에 걸렸을 때 운동을 많이 하면 안 된다.
   (이하 생략)
3. 수업 시간에 전화를 하면 안 된다.
   수업 시간에 게임을 하면 안 된다.
   (이하 생략)

8. A –아/어지다

1. 뚱뚱했는데 운동을 많이 해서 날씬해졌다.
2. 머리가 길었는데 잘라서 짧아졌다.
3. 성적이 나빴는데 공부를 열심히 해서 좋아졌다.
4. 방이 더러웠는데 청소를 해서 깨끗해졌다.
5. 눈이 좋았는데 책을 많이 봐서 나빠졌다.
6. 옷이 컸는데 키가 커서 작아졌다.
7. 머리가 까맸는데 나이가 들어서 하얘졌다.
8. 가방이 가벼웠는데 책을 넣어서 무거워졌다.
9. 그 친구와 안 친했는데 여행을 가서 친해졌다.
10. 달리기가 느렸는데 연습을 해서 빨라졌다.

– 우리가 살고 있는 지구는 지금 아프다. 지구의 온도가 점점 올라가기 때문이다. 왜 그럴까? 또 지구의 온도가 높아지면 어떻게 될까? 옛날에는 자동차가 적었는데 지금은 자동차가 많아졌다. 그리고 사람들이 버리는 쓰레기도 많아졌다. 그래서 날씨가 더워지고 있다. 공기도 나빠지고 있다. 이렇게 되면 동물들도 지구에 살기가 어려워진다. 사람들의 건강도 나빠져서 여러 가지 병이 많아질 것이다. (이하 생략)

9. V –게 되다

1. 그때는 뉴스를 안 믿었지만 나중에는 ~
2. 개를 싫어했지만,   좋아하게 되었다.
3. 돈을 낭비했지만,   절약하게 되었다.
4. 단어 뜻을 몰랐지만,   알게 되었다.
5. 기타를 못 치지만,   잘 치게 될 것이다.
6. 한국어를 못하지만,   잘하게 될 것이다.
7. 고향에 살았는데,   고향을 떠나게 될 것이다.
8. 전에는 담배를 피웠는데 이제 안 피우게 되었다.
9. 전에는 요리에 관심이 없었지만 지금은 관심을 가지게 되었다.
10. 전에는 김치를 안 먹었지만 이제는 김치를 잘 먹게 되었다.

1. 책을 많이 봐서 안경을 쓰게 되었다.

2. 버스를 놓쳐서 학교에 지각하게 되었다.
3. 다리를 다쳐서 여행을 못 가게 되었다.
4. 시험을 잘 봐서 좋은 점수를 받게 되었다.
5. 돈을 많이 모아서 집을 살 수 있게 되었다.
6. 친구가 이사 가서 헤어지게 되었다
7. 자동차가 많아져서 길이 막히게 되었다.
8. 좋은 기회를 잡아서 꿈을 이루게 되었다.

10. V –아/어 놓다

1. 열어 놓고   2. 만들어 놓는
3. 넣어 놓으면   4. 빌려 놓아야 한다
5. 알아 놓았다   6. 예약해 놓았다
7. 켜 놓고 있다   8. 구워 놓았다
9. 숙제를 해 놓았다   10. 꽃을 준비해 놓았다

1. 저녁에 친구들과 먹으려고 음식을 만들어 놓았다.
2. 내일 친구를 초대하려고 집을 청소해 놓았다.
3. 공부를 하려고 휴대폰을 꺼 놓았다.
4. 서울에 가려고 버스표를 예매해 놓았다.
5. 여자 친구에게 주려고 선물을 사 놓았다.
6. 바람이 많이 불어서 창문을 닫아 놓았다.
7. 자전거를 타고 싶어서 자전거를 빌려 놓았다.
8. 주말에 여행을 가려고 짐을 싸 놓았다.
9. 그 행사에 참석하고 싶어서 신청서를 써 놓았다.
10. 집들이에 초대하려고 초대장을 만들어 놓았다.

11. V –아/어 있다

1. 컴퓨터가,   놓여 있어서
2. 맥주가,   들어 있어서
3. 시계가,   걸려 있어서
4. 아기가,   누워 있어서
5. 꽃이,   피어 있어서
6. 새가,   앉아 있어서
7. 눈이,   남아 있다
8. 안내문이,   붙어 있어서
9. 문이,   열려 있어서

10. 인형이, 달려 있어서

■ 연습 2   129p
1. 쌓여 있는, 그릇은, 어머니의 그릇이다
2. 들어 있는, 책은, 미나 씨의 책이다
3. 걸려 있는, 옷은, 수진 씨의 옷이다
4. 앉아 있는, 사람은, 재석 씨의 여자 친구이다
5. 열려 있는, 집은, 민수 씨의 집이다.
6. 들어 있는, 쓰레기는 제임스 씨의 쓰레기이다.
7. 놓여 있는, 꽃병은, 마이 씨의 꽃병이다.

12. V -아/어다 주다

■ 연습 1   131p
1. 커피를, 사다 주었다
2. 책을, 빌려다 주었다
3. 커피를, 뽑아다 드렸다
4. 돈을 , 바꿔다 드렸다
5. 지갑을, 찾아다 주었다
6. 채소를, 씻어다 드렸다
7. 잡채를, 만들어다 주었다
8. 사인을, 받아다 주었다
9. 라디오를, 가져다 드렸다
10. 빵을, 구워다 주었다.

■ 연습 2   131p
1. 엄마가 아이를 도서관에 데려다 주었다.
2. 나는 할머니를 병원에 모셔다 드렸다.
3. 나는 여자 친구를 집에 데려다 주었다.
4. 나는 부모님을 공항에 모셔다 드렸다.
5. 선생님이 아이를 교실에 데려다 주었다.
6. 그 친구가 나를 박물관에 데려다 주었다.
7. 아버지가 할아버지를 기차역에 모셔다 드렸다.
8. 부모님이 나를 놀이공원에 데려다 주었다.
9. 택시기사가 손님을 호텔에 모셔다 드렸다.
10. 나는 그 고양이를 친구 집에 데려다 주었다.

13. V -기로 하다

■ 연습 1   133p
1. 알람시계를 사기로 했다

2. 영화를 보기로 했다
3. 머리를 자르기로 했다
4. 인스턴트 음식을 안 먹기로 했다
5. 한국말을 배우기로 했다
6. 게임을 안 하기로 했다
7. 돈을 절약하기로 했다
8. TV를 안 보기로 했다
9. 개를 키우기로 했다
10. 술을 안 마시기로 했다

■ 연습 2   133p
1. 방학에 친구와 여행을 가기로 했지만
2. 주말에 영화를 보기로 했지만
3. 쉬는 시간에 친구와 차를 마시기로 했지만
4. 토요일에 케이크를 만들기로 했지만
5. 저녁에 파티를 하기로 했지만
6. 오후에 테니스를 치기로 했지만
7. 오전에 문자메시지를 보내기로 했지만
8. 오늘부터 종이컵을 안 쓰기로 했지만
9. 이제 옷을 안 사기로 했지만
10. 이제 야식을 안 먹기로 했지만

14. A/V -았/었으면 좋겠다

■ 연습 1   135p
1. 날씨가 따뜻했으면 좋겠다.
2. 방이 넓었으면 좋겠다.
3. 시험이 쉬웠으면 좋겠다.
4. 방학이 길었으면 좋겠다.
5. 식당 음식이 맛있었으면 좋겠다.
6. 수업이 재미있었으면 좋겠다.
7. 지하철이 복잡하지 않았으면 좋겠다.
8. 화장실이 깨끗했으면 좋겠다.
9. 인터넷 속도가 빨랐으면 좋겠다.
10. 지금 내 나이가 20살이었으면 좋겠다.

■ 연습 2   135p
1. 나는 우리 학교에 축구장이 있었으면 좋겠다
   나는 우리 학교에 영화관이 있었으면 좋겠다.
   (이하 생략)
2. 나는 부모님이 힘든 일을 하지 않았으면 좋겠다.

나는 부모님이 건강했으면 좋겠다.
(이하 생략)
3. 나는 내가 공부를 잘했으면 좋겠다.
나는 내가 인기가 많았으면 좋겠다.
(이하 생략)

15. A/V -(으)ㄹ까?

■ 연습 1   137p
1. 그 사람은 지금 어디에 있을까?
2. 그 사람은 주말에 누구를 만날까?
3. 거기까지 시간이 얼마나 걸릴까?
4. 그 사람은 무슨 일을 할까?
(그 사람은 직업이 무엇일까?)
5. 그 사람은 무슨 운동을 잘할까?
6. 그 사람은 백화점에서 무엇을 샀을까?
7. 그 사람은 어느 대학교에 다닐까?
8. 그 사람은 나이가 몇 살일까?
9. 언제 눈이 올까?
10. 그 사람은 어떤 음식을 잘 먹을까?

■ 연습 2   137p
1. 한국 사람들은 언제부터 김치를 먹었을까?
한국에는 김치 종류가 몇 개일까?
2. 식사할 때 왜 밥그릇을 들고 먹으면 안 될까?
왜 어른들의 이름을 부르면 안 될까?
3. 설날에 무슨 음식을 먹을까?
설날에 가족들이 모여서 무슨 놀이를 할까?
4. 한국 회사에서는 왜 회식을 많이 할까?
학생들은 왜 학원에 많이 다닐까?
5. 한국에서 119 서비스를 이용하면 정말 무료일까?
한국 사람들은 왜 등산을 좋아할까?

16. A/V -(으)ㄹ까 하다

■ 연습 1   139p
1. 고향에 가서 쉴까 한다.
2. 드라마나 볼까 한다.
3. 김밥이나 먹을까 한다.
4. 방학에는 아르바이트를 할까 한다.
5. 꽃을 줄까 한다.

6. 하얀색 옷을 살까 한다.
7. 주말에 친구를 만날까 했는데
8. 버스를 탈까 하다가
9. 휴대폰을 바꿀까 했는데
10. 쇼핑하러 갈까 하다가
11. 가방을 선물할까 하는데
12. 가족 여행을 갈까 하는데

■ 연습 2   139p
1. 주말인데 약속이 없어서 그냥 영화나 볼까 한다.
오늘은 수업이 없어서 그냥 집에서 쉴까 한다.
재미있는 일이 없어서 운동이나 할까 한다.
2. 콘서트에 갈까 했는데 시간이 없어서 못 갔다.
요리를 할까 했는데 재료가 없어서 못 했다.
쇼핑을 할까 했는데 돈이 없어서 못 했다.

17. A/V -(으)ㄴ/는지 알다[모르다]

■ 연습 1   141p
1. 어디인지 아세요
2. 어디에 있는지 아세요
3. 얼마나 걸리는지 아세요
4. 어떤 선물을 가지고 가는지 아세요
5. 뭘 좋아하는지 아세요
6. 누구인지 아세요
7. 어디에서 하는지 아세요?
8. 어느 학교에 다니는지 아세요?
9. 어떻게 만드는지 아세요
10. 언제인지 아세요

■ 연습 2   141p
1. 나는 그 사람이 언제 고향에 돌아가는지 모른다.
나는 그 사람이 왜 우는지 모른다.
나는 그 사람이 누구인지 안다.
2. 그 친구는 내가 왜 화 났는지 모른다.
그 친구는 내가 어디에 사는지 안다.
그 친구는 내가 어떻게 공부하는지 모른다.
3. 우리 부모님은 내가 뭘 좋아하는지 안다.
우리 부모님은 내가 어디에서 공부하는지 안다.
우리 부모님은 내가 누구를 만나는지 모른다.

18. A/V -(으)ㄹ지 모르겠다

■ 연습 1 143p
1. 받을 수 있을지 모르겠다
2. 좋을지 모르겠다
3. 있을지 모르겠다
4. 구할 수 있을지 모르겠다
5. 좋아할지 모르겠다
6. 올지 모르겠다
7. 맛있을지 모르겠다
8. 잘할 수 있을지 모르겠다
9. 인터넷으로 옷을 샀는데 잘 맞을지 모르겠다.
10. 날씨가 추워서 운동할 수 있을지 모르겠다.

■ 연습 2 143p
※ 예시 답안 일부 생략
1. 잘 자고 싶은데 잘 수 있을지 모르겠다.
   고향에 가고 싶은데 갈 수 있을지 모르겠다.
2. 시험을 잘 봐야 하는데 잘 볼지 모르겠다.
   오늘 일을 다 해야 하는데 다 할지 모르겠다.
3. 일찍 가기로 했는데 갈 수 있을지 모르겠다.
   내일 만나기로 했는데 만날 수 있을지 모르겠다.

19. V -(으)ㄹ 줄 알다[모르다]

■ 연습 1 145p
1. 만들 줄 알, 재료가 없어서, 만들 수 없다
2. 탈 줄 알, 탈 수 없다
3. 할 줄 알, 할 수 없다
4. 칠 줄 알, 밤이어서 칠 수 없다
5. 할 줄 알, 차가 없어서 할 수 없다
6. 만들 줄 알, 재료가 없어서 할 수 없다
7. 출 줄 알, 출 수 없다
8. 할 줄 알, 할 수 없다
9. 칠 줄 알, 칠 수 없다
10. 탈 줄 알, 탈 수 없다
11 ~ 12. 생략

■ 연습 2 145p
1. 민재는 이제 혼자 옷을 입을 줄 안다.
   민재는 이제 혼자 밥을 먹을 줄 안다.

민재는 이제 혼자 이를 닦을 줄 안다
2. 그 친구는 옷을 멋있게 입을 줄 안다.
   그 친구는 사진을 예쁘게 찍을 줄 안다.
   그 친구는 떡볶이를 맛있게 만들 줄 안다.

20. V -(으)ㄴ 적이 있다[없다]

■ 연습 1 147p
1. 한국에 가서 태권도를 배운 적이 있다
2. 스위스에 가서 스키를 탄 적이 있다.
3. 독일에 가서 맥주를 마신 적이 있다.
4. 중국에 가서 판다를 본 적이 있다.
5. 베트남에 가서 아오자이를 입은 적이 있다.
6. 이탈리아에 가서 피자를 먹은 적이 있다.
7.이집트에 가서 피라미드를 본 적이 있다.
8. 영국에 가서 축구를 본 적이 있다.
9. 몽골에 가서 게르에서 잔 적이 있다.
10. 일본에 가서 스시를 먹은 적이 있다.

■ 연습 2 147p
1. 축구를 하다가 넘어진 적이 있다.
2. 아침에 늦게 일어나서 지각한 적이 있다.
3. 뛰어가다가 지갑을 잃어버린 적이 있다.
4. 휴대폰을 보다가 버스를 놓친 적이 있다.
5. 등록금이 없어서 아르바이트를 한 적이 있다.
6. 일을 하다가 실수를 해서 사고가 난 적이 있다.
7. 몸이 아파서 결석한 적이 있다.
8. 이야기를 하다가 친구와 싸운 적이 있다.
9. 운동을 하다가 다리를 다친 적이 있다.
10. 친구와 싸워서 헤어진 적이 있다.

21. A/V -(으)ㄴ/는 것 같다

■ 연습 1 149p
1. 쉬는 시간인 것 같다   2. 막히는 것 같다
3. 모으는 것 같다   4. 유행하는 것 같다
5. 키우는 것 같다   6. 좋지 않은 것 같다
7. 부자인 것 같다   8. 있는 것 같다
9. 마시지 않는 것 같다   10. 만나지 않는 것 같다
11. 재미있는 것 같다   12. (생략)
■ 연습 2 149p

1. 한국 사람들은 성격이 급한 것 같다.
   한국 학생들은 공부하는 시간이 긴 것 같다.
   한국 여자는 화장을 잘하는 것 같다.
2. (생략)

22. V –(으)ㄴ 것 같다

■ 연습 1   151p
1. 일어난 것 같다   2. 빌린 것 같다
3. 헤어진 것 같다   4. 잊어버린 것 같다
5. 하는 것 같다   6. 존 것 같다
7. 부는 것 같다   8. 다친 것 같다
9. 빠진 것 같다   10. 자는 것 같다
11. 고장 난 것 같다   12. 받는 것 같다

■ 연습 2   151p
1. 여행 계획을 세우다가 남자 친구와 싸운 것 같다.
   친구한테서 나쁜 말을 들은 것 같다.
   시험에 떨어진 것 같다
   중요한 물건을 잃어버린 것 같다
2. 회사에서 승진한 것 같다.
   시험에 합격한 것 같다.
   학교에서 상을 받은 것 같다
   돈을 많이 번 것 같다

23. V –(으)ㄴ/는 편이다

■ 연습 1   153p
1. 그 사람은 성격이 급한 편이다.
2. 내 동생은 성격이 활발한 편이다.
3. 우리 형은 말이 빠른 편이다.
4. 요즘 날씨가 따뜻한 편이다.
5. 그 식당은 음식이 짠 편이다.
6. 그 학생의 가방은 무거운 편이다.
7. 우리 집은 방이 좁은 편이다.
8. 그 가게는 물건 값이 비싼 편이다.
9. 우리 집은 학교에서 가까운 편이다.
10. 나는 부지런한 편이다.

■ 연습 2   153p
1. 나는 한국말 연습을 잘 안 하는 편이다.

2. 나는 외식을 가끔 하는 편이다.
3. 그 사람은 매운 음식을 잘 먹는 편이다.
4. 나는 친구를 자주 만나는 편이다.
5. 내 동생은 잠을 많이 자는 편이다.
6. 그 친구는 영화를 거의 안 보는 편이다.
7. 우리 어머니는 책을 자주 읽는 편이다.
8. 나는 아침에 일찍 일어나는 편이다.
9. 우리 선생님은 여행을 많이 하는 편이다.
10. 내 룸메이트는 운동을 거의 안 하는 편이다.

24. V –는 중이다

■ 연습 1   155p
1. 그 사람은 지금 식당에서 친구와 불고기를 ~
2. 아버지는 지금 사무실에서 일하는 중이다.
3. 학생들은 지금 학교에서 공부하는 중이다.
4. 누나는 집에서 쉬는 중이다.
5. 그 친구는 미술관에서 그림을 구경하는 중이다.
6. 그 사람은 공연장에서 공연을 보는 중이다.
7. 민수 씨는 도서관에서 책을 읽는 중이다.
8. 나나 씨는 기차역에서 친구를 기다리는 중이다.
9. 할머니는 공원에서 산책하는 중이다.
10. 그 사람은 백화점에서 쇼핑하는 중이다.

■ 연습 2   155p
1. 그 친구는 회의하는 중이어서
2. 그 친구는 회의하는 중이기는 하지만
3. 지금 중요한 시험을 준비하는 중이어서
4. 지금 시험을 준비하는 중이기는 하지만
5. 지금 공부하는 중이어서
6 지금 공부하는 중이기는 하지만
7. 지금 영화를 보는 중이어서
8. 지금 영화를 보는 중이기는 하지만
9. 지금 다이어트 하는 중이어서
10. 지금 다이어트 하는 중이기는 하지만

III 문장 연결 표현하기

※ 문제 유형에 따라 예시 답안을 참고하여 자유롭게 쓸 수 있습니다.

1. N이기 때문에

■ 연습 1   159p
1. 휴일이기 때문에   2. 축구선수이기 때문에
3. 세일 기간이기 때문에   4. 눈 때문에
5. 시험 준비 때문에   6. 외국인이기 때문에
7. 약속이기 때문에   8. 스트레스 때문에
9. 전화 소리 때문에   10. 명절이기 때문에
11. 드라마 때문에   12. 교통사고 때문에

■ 연습 2   159p
1. 지금 여기는 축제기간이기 때문에~
   비싼 물건이기 때문에 조심해서 써야 한다.
   아직 학생이기 때문에 취직할 수 없다.
   학생 식당이기 때문에 음식 값이 싸다.
2. 비 때문에 등산을 못 갔다.
   어려운 숙제 때문에 학생들이 힘들어한다.
   나이 때문에 그 회사에 지원할 수 없다.

2. N이어서/여서

■ 연습 1   161p
1. 아주 재미있는 친구여서 인기가 많다.
2. 내가 좋아하는 노래여서 자주 부른다.
3. 그 시험은 어려운 시험이어서 준비를 많이 했다.
4. 그 식당은 유명한 식당이어서 예약을 해야 한다.
5. 그 아이는 7살이어서 궁금한 것이 많다.
6. 그 영화는 상을 받은 영화여서 꼭 보고 싶다.
7. 그 약속은 선생님과 한 약속이어서 지켜야 한다.
8. 그 옷은 어머니가 사 준 옷이어서 좋아한다.
9. 어제는 주말이어서 집에서 쉬었다.
10. 내일은 설날이어서 가족들이 다 모인다.

■ 연습 2   161p
1. 요가를 배우는 날이어서 저녁에 요가학원에~
2. 빵을 만드는 날이어서 재료를 준비했다.

3. 과제는 내는 날이어서 도서관에서 과제를 했다.
4. 모임이 있는 날이어서 오랜만에 친구를 만났다.
5. 시험을 보는 날이어서 일찍 학교에 갔다.
6. 데이트하는 날이어서 식당을 예약했다.
7. 등산하는 날이어서 먼저 일기 예보를 봤다.

3. A/V -기 때문에

■ 연습 1   163p
1. 팔이 아프기 때문에
2. 아버지를 닮았기 때문에
3. 방학이 끝났기 때문에
4. 옷이 비싸기 때문에
5. 바람이 불기 때문에
6. 파티를 하기 때문에
7. 감기에 걸렸기 때문에
8. 불이 나기 때문에
9. 그 일이 어렵기 때문에
10. 나이가 많기 때문에
11. 점심을 먹었기 때문에
12. 학교가 가깝기 때문에

■ 연습 2   163p
1. 일할 때 스트레스를 많이 받기 때문에
   사진 찍기 좋은 곳이기 때문에
   다른 사람을 도울 수 있기 때문에
   시험 볼 때 긴장하기 때문에
2. 요리하는 것을, 요리 프로그램을 자주 본다.
   운동하는 것을, 운동을 거의 하지 않는다.
   월요일에 문을 닫는 것을, 가지 않았다.

4. A/V -(으)니까

■ 연습 1   165p
1. 시간이 없으니까   2. 커피를 마시니까
3. 축제를 하니까   4. 상을 받았으니까
5. 건강에 좋으니까   6. 학생들이 사니까
7. 비가 오니까   8. 시험이 끝났으니까
9. 빈 방이 있으니까   10. 참가비가 무료니까
11. 거짓말을 안 하니까   12. 책이 어려우니까

■ 연습 2

1. 주말에는 시간이 많으니까 우리~
   오늘은 바쁘니까 내일 만납시다.
   그 시장이 가까우니까 거기에 갈까요?
2. 거기는 위험하니까 혼자 가지 마세요.
   건강이 안 좋으니까 운동을 한번 해 보세요.
   내일부터 연휴니까 푹 쉬세요.

5. A/V -(으)ㄹ 테니까

■ 연습 1

1. 좋을 테니까 밖에서 운동할까요?
2. 일이 없을 테니까 같이 여행 갈까요?
3. 맛있을 테니까 같이 먹으러 갈까요?
4. 편리할 테니까 지하철을 타면 된다.
5. 재미있을 테니까 꼭 한번 가 보세요.
6. 어려울 테니까 열심히 준비하세요.
7. 불 테니까 옷을 따뜻하게 입어야 한다.
8. 싸고 좋을 테니까 그 시장에 가 보세요.
9. 조용할 테니까 책을 읽어도 됩니다.
10. 내가 도와줄 테니까 걱정하지 않아도 됩니다.
11. 내가 청소할 테니까 쉬어도 됩니다.
12. 준비할 테니까 그냥 오시면 됩니다.

■ 연습 2

1. 그 회사는 월급을 많이 줄 테니까
   그 회사는 면접 시험이 중요할 테니까
   그 회사는 휴가가 많지 않을 테니까
   그 회사는 앞으로 더 좋아질 테니까
2. 그 남자는 능력이 있을 테니까 일을 맡겨도 ~
   그 남자는 성격이 좋을 테니까 같이 일하면 편할 것이다.
   그 여자는 영어를 잘 할 테니까 영어로 이야기해도 된다.
   그 여자는 친절할 테니까 도와달라고 부탁해도 된다.

6. A/V -(으)ㄴ/는데 (1)

■ 연습 1

1	아이가 우는데	21	집에서 쉬는데
2	배가 아픈데	22	운동을 좋아하는데
3	김치가 매운데	23	한국 물건을 파는데
4	학교에 가는데	24	커피를 마셨는데
5	산이 아름다운데	25	창문을 여는데
6	이야기를 듣는데	26	시간이 없는데
7	국이 뜨거운데	27	직장인이 아닌데
8	키가 큰데	28	편지를 읽었는데
9	일이 힘든데	29	길을 걷는데
10	돈이 많은데	30	사과가 빨간데
11	성격이 다른데	31	전화번호를 묻는데
12	선물을 고르는데	32	친구가 보고싶은데
13	감기가 낫는데	33	담배를 피우는데
14	기차가 빠른데	34	카드를 쓰는데
15	회사가 가까운데	35	얼굴을 아는데
16	약이 쓴데	36	기숙사에 사는데
17	많이 잤는데	37	옷을 샀는데
18	단어를 모르는데	38	스트레스를 받는데
19	날씨가 추운데	39	시험이 쉬운데
20	12시가 됐는데	40	한국말을 잘하는데

■ 연습 2

	위	아래	
1	○	×	열심히 해야 한다.
2	×	○	운동을 많이 했다.
3	×	○	집에 고기가 없다.
4	○	×	병원에 가야 한다.
5	×	○	쉬지 않는다.
6	○	×	시간이 오래 걸린다.
7	○	×	여행을 갔다.
8	○	×	날씬하다.
9	○	×	맛이 없다.
10	×	○	제주도에 못 가 봤다.
11	×	○	항상 도서관에서 공부한다.
12	×	○	사람들이 읽지 않는다.
13	○	×	별로 좋아하지 않는다.
14	×	○	피곤하지 않다.
15	○	×	많이 마실 수 없다.
16	×	○	빨래할 시간이 없다.

■ 연습 3

1. 비가 오는 날은 좋은데 바람이 부는 날은 싫다.
2. 까만색은 좋아하는데 하얀색은 싫어한다.
3. 나는 게으른데 우리 형은 부지런하다.
4. 그 과자는 밖은 까만데 안은 하얗다.
5. 게임은 재미있는데 공부는 재미없다.
6. 청소는 잘하는데 요리는 못 한다.
7. 음료수는 파는데 술은 안 판다.
8. 나는 한국어는 아는데 중국어는 모른다.
9. 버스정류장은 가까운데 지하철역은 멀다.
10. 평일은 바쁜데 주말은 한가하다.
11. 카페는 시끄러운데 도서관은 조용하다.
12. 나는 축구는 할 수 있는데 야구는 할 수 없다.

■ 연습 4　171p
1. 열심히 공부하는데 시험을 잘 못 본다.
2. 연락을 기다렸는데 연락이 오지 않았다.
3. 유명한 식당인데 음식이 비싸지 않다.
4. 서로 사랑했는데 헤어졌다.
5. 돈이 많은데 잘 쓰지 않는다.
6. 모임이 있는데 가지 않았다.
7. 건강이 안 좋은데 병원에 가지 못 한다.
8. 생일인데 선물을 못 받았다.

7. A/V -(으)ㄴ/는데 (2)

■ 연습 1　173p
1. 커피숍에 갔는데 분위기도 좋고 커피도 맛있었다.
2. 드라마를 봤는데 아주 재미있었다.
3. 원룸에서 사는데 조용하고 깨끗하다.
4. 여행을 다니는데 아주 편하고 좋다.
5. 노트북을 샀는데 가볍고 쓰기가 편하다.
6. 쓰기를 배우는데 말하기보다 더 어렵다.
7. 봄이 되었는데 캠핑하러 갈까요?
8. 길이 막히는데 지하철을 탈까요?
9. 기분이 안 좋은데 같이 영화 보러 갈까요?
10. 일도 힘든데 다른 회사로 옮길까요?

■ 연습 2　173p
1. 이 분은 우리 선생님인데 한국어를 잘 가르치신다.
2. 이것은 내 가방인데 지난 생일에 선물로 받았다.
3. 여기는 우리 학교인데 아주 크고 아름답다.

4. 내일은 설날인데 우리 가족들이 다 모이는 날이다.
5. 그 친구는 한국 친구인데 학교 축제에서 만났다.
6. 이 노래는 '사랑'인데 내가 자주 부르는 노래이다.
7. 이 음식은 고향 음식인데 어머니가 잘 만드신다.

8. V -(으)려고

■ 연습 1　175p
1. 배가 고파서,　먹으려고
2. 길이 막혀서,　늦지 않으려고
3. 친구 생일이어서,　주려고
4. 한국이 좋아서,　배우려고
5. 스트레스가 쌓여서,　풀려고
6. 졸려서,　졸지 않으려고
7. 방학이어서,　하려고
8. 돈이 필요해서,　찾으려고
9. 버스가 와서,　타려고
10. 카페가 조용해서,　공부하려고
11. 날씨가 추워서,　걸리지 않으려고
12. 라면이 없어서,　라면을 사려고

■ 연습 2　175p
1. 전공 공부에 필요한 책을 빌리러 도서관에 갔다.
　친구와 같이 밥을 먹으러 학생 식당에 갔다.
　게임을 하러 PC방에 갔다.
2. 좋은 성적을 받으려고 열심히 공부했다.
　그 친구와 사귀려고 같은 동아리에 들어갔다.
　긴장하지 않으려고 음악을 들었다.

9. V -(으)려면

■ 연습 1　177p
1. 돈을 벌려면 열심히 일해야 한다.
　돈을 벌면 큰 집을 살 것이다.
2. 스트레스를 풀려면 운동을 해야 한다.
　스트레스를 풀면 기분이 좋아진다.
3. 장학금을 받으려면 열심히 공부해야 한다.
　장학금을 받으면 아르바이트를 안 할 것이다.
4. 그 회사에 들어가려면 능력이 있어야 한다.
　그 회사에 들어가면 일을 잘 할 수 있다.
5. 시험을 잘 보려면 수업을 잘 들어야 한다.

시험을 잘 보면 좋은 학교에 갈 수 있다.
6. 부자가 되려면 돈을 모아야 한다.
부자가 되면 가족을 위해 돈을 쓸 것이다.
7. 한국 문화를 알리려면 한국 드라마를 봐야 한다.
한국 문화를 알면 한국어를 쉽게 배울 수 있다
8. 대학교에 입학하려면 시험을 봐야 한다.
대학교에 입학하면 친구를 많이 사귈 것이다.

■ 연습 2   177p
1. 잠을 잘 자려면 가벼운 운동을 해야 한다.
2. 한국말을 잘하려면 한국 친구를 사귀어야 한다.
3. 결혼하려면 사랑하는 사람을 만나야 한다.
4. 감기에 걸리지 않으려면 따뜻한 물을 마셔야 한다.
5. 늦게 일어나지 않으려면 일찍 자야 한다.
6. 친구와 싸우지 않으려면 이해하는 마음이 필요하다.
7. 사장님이 되려면 경험이 필요하다.

10. V -거나

■ 연습 1   179p
1. 게임을 하거나 TV를 본다.
2. 산책을 하거나 운동을 한다.
3. 여행을 하거나 집을 지을 것이다.
4. 운동화나 옷을 받고 싶다.
5. 운동을 하거나 음식을 적게 먹으면 된다.
6. 휴대폰을 보거나 음악을 듣는다.
7. 사전을 찾거나 선생님께 물어 본다.
8. 떡국을 먹거나 만두를 먹는다.
9. 경찰이 되거나 과학자가 되는 것이다.
10. 친구에게 이야기하거나 누나에게 이야기한다.
11. 게임을 하거나 노래를 한다.
12. 테니스를 치거나 농구를 한다.

■ 연습 2   179p
1. 영화관에서 옆 사람이 냄새 나는 ~
2. 주말에 쉬거나 드라마를 볼 때
3. 공부를 하거나 청소를 할 때
4. 혼자 밥을 먹거나 아플 때
5. 친구를 만나거나 게임을 할 때
6. 책을 빌리거나 숙제를 할 때 도서관
7. 잠을 못 자거나 밤에 일할 때

8. 실수하거나 길에서 넘어졌을 때

11. V -다가

■ 연습 1   181p
1. 회의를 하다가   2. 영화를 보다가
3. 숙제를 하다가,   잠이 들었다.
4. 아르바이트를 하다가   5. 휴대폰을 보다가
6. 계단을 내려가다가   7. 산책을 하다가
8. 비가 오다가,   좋아졌다
9. 개를 키우다가   10. 서울에 살다가
11. 머리를 기르다가   12. 옷을 고르다가

■ 연습 2   181p
1. 노래를 부르다가 가사를 잊어버려서
2. 자전거를 타다가 실수해서
3. 드라마를 보다가 피곤해서
4. 수영을 배우다가 너무 힘들어서
5. 동생들이 집에서 놀다가 싸워서
6. 면접을 보다가 너무 긴장해서
7. 공부를 하다가 배가 고파서
8. 수업을 듣다가 다른 생각을 해서

12. V -았/었다가

■ 연습 1   183p
1. 컴퓨터가 갑자기 이상해져서 껐다가 다시 켰다.
2. 날씨가 춥지 않아서 코트를 입었다가 벗었다.
3. 열었다가 닫았다.
4. 색깔이 나한테 안 어울려서 샀다가 바꿨다.
5. 썼다가 지웠다.
6. 버스번호를 잘못 봐서 버스에 탔다가 내렸다.
7. 꺼냈다가 중요한 전화가 와서 다시 넣었다.
8. 전화가 와서 누웠다가 일어났다.
9. 쉬었다가 다시 했다.
10. 갑자기 배가 아파서 식당을 예약했다가 취소했다.
11. 약속했다가 취소했다.
12. 전화를 잘못 걸어서 전화했다가 끊었다.
13. 들어갔다가 나왔다.

■ 연습 2   183p

1. 도서관에 갔다가 자리가 없어서 다시 집으로 왔다.
   일을 시작했다가 힘들어서 그만뒀다.
   봄옷을 꺼냈다가 날씨가 추워서 다시 넣었다.
   문을 열었다가 바람이 많이 불어서 다시 닫았다.
2. 운동을 하려고 했다가 비가 와서 못 했다.
   청소를 하려고 했다가 피곤해서 그냥 쉬었다.
   여행을 하려고 했다가 감기에 걸려서 취소했다.
   쉬려고 했다가 집에 손님이 와서 못 쉬었다.

13. A/V -(으)ㄹ 때

■ 연습 1   185p
1. 한국에서는 밥을 먹을 때
2. 부모님이 보고 싶을 때 전화한다.
3. 잠을 잘 때
4. 문법을 잘 모를 때 선생님께 질문한다.
5. 영화를 볼 때 휴대폰을 끈다.
6. 수업을 들을 때 떠들면 안 된다.
7. 날씨가 더울 때
8. 수업을 없을 때 집에서 책을 읽는다.
9. 시험이 어려울 때
10. 외국 생활이 힘들 때 가족들과 자주 전화한다
11. 사진을 찍을 때
12. 한국어를 배울 때 친구와 말하기 연습을 한다.
13. 피자를 먹을 때 콜라를 마신다.

■ 연습 2   185p
1. 내가 사랑하는 사람이 나를 안 좋아할 때 슬프다.
2. 집에 혼자 있을 때 심심하다.
3. 내가 좋아하는 일을 할 때 즐겁다.
4. 친구가 없을 때 외롭다.
5. 숙제가 많을 때 힘들다.
6. 그 사람은 운동할 때 멋있다.
7. 친구가 화를 내는 이유를 모를 때 답답하다.
8. 친구가 거짓말을 할 때 화가 난다.

14. A/V -았/었을 때

■ 연습 1   187p
1. 산에 불이 났을 때   2. 학교에 갈 때
3. 감기에 걸렸을 때   4. 친구와 싸웠을 때

5. 버스를 기다릴 때   6. 대학생이 되었을 때
7. 큰 회사에 취직했을 때   8. 책을 읽을 때
9. 여권을 잃어버렸을 때   10. 장학금을 받았을 때
11. 남자 친구와 헤어졌을 때
12. 우리 집 개가 죽었을 때

■ 연습 2   187p
1. 나는 실수했을 때 얼굴이 빨개진다.
2. 나는 스트레스를 받았을(받을) 때 많이 먹는다.
3. 그 소식을 들었을 때 너무 기뻤다.
4. 약속을 잊어버렸을 때 친구에게 너무 미안했다
5. 집에 왔을 때 어머니가 요리를 하고 있었다.
6. 공연이 끝났을 때 사람들이 모두 일어났다.
7. 시험을 잘 못 봤을 때 기분이 안 좋다.
8. 상을 받았을 때 친구들이 축하해 주었다.

15. V -기 전(에)

■ 연습 1   189p
1. 밥을, 먹기 전에   2. 살기 전에
3. 식사하기 전에   4. 시험을, 보기 전에
5. 물건을, 사기 전에   6. 아기가, 태어나기 전에
7. 겨울이, 되기 전에   8. 물이, 끓기 전에
9. 사진을, 찍기 전에   10. 그 친구를, 사귀기 전에
11. 노래를, 부르기 전에   12. 회의를, 시작하기 전에

■ 연습 2   189p
1. 나는 밥을 먹기 전에 물을 마셨다.
2. 결혼식에 가기 전에 옷을 샀다.
3. 유학을 가기 전에 외국어를 배웠다.
4. 식당에 가기 전에 예약을 했다.
5. 해외여행을 가기 전에 돈을 모았다.
6. 요리를 하기 전에 먼저 인터넷을 찾았다.
7. 선물을 사기 전에 부모님께 물어보았다.
8. 자기 전에 운동을 많이 하면 안 된다.

16. V -(으)ㄴ 후(에)

■ 연습 1   191p
1. 나는 대회에서 상을 받은 후에 파티를 했다.
2. 나는 집에서 동생과 논 후에 숙제를 했다.

3. 나는 친구와 싸운 후에 술을 마셨다.

4. 감기약을 먹은 후에 잤다.

5. 식당에서 사진을 찍은 후에 맛있게 먹었다.

6. 도서관에서 책을 빌린 후에 집에서 읽었다.

7. 수업을 들은 후에 친구를 만났다.

8. 시험이 끝난 후에 게임을 했다.

9. 대학교에 입학한 후에 동아리에 가입했다.

10. 대학교를 졸업한 후에 회사에 취직했다.

11. 회사에 취직한 후에 차를 샀다.

12. 고향을 떠난 후에 친구들 소식을 듣지 못 했다.

■ 연습 2   191p

나는 오늘 아침 7시에 일어났다. 일어난 후에 먼저 이를 닦고 아침을 먹었다. 아침을 먹은 후에 커피를 마셨다. 나는 아침마다 커피를 마신다. 커피를 마신 후에 시내에 갔다. 시내에서 친구를 만났다. 친구를 만난 후에 영화를 봤다. 영화를 본 후에 백화점에 가서 쇼핑을 했다. 나는 옷을 사고 친구는 운동화를 샀다. 쇼핑을 한 후에 집에 왔다. 집에 온 후에 이메일을 썼다. 그리고 친구에게 보냈다. 이메일을 보낸 후에 피곤해서 바로 잤다.

■ 종합연습 1   192p

1. 밥을 먹기 전에 물을 마시고 과일을 먹었다.
   밥을 먹은 후에 친구와 이야기하면서~

2. 시험을 보기 전에 배운 내용을 복습했다.
   시험을 본 후에 틀린 문제를 확인했다.

3. 운동을 하기 전에 물을 마셨다.
   운동을 한 후에 샤워했다.

4. 부자가 되기 전에 좁은 집에 살았다.
   부자가 된 후에 넓고 아름다운 집에 산다.

5. 친구를 사귀기 전에 항상 혼자 다녔다.
   친구를 사귄 후에 같이 운동도 하고 쇼핑도 한다.

6. 한국어를 배우기 전에 한국말을 못 알아들었다.
   한국어를 배운 후에 한국 사람과 이야기할 수 있다.

7. 이사를 하기 전에 학교가 집에서 너무 멀었다.
   이사를 한 후에 학교가 가까워졌다.

8. 비행기를 타기 전에 화장실에 갔다.
   비행기를 탄 후에 영화를 봤다.

■ 종합연습 2   193p

1. 먹기 전에, 먹은 후에

2. 듣기 전에, 들은 후에

3. 끊기 전에, 끊은 후에

4. 다치기 전에, 다친 후에

5. 싸우기 전에, 싸운 후에

6. 오르기 전에, 오른 후에

7. 옮기기 전에, 옮긴 후에

8. 하기 전에, 한 후에

9. 사기 전에, 산 후에

10. 벌기 전에, 번 후에

11. 오기 전에, 온 후에

12. 키우기 전에, 키운 후

■ 종합연습 3   193p

1. • 그 사람은 유명해지기 전에는 친구를 자주 만났는데 유명해진 후에는 자주 만나지 못 한다.

2. • 침대를 바꾸기 전에는 잠을 잘 못 잤는데 침대를 바꾼 후에는 잠을 잘 잔다.

   • 늦게 자는 습관을 바꾸기 전에는 항상 피곤 했는데 습관을 바꾼 후에는 몸이 가벼워졌다.

17. V -기 위해(서)

■ 연습 1   195p

1. 돈을 벌기 위해   2. 스트레스를 풀기 위해

3. 건강을 지키기 위해   4. 가수가 되기 위해

5. 회사에 취직하기 위해   6. 아이들을 돕기 위해

7. 시험을 잘 보기 위해   8. 선물을 받기 위해

9. 날씨를 알기 위해   10. 경험도 쌓기 위해

11. 물건을 찾기 위해   12. 커피를 끊기 위해

■ 연습 2   195p

1. • 새로운 문화를 경험하기 위해서

   • 날씬해지기 위해서

   • 집을 사기 위해서

   • 외국으로 유학가기 위해서

2. • 우리는 실수하지 않기 위해서

   • 그 사람은 시간을 낭비하지 않기 위해서

   • 나는 잊어버리지 않기 위해서

   • 우리는 다른 사람과 싸우지 않기 위해서

18. V -는 동안(에)

276

■ 연습 1　　　　　　　　　　　　197p

1. 한국에서 공부하는 동안 아르바이트를 했다.
2. 영화를 보는 동안 휴대폰을 껐다.
3. 버스를 기다리는 동안 전화를 했다.
4. 한국에 사는 동안 재미있는 일이 많았다.
5. 수업을 듣는 동안 휴대폰을 보지 않았다.
6. 운전하는 동안 라디오를 들었다.
7. 일 년 동안 한국어를 배웠다.
8. 방학 동안 여행을 할 것이다.
9. 연휴 동안 부모님과 함께 할머니 댁에 갔다.
10. 집에 있는 동안 청소하고 빨래했다.
11. 학교에 다니는 동안 주말마다 봉사활동을 했다.
12. 여행하는 동안 좋은 사람을 많이 만났다.

■ 연습 2　　　　　　　　　　　　197p

1. 친구가 공부하는 동안 나는 영화를 봤다.
　동생이 노는 동안 나는 요리를 했다.
　아버지가 일하는 동안 나는 집에서 쉬었다.
　어머니가 청소하는 동안 나는 옷장을 정리했다.
2. 한 달 동안 매일 도서관에 가서 책을 읽었다.
　일 년 동안 한국에서 살았다.
　여섯 달 동안 한국어를 배웠다.
　20분 동안 점심을 먹었다.

19. V -(으)ㄴ 지

■ 연습 1　　　　　　　　　　　　199p

1. 그 사람이 한국대학교를 졸업한 지 ~
2. 회사에 취직한 지 9년이 되었다.
3. 차를 산 지 8년이 되었다.
4. 담배를 끊은 지 7년이 되었다.
5. 취미로 등산을 시작한 지 6년이 되었다.
6. 안경을 쓴 지 5년이 되었다.
7. 승진을 한 지 4년이 되었다.
8. 결혼을 한 지 3년이 되었다.
9. 집을 지은 지 2년이 되었다.
10. 개를 키운 지 1년이 되었다.

■ 연습 2　　　　　　　　　　　　199p

1. 그 나무를 심은 지 10년이 되었다.

2. 고기를 안 먹은 지 1년이 지났다.
3. 여자 친구와 사귄 지 100일이 되었다.
4. 요리사가 된 지 6개월이 넘었다.
5. 부모님을 못 본 지 오래되었다.
6. 공부를 시작한 지 얼마나 되었습니까?
7. 수업이 끝난 지 얼마 안 되었다.
8. 대학원에 입학한 지 1년이 되었다.
9. 메일을 보낸 지 30분이 지났다.
10. 세탁기가 고장 난 지 일주일이 지났다.

20. A/V -기는 하지만

■ 연습 1　　　　　　　　　　　　201p

1. 싸기는 하지만 마음에 안 든다.
2. 방이 넓기는 하지만 겨울에 춥다.
3. 좋아하기는 하지만 잘 안 먹는다.
4. 불편하기는 하지만 값이 싸다.
5. 친구이기는 하지만 잘 안 만난다.
6. 헤어지기는 했지만 사랑한다.
7. 길이 막히기는 하지만 늦지 않을 것이다.
8. 넘어지기는 했지만 아프지 않다.
9. 화가 나기는 했지만 참았다.
10. 영화가 슬프기는 했지만 아름다웠다.
11. 웃기는 했지만 속상했다.
12. 돈이 없기는 하지만 꿈이 있다.

■ 연습 2　　　　　　　　　　　　201p

1. 그 노트북은 비싸기는 하지만 ~
2. 그 식당은 분위기가 좋기는 하지만 맛이 없다.
3. 그 집은 조용하기는 하지만 교통이 불편하다.
4. 그 옷은 예쁘기는 하지만 불편하다.
5. 그 음식은 맵기는 하지만 계속 먹고 싶어진다.
6. 그 여행은 즐겁기는 했지만 힘들었다.
7. 그 친구는 말이 없기는 하지만 정이 많다.
8. 그 수업이 재미있기는 하지만 어렵다.

21. A/V -아/어도

■ 연습 1　　　　　　　　　　　　203p

1. 해도, 받지 않는다　　2. 마셔도, 졸린다
3. 있어도, 앉지 않는다

4. 재미없어도, 읽어야 한다
5. 먹어도, 낫지 않는다
6. 졸업해도, 취직하기 어렵다
7. 사랑해도 결혼할 수 없다
8. 아파도, 쉬지 않는다
9. 말해도, 듣지 않는다
10. 유명해도, 좋아하지 않는다

■ 연습 2   203p
1. 아무리 재미있는 이야기를 해도
   아무리 맛있는 음식을 만들어 줘도
   아무리 문자메시지를 보내도
   아무리 전화를 해도
2. 힘들어도 더 열심히 공부해야 한다.
   하기 싫어도 계속 운동을 해야 한다.
   시간이 없어도 자주 만나서 이야기해야 한다.
   더 자고 싶어도 일찍 일어나야 한다.
   피곤해도 계속 일해야 한다.

Ⅳ 문장 유형별 쓰기

※ 문제 유형에 따라 예시 답안을 참고하여 자유롭게 쓸 수
있습니다.

유형 1   N은/는 N이다

■ 연습 1   207p
1. 내가 대학교 1학년 때 만난
2. 어제 도서관에서 빌린
3. 내가 자주 듣는
4. 유명한 영화배우가 나오는
5. 잊을 수 없는
6. 10년 전에 산
7. 우리 아버지가 지은
8. 지금 내가 가장 보고 싶은, 우리 어머니이다.
9. 지금 내가 하고 있는, 한국어이다
10. 아이들이 좋아하는, 생일이다.
11. 우리가 주말에 자주 가는, 집 근처 공원이다.
12. 그 사람이 하는, 자동차를 고치는 것이다.
13. 그 아이가 받은, 가방이다.

14. 초등학생들에게 인기 있는, 선생님이다.
15. 내가 좋아하는 것은 한국 드라마이다.
16. 동생이 만든 것은 스파게티이다.
17. 내 친구에게 필요한 것은 휴가이다.
18. 그 사람이 본 것은 전통 춤 공연이다.
19. 동생이 요즘 모으는 것은 인형이다.
20. 어머니가 택배로 보낸 것은 김치이다.
21. 내가 사고 싶은 것은 노트북이다.

■ 연습 2   208p
1. 곳이어서   2. 여름이어도
3. 일하는 시간일 테니까
4. 영화배우이기는 하지만
5. 방학인데   6. 교환 학생이었을 때
7. 세일기간이니까   8. 내 꿈이기 때문에
9. 쓰기이고

■ 연습 3   208p
1. 내가 좋아하는 것은 커피이고 동생이 ~
2. 지금은 겨울이지만 생각보다 따뜻하다.
3. 휴가기간이어서 산과 바다에 사람들이 많다.
4. 겨울이기는 하지만 따뜻해서 산책하기 좋다.
5. 이 차는 한국 녹차인데 아주 맛있다.
6. 우리는 학생이니까 열심히 공부해야 한다.
7. 휴일이어도 일을 해야 하는 사람들이 있다.
8. 여기는 도서관이기 때문에 조용히 해야 한다.
9. 그 말은 거짓말일 테니까 믿으면 안 된다.
10. 그 사람은 학생이었을 때 공부를 잘했다.

■ 연습 4   209p
1. ☑ 제일 좋아하는 → 제일 좋아하는 것은
2. ☑ 아주 잘해 → 아주 잘하는
3. ☑ 자주 카페는 → 자주 가는 카페는
4. ☑ 좋은 친구 있는데 → 좋은 친구였는데
5. ☑ 운동을 하지 ~ → 운동을 하지 않는 것이다
6. ☑ 나는 → 내가
7. ☑ 이번 주에 → 이번 주는
8. ☑ 중요한 → 중요한 것은
9. ☑ 더 재미있는 → 더 재미있는 것은
10. ☑ 찍었다 → 찍은 사진이다
11. ☑ 나는 → 내가

12. ☑ 아르바이트이다 → 아르바이트하는 것이다
13. ☑ 싫어하는 → 싫어하는 색(깔)은
14. ☑ 좋아하는 → 좋아하는 것은
15. ☑ 요리사 있다 → 요리사이다
16. ☑ 가르친다 → 가르치는 것이다
17. ☑ 축구를 → 축구는
18. ☑ 쉰다 → 쉬는 것이다
19. ☑ 일한다 → 일하는 것이다
20. ☑ 학생들을 → 학생들은

유형 2 N은/는 N이/가 아니다

■ 연습 1   211p
1. 누구나 쉽게 합격할 수 있는
2. 한국어 초급 학생이 들을 수 있는
3. 배고플 때 먹으면 좋은
4. 학교에서 공부할 때 만난
5. 회사에 가는
6. 아이들이 들어올 수 있는
7. 술을 마시고 춤을 추는
8. 밤에 늦게 자고 아침에 늦게 일어나는 것은
9. 단어만 열심히 외우는 것은
10. 유명한 장소에 가서 사진만 찍는 것은
11. 비싸고 불편한 것은
12. 너무 짜거나 매운 것은
13. 비싸도 그 사람이 좋아하지 않는 것은
14. 너무 위험하고 힘든 것은
15. 우리 동네 편의점에서 살 수 있는 것이 아니다.
16. 내가 아는 사람이 보낸 것이 아니다.
17. 그 그림은 아이가 그린 그림이 아니다.
18. 부자가 되는 것이 아니다.
19. 돈을 많이 버는 것이 아니다.
20. 쉽게 풀 수 있는 것이 아니다.
21. 돈으로 살 수 있는 것이 아니다.

■ 연습 2   212p
1. 아파트가 아니니까
2. 거울이 아니어도
3. 시험이 아니기 때문에(아니어서)
4. 만든 음식이 아니면
5. 쉬는 시간이 아닐 테니까

6. 도서관이 아니지만
7. 한국 사람이 아니어서(아니기 때문에)
8. 주말이 아닌데
9. 자리가 아니고

■ 연습 3   212p
1. 나는 한국어 1급 반이 아니고 2급 반이다.
2. 그 사람은 가수가 아니지만 노래를 잘한다.
3. 겨울이 아니어서 스키를 탈 수 없다.
4. 그 학교 학생이 아니면 도서관을 이용할 수 없다.
5. 선생님이 아닌데 잘 가르치는 사람이 있다.
6. 여기는 도서관이 아니니까 이야기해도 된다.
7. 부자가 아니어도 다른 사람을 도울 수 있다.
8. 나는 전문가가 아니기 때문에 잘 모른다.
9. 그 수업은 무료가 아닐 테니까 물어봐야 한다.
10. 친한 사이가 아닐 때 반말을 하면 안 된다.

■ 연습 4   213p
1. ☑ 나는 → 내가
2. ☑ 싸우는 → 싸우는 것은
3. ☑ 행복하게 → 행복하게 사는(지내는) 것은
4. ☑ 이 도시 → 이 도시가
5. ☑ 많이 벌지 않는다 → 많이 버는 것이 아니다
6. ☑ 그 사람을 → 그 사람은
7. ☑ 중요한 → 중요한 것은
8. ☑ 회사원이지 않다 → 회사원이 아니다
9. ☑ 유명한 사람을 → 유명한 사람이
10. ☑ 지키는 → 지키는 것은
11. ☑ 아이는 → 아이가
12. ☑ 그 친구는 → 그 친구가
13. ☑ 안 학생이다 → 학생이 아니다
14. ☑ 약은 → 약을
15. ☑ 아르바이트 → 아르바이트하는
16. ☑ 하고 싶은 → 하고 싶은 것은
17. ☑ 나는 → 내
18. ☑ 좋아하는 것이 → 좋아하는 것은
19. ☑ 여름 → 여름이
20. ☑ 매운 음식이 없다 → 매운 음식이 아니다

유형 3 N이/가 있다[없다]

■ 연습 1   215p

1. 내가 힘들 때 도와주는 좋은
2. 아침에 일어나서 커피를 마시는
3. 스트레스를 푸는
4. 외국에 가서 공부할
5. 방학 때 카페에서 아르바이트를 한
6. 운동을 잘하는
7. 맛있는 빵을 파는
8. 샤워도 하고 쉴 수도 있는
9. 수영도 하고 낚시도 할 수 있는 강이 있다.
10. 가족들이 모두 앉을 수 있는 소파가 있다.
11. 한국어를 공부할 때 보는 책이 있다.
12. 가족들이 여행 가서 찍은 사진이 있다.
13. 내가 좋아하는 과자가 있다.
14. 직원들이 운동할 수 있는 헬스장이 있다.
15. 먹고 싶은 것이 있다.
16. 준비해야 하는 것이 있다.
17. 마시는 것이 있다.
18. 주고 싶은 것이 있다.
19. 살 수 없는 것이 있다.
20. 알고 싶은 것이 있다.
21. 꼭 해야 하는 것이 있다.

■ 연습 2   216p

1. 병이 있어서   2. 사람이 없지만
3. 컴퓨터가 없으면   4. 약속이 있을 테니까
5. 재료가 없어도   6. 숙제가 있는데
7. 식사할 시간이 없기 때문에
8. 호수가 있고   9. 도서관에 있거나

■ 연습 3   216p

1. 이 백화점에는 영화관도 있고 문화센터도~
2. 차가 없지만 자전거가 있어서 불편하지 않다.
3. 요즘 나는 시간이 없어서 친구를 못 만난다.
4. 나는 돈이 있으면 학교를 짓고 싶다.
5. 나는 동생이 있는데 그 친구는 동생이 없다.
6. 그 가게에 예쁜 옷이 있기는 하지만 비싸다.
7. 나는 급한 일이 있어도 천천히 하려고 한다.
8. 힘들지만 가족이 있기 때문에 행복하다.
9. 의사가 있을 테니까 걱정하지 않아도 된다.
10. 오후에는 집에 있거나 도서관에 있을 것이다.

■ 연습 4   217p

1. ☑ 식당을 → 식당이
2. ☑ 문화는 → 문화가
3. ☑ 준비해야 하는 → 준비해야 하는 것이
4. ☑ 부모님 집에서 → 부모님 집에
5. ☑ 재미있는 → 재미있는 책이
6. ☑ 시험을 있으면 → 시험이 있으면
7. ☑ 우리 동네에서는 → 우리 동네에는
8. ☑ 돈을 → 돈이 (돈은)
9. ☑ 경험을 → 경험이
10. ☑ 그 사람을 → 그 사람은
11. ☑ 이유를 → 이유가
12. ☑ 큰 나무는 → 큰 나무가
13. ☑ 수업은 → 수업이
14. ☑ 도서관에서 → 도서관에
15. ☑ 맛있는 → 맛있는 음식이
16. ☑ 버스를 → 버스가
17. ☑ 예쁜 → 예쁜 옷이
18. ☑ 한국 친구를 → 한국 친구가
19. ☑ 궁금한 → 궁금한 것이
20. ☑ 수영장 → 수영장이

유형 4 N이/가 되다

■ 연습 1   219p

1. 어려운 문제를 잘 해결할 수 있는
2. 가족을 사랑하고 힘든 사람을 도와주는
3. 비밀을 이야기할 수 있는
4. 외국 학생들에게 한국어를 가르치는
5. 우리 모두가 잊을 수 없는
6. 그 친구와 같이 간
7. 환경을 생각하는
8. 역사를 전공하는
9. 외국 사람들이 많이 찾는
10. 친구들과 같이 취직을 준비하는

■ 연습 2   219p

1. 부지런하고 시간을 아끼는
2. 학생들을 사랑하는
3. 아픈 사람에게 친절한

4. 이야기를 재미있게 하는
5. 일찍 자고 일찍 일어나는
6. 여행을 하고 글을 쓰는
7. 학교에 다닐 때 방학 때마다 아르바이트한
8. 영화를 보는
9. 공기가 좋고 교통이 편한
10. 한국 문화를 배울 수 있는

■ 연습 3   220p
1. 일 년이 되었지만   2. 요리사가 되고
3. 가수가 되고 나서   4. 부자가 되어도
5. 휴가 때가 되면   6. 가을이 되었을 테니까
7. 의사가 되었는데   8. 리더가 되려면
9. 쓰레기가 되니까

■ 연습 4   220p
1. 두 친구 중 한 사람은 경찰이 되고 ~
2. 봄이 되었지만 아직 꽃이 피지 않았다.
3. 그 도시가 유명한 관광지가 되어서 복잡해졌다
4. 방학이 되었는데 할 일이 많아서 더 바쁘다.
5. 그 회사의 직원이 되려면 한국말을 잘해야 한다
6. 할머니가 되어도 공부를 계속할 것이다.
7. 그 사람은 가수가 되려고 노래 연습을 한다.
8. 우리 집은 12시가 되면 점심을 먹는다.
9. 나는 대학생이 되고 나서 아르바이트를 했다.
10. 곧 쉬는 시간이 될 테니까 그때 쉬어야 한다.

■ 연습 5   221p
1. ☑ 노인을 → 노인이
2. ☑ 회색이다 → 회색이 된다
3. ☑ 내가 → 나는
4. ☑ 나는 → 내가
5. ☑ 큰 회사는 → 큰 회사가
6. ☑ 필요 없는 → 필요 없는 것이
7. ☑ 요리사는 → 요리사가
8. ☑ 교환학생 → 교환학생이
9. ☑ 출발 시간은 → 출발 시간이
10. ☑ 좋은 선생님을 → 좋은 선생님이
11. ☑ 글을 쓰는 되려면 → 글을 쓰는 사람이
12. ☑ 좋은 친구를 → 좋은 친구가
13. ☑ 인기 있는 되었다 → 인기 있는 노래가

14. ☑ 부자가 된 적다 → 부자가 된 사람은
15. ☑ 봄을 → 봄이
16. ☑ 6개월은 되었는데 → 6개월이 되었는데
17. ☑ 잊을 수 없는 ~ → 잊을 수 없는 여행이 될 것이다
18. ☑ 가수는 → 가수가
19. ☑ 곳을 → 곳이
20. ☑ 말을 잘하는 ~ → 말을 잘하는 사람이

유형 5   N이/가/은/는 A

■ 연습 1   223p
1. 그 학생은 수업 시간에 열심히 공부하는
2. 유명한 백화점에서 파는
3. 그 요리사가 만든
4. 다른 사람에게 물건을 파는
5. 내 이야기를 잘 들어주는
6. 친구들과 같이 한국어를 공부하는
7. 잘 모르는 사람들과 같이 가야 하는
8. 외국 사람들이 한국말로 이야기하는
9. 수업 끝나고 아르바이트하는
10. 우리 가족들이 같이 살 수 있는

■ 연습 2   223p
1. 성격이 다른 친구와 여행하는 것이
2. 다른 사람 앞에서 발표하는 것이
3. 혼자 운동하는 것보다 같이 하는 것이
4. 건강을 지키려면 잘 먹고 잘 자는 것이
5. 주말을 여자 친구와 보내는 것이
6. 그 친구를 도와주지 못 한 것이
7. 아파도 병원에 가지 못하는 것이
8. 한국어로 말하고 쓰는 것이
9. 친구가 한국말을 잘하는 것이
10. 집 근처에 편의점이 없는 것이

■ 연습 3   224p
1. 나는 이번 방학 때 고향에 가서 ~
    나는 SNS로 연락하는 친구가 많다.
2. 내 동생은 원피스를 입은 모습이 예쁘다.
    아기들은 자는 모습이 예쁘다.
3. 나는 샤워하는 시간이 짧다.
    민수 씨는 친구와 전화하는 시간이 길다.

4. 그 남자는 말할 때 목소리가 작다.
  나는 아버지를 닮아서 발이 크다.
5. 내 친구는 말하는 것이 귀엽다.
  그 아이는 밥을 먹는 것이 귀엽다.
6. 그 친구는 걷는 것이 빠르다.
  정희 씨는 글을 쓰는 것이 빠르다.
7. 그 친구는 좋아하는 음식이 나와 다르다.
  나영 씨는 사는 곳이 나와 다르다.

■ 연습 4   225p
1. 나는 운동을 잘하는 친구가 많다.
  나는 예쁘고 편한 청바지가 많다.
2. 우리 집 근처에는 분위기가 좋은 카페가 많다.
  우리 학교에는 쉴 수 있는 휴게실이 많다.
3. 나는 아침에 일찍 일어나는 것이 힘들다.
  나는 밤에 야식을 안 먹는 것이 힘들다.
4. 그 사람은 노래방에서 노래하는 모습이 멋있다
  미아 씨는 무대에서 춤추는 모습이 아름답다.

■ 연습 5   226p
1. 건강하지만   2. 쉬운데
3. 필요하면   4. 바쁘기 때문에
5. 맑아지고   6. 추울 테니까
7. 예뻐도   8. 머니까
9. 많아서

■ 연습 6   226p
1. 그 시장의 물건은 싸고 품질이 좋다.
2. 외국어를 배우는 것이 어렵지만 재미있다.
3. 어제 너무 피곤해서 씻지 않고 그냥 잤다.
4. 나는 바쁘면 청소를 하지 않는다.
5. 이 라면은 아주 매운데 좋아하는 사람이 많다.
6. 요즘 날씨가 쌀쌀하니까 감기를 조심해야 한다
7. 게임이 재미있어도 너무 오래 하면 안 된다.
8. 그 아이는 활발하기 때문에 친구가 많다.
9. 그 일이 힘들 테니까 내가 도와주고 싶다.
10. 혼자 사니까 외롭기는 하지만 아주 편하다.

■ 연습 7   227p
1. ☑ 싼 옷을 → 싼 옷이
2. ☑ 열심히 하는 → 열심히 하는 것이

3. ☑ 춤이 → 춤추는 것이
4. ☑ 한국에 → 한국은
5. ☑ 돈을 → 돈이
6. ☑ 관심을 → 관심이
7. ☑ 요리를 → 요리하는 것은
8. ☑ 수박을 → 수박이
9. ☑ 노래하는 → 노래하는 것이
10. ☑ 우리 고향의 겨울을 → 우리 고향의 겨울은
11. ☑ 자전거 → 자전거 타는 것이
12. ☑ 그 영화를 → 그 영화는
13. ☑ 아름다운 → 아름다운 곳이
14. ☑ 버스를 → 버스가
15. ☑ 한국 사람들을 → 한국 사람들은(이)
16. ☑ 비빔밥 → 비빔밥이
17. ☑ 제주도를 → 제주도는
18. ☑ 건강은 → 건강이
19. ☑ 요리하는 → 요리하는 방법이
20. ☑ 그 가방을 → 그 가방은

유형 6 N이/가/은/는 V

■ 연습 1   229p
1. 학교 앞 버스 정류장에 10분마다 버스가 온다.
2. 오늘 오전 12시에 시험이 끝났다.
3. 아침 9시에 서울역에서 기차가 출발한다.
4. 친구와 부산에 갈 때 차가 고장 났다.
5. 3시부터 5시까지는 길이 막히지 않는다.
6. 일이 끝난 후에 아버지는 쉴 것이다.
7. 이번 방학에 친구와 아르바이트하기로 했다.
8. 학교 안에 버스가 다닌다.
9. 학교에 가기 전에 비가 멈췄다.
10. 아침에 선생님이 교실에 들어오셨다.
11. 운동장에서 아이들이 놀고 있다.
12. 이번 올림픽에 그 선수가 참가하게 되었다.
13. 어머니가 책을 읽는 동안 아기가 잔다.
14. 수업 시간에 학생들이 대답했다.
15. 맛있는 것을 먹을 때 어머니가 생각난다.

■ 연습 2   230p
1. 같이 여행할 수 있는
2. 공연장에 공연을 기다리는

3. 그 가수를 좋아하는
4. 손님들이 제일 좋아하는
5. 지난달에 시작한
6. 나를 사랑하는
7. 축제를 준비하는
8. 한국 노래를 배우는
9. 밖에서 사람들이 이야기하는
10. 요즘 크고 짧은
11. 전화로 물건을 파는
12. 그 사람은 컴퓨터게임을 만드는
13. 축제에서 우리가 따라 부를 수 있는
14. 수업을 듣고 있는
15. 그 영화를 보는
16. 이제는 일하는
17. 요즘 TV를 볼
18. 공항으로 가는
19. 내 룸메이트가 너무 늦게 자는
20. 짜지 않고 맵지 않은

■ 연습 3   231p
1. 어제 저녁에 버스에서 내리다가 넘어졌다.
2. 고향에 갔다 오고 나서 이사했다.
3. 방학이 끝나고 그 친구를 다시 만났다.
4. 기차에 탄 사람들이 떠들어서 화가 났다.
5. 아침 6시에 일어났다가 피곤해서 다시 잤다.
6. 그 친구는 잘 테니까 전화하면 안 된다.
7. 그 사람은 실수해도 부끄러워하지 않는다.
8. 위층에서 뛰거나 걸으면 아래층이 시끄럽다.
9. 계획이 바뀌면 여행을 갈 수 없을 것이다.
10. 그 사람은 쉬면서 음악을 듣고 있다.
11. 시간이 많이 걸리니까 기다려야 할 것 같다.
12. 취직하려고 외국어를 배웠다.
13. 그 학교에 입학하려면 토픽시험을 봐야 한다.
14. 늦지 않으려고 서둘렀지만 지각했다.
15. 지금 길이 막히기 때문에 늦을지 모르겠다.

■ 연습 4   232p
1. ☑ 그 회사에 → 그 회사는
2. ☑ 엘리베이터를 → 엘리베이터가
3. ☑ 전화번호는 → 전화번호가
4. ☑ 싸우는 일을 → 싸우는 일이

5. ☑ 독감을 → 독감에
6. ☑ 시간을 → 시간이
7. ☑ 회사를 → 회사에
8. ☑ 가족들을 → 가족들이
9. ☑ 혼자 여행이 → 혼자 여행하는 것이
10. ☑ 그 호텔을 → 그 호텔이
11. ☑ 호기심을 → 호기심이
12. ☑ 추억을 → 추억이
13. ☑ 길을 → 길이
14. ☑ 기차를 → 기차가
15. ☑ 방학을 → 방학이
16. ☑ 여행이 → 여행하는 것이
17. ☑ 여행한 것을 → 여행한 것이
18. ☑ 나는 → 내가
19. ☑ 일을 → 일이
20. ☑ 더 작은 → 더 작은 것이

유형 7 N은/는 N을/를 V

■ 연습 1   235p
1. 주말에 학교 근처 식당에서 친구를 ~
2. 학교에서 친구들과 케이크를 만들어 봤다.
3. 등산하려면 일기예보를 잘 들어야 한다.
4. 어제 친구 집 앞에서 친구를 기다렸다.
5. 나는 지금까지 배운 단어를 다 외울 수 있다.
6. 나는 내일 아침에 출발하는 기차를 탈 것이다.
7. 친구가 결혼할 때 내가 노래를 부르기로 했다.
8. 길에 쓰레기를 버리면 안 된다.
9. 라면에 달걀과 파를 넣었다.
10. 밥을 먹기 전에 손을 씻었다.
11. 아이가 방에서 피아노를 친다.
12. 여기에서는 사진을 찍을 수 있다.
13. 운동장에서 축구를 하다가 다리를 다쳤다.
14. 세일기간에는 물건을 싸게 팔 것이다.
15. 어렸을 때 집에서 개를 키웠다.
16. 방학을 하기 전에 방학 계획을 세워야 한다.

■ 연습 2   236p
1. 나는 어제 생일 파티에서 친구에게 선물을 ~
2. 졸업한 후에 그 친구에게서 연락을 받았다
3. 제니는 학원에서 아이들에게 영어를 가르친다.

4. 교실에서 선생님이 학생에게 단어를 설명했다.

5. 어제 친구가 나에게 여자 친구를 소개했다.

6. 두 달 동안 박 선생님에게서 한국어를 배웠다.

7. 방학 때 친구에게 편지를 쓰고 싶다.

8. 그저께 친구가 나에게 사진을 보냈다.

9. 내일 겨울옷을 세탁소에 맡길 것이다.

10. 인사한 후에 그 사람이 나에게 이름을 물었다.

11. 처음 만났을 때 친구가 나에게 가족사진을 보여 주었다.

12. 비가 올 때 사장님이 나에게 우산을 빌려줬다

13. 오늘 친구에게 모임 장소를 알려줘야 한다.

14. 버스에서 할머니에게 자리를 양보해야 한다.

15. 밤에 아이들에게 그 영화를 추천하면 안 된다

16. 도서관에서 빌린 책을 오늘 돌려줘야 한다.

■ 연습 3   237p

1. 나는 한국에 와서 여러 나라에서 온 친구들을~

2. 나는 친구가 학교에서 데이트하는 것을 봤다.

3. 그 친구는 자기 전에 조용한 노래를 듣는다.

4. 나는 내일 아주 편한 운동화를 신을 것이다.

5. 나는 집에서 영화 보는 것을 좋아한다.

6. 그 친구는 추울 때 등산하는 것을 싫어한다.

7. 우리 집에서 친구가 사 온 맥주를 마셨다.

8. 회사에서 열심히 일하는 아버지를 존경한다.

9. 친구는 내가 이번에 상 받은 것을 기뻐했다.

10. 나는 방학에 혼자 여행하는 것을 즐긴다.

11. 어머니는 고향에 예쁜 집을 짓고 싶어 하신다

12. 이 가게에서는 세일하는 물건을 바꿀 수 없다

13. 집에서 나올 때 창문 닫는 것을 잊었다

14. 나는 우리가 처음 만난 날을 기념하기로 했다.

15. 선생님은 수업 시간에 잘 듣는 것을 칭찬했다

■ 연습 4   238p

1. 어제 저녁에 숙제를 끝내고 ~

2. 담배를 끊으면 건강해질 수 있다.

3. 소리가 이상해서 컴퓨터를 껐다가 다시 켰다.

4. 돈을 모으려면 항상 절약해야 한다.

5. 대학교를 졸업하고 나서 유학을 갔다.

6. 책을 잃어버려서 친구에게 빌렸다.

7. 시험을 준비하기 위해 계획을 세웠다.

8. 한국 문화를 모르기 때문에 실수할 때가 있다.

9. 밥을 먹다가 전화를 받았다.

10. 뉴스를 들으면서 운동을 했다.

11. 그 사람을 사랑해도 만날 수 없다.

12. ~ 16. 생략

■ 연습 5   239p

1. ☑ 불고기는 → 불고기를

2. ☑ 일이 → 일을

3. ☑ 시험에 → 시험을

4. ☑ 선물이 → 선물을

5. ☑ 유학생들에게 → 유학생들을

6. ☑ 비빔밥 → 비빔밥을

7. ☑ 멋있게 발표를 → 멋있게 발표하는 것을

8. ☑ 결혼을 → 결혼한(하는) 것을

9. ☑ 요리하는 → 요리하는 것을

10. ☑ 회사를 → 회사에

11. ☑ 다리가 → 다리를

12. ☑ 시장에 → 시장을

13. ☑ 그 사람에게 → 그 사람을

14. ☑ 경험이 → 경험을

15. ☑ 책이 → 책을

16. ☑ 옷은 → 옷을

17. ☑ 지갑은 → 지갑을

18. ☑ 제주도에 → 제주도를

19. ☑ 많은 돈이 → 많은 돈을

20. ☑ 스트레스가 → 스트레스를

유형 8   -다고/냐고/라고/자고 V

■ 연습 1   242p

1. 룸메이트가 나에게 쉴 거라고 말했다.

2. 친구가 나에게 기분이 좋지 않다고 말했다.

3. 동생이 어머니께 장학금을 받았다고 말했다.

4. 남자 친구가 나에게 보고 싶다고 말했다.

5. 친구가 나에게 공부가 힘들다고 말했다.

6. 아주머니가 나에게 김치를 잘 먹는다고 말했다

7. 선생님이 학생들에게 떠들면 안 된다고 말했다

8. 남편이 아내에게 피곤하지 않다고 말했다.

9. 나는 친구에게 운동을 하지 않는다고 말했다.

10. 손님이 직원에게 옷이 마음에 든다고 말했다.

11. 아이가 어머니에게 잘 먹었다고 말했다.

12. 나는 친구에게 커피가 맛있다고 말했다

13. 나는 의사에게 감기에 걸렸다고 말했다.

14. 우리는 아이에게 노래를 잘 부른다고 말했다.

15. 나는 친구에게 고향에 갈 거라고 말했다.

16. 생략

■ 연습 2   243p

1. 나는 그 친구가 나를 싫어한다고 생각했다.
   그 친구는 내 성격이 급하다고 생각한다.

2. 나는 그 친구가 한국어를 잘한다고 느꼈다.
   나는 그 일이 힘들다고 느꼈다.

3. 나는 동생에게 공부를 열심히 한다고 칭찬했다
   선생님은 나에게 글씨가 예쁘다고 칭찬하셨다.

4. 나는 친구에게서 내일 눈이 온다고 들었다.
   나는 형에게서 할머니가 아프시다고 들었다.

5. 나는 메모지에 오늘은 바쁘다고 썼다.
   나는 편지에 방학에 여행을 갈 거라고 썼다.

■ 연습 3   244p

1. 친구가 나에게 여자 친구가 있냐고 물어서 ~

2. 내가 친구에게 여자 친구가 있냐고 물으니까 없다고
   대답했다.

3. 어머니가 나에게 힘드냐고 물어서 아니라고 대답했다.

4. 선생님이 나에게 어렵냐고 물어서 어렵다고 대답했다.

5. 내가 누나에게 영화가 재미있냐고 물으니까 재미있
   다고 대답했다.

6. 그 친구가 나에게 몇 살이냐고 물어서 20살이라고 대
   답했다.

7. 내가 친구에게 어디에 사냐고 물으니까 기숙사에 산다
   고 대답했다.

8. 그 할머니가 나에게 기차역이 머냐고 물어서 가깝다고
   대답했다.

9. 그 사람이 나에게 어디에서 왔냐고 물어서 베트남에서
   왔다고 대답했다.

■ 연습 4   244p

1. 엄마가 아이에게 게임을 하지 말라고 ~

2. 친구가 나에게 일찍 오라고 해서 일찍 갔다.

3. 어머니가 나에게 쉬라고 했지만 쉬지 않았다.

4. 형이 나에게 혼자 가지 말라고 했는데 혼자 갔다.

5. 친구가 나에게 여행 가자고 했지만 못 갔다.

6. 선생님이 아이에게 숙제하라고 했지만 안 했다

7. 친구가 나에게 빵을 먹자고 해서 같이 먹었다.

8. 의사가 나에게 약을 먹으라고 했지만 먹지 않았다.

9. 나는 아저씨에게 담배를 피우지 말라고 했지만 계속
   피웠다.

■ 연습 5   245p

1. ☑ 좋아하는다고 → 좋아한다고

2. ☑ 나를 → 나에게

3. ☑ 소개하셨다 → 말씀하셨다

4. ☑ 선생님이 → 선생님에게(께)

5. ☑ 있는다고 → 있다고

6. ☑ 필요하는다고 → 필요하다고

7. ☑ 비가 많이 오는다고 → 비가 많이 온다고

8. ☑ 힘든다고 → 힘들다고

9. ☑ 약속했다 → 말했다(지시했다)

10. ☑ 춥지 않는다고 → 춥지 않다고

11. ☑ 말했다 → 들었다

12. ☑ 피우면 안 되는다고 → 피우면 안 된다고

13. ☑ 요리를 잘하라고 → 요리를 잘한다고

14. ☑ 찍지 말자고 → 찍지 말라고

15. ☑ 말했다 → 썼다

16. ☑ 뭐라고 → 뭐냐고

17. ☑ 갈 건다고 → 갈 거라고

18. ☑ 도서관에 가라고 → 도서관에 가자고

19. ☑ 만난다고 → 만나자고

20. ☑ 대답했다 → 물었다

※ 자유롭게 쓸 수 있는 연습문제의 경우 답지의 예시 답안
  을 확인해 보고 나서 자신이 쓴 내용과 비교해 보시기 바
  랍니다.

초급 **2**

외국인을 위한 **한국어**
문장 쓰기의 모든 것

초판 1쇄 인쇄   2021년 2월 18일
초판 3쇄 발행   2024년 8월 29일

지 은 이   박미경
펴 낸 이   박찬익
편 집 장   한병순

펴 낸 곳   (주)박이정출판사
주   소   경기도 하남시 조정대로45 미사센텀비즈 8층 F827호
전   화   (031)792-1195
팩   스   (02)928-4683
홈페이지   www.pijbook.com
이 메 일   pijbook@naver.com
등   록   2014년 8월 22일 제2020-000029호

I S B N   979-11-5848-605-1 03710

* 책값은 뒤표지에 있습니다.